자유론

J. S. 밀 지음 | **최요한** 옮김

홍신문화사

나의 저술 속에 들어 있는 가장 우수한 것들의 고취자(鼓吹者)이자, 부분적으로 저 자이기도 하며, 아직도 생생하게 슬픈 추억으로 남아 있는 한 여성에게 이 책을 바친다. 그녀는 나의 벗이자 아내였다. 그녀가 지녔던 진리와 정의에 대한 숭고한 감정은 나에게 커다란 자극을 주었고, 그녀가 나에게 해 주었던 칭찬은 최대의 보수였다.

오랜 세월에 걸쳐 내가 써온 모든 것들과 마찬가지로, 이 책 또한 나의 것인 동시에 그녀의 것이다. 그러나 지금 있는 이 책은 교열(校閱)이라는 이름의 헤아릴 길 없는 것으로 인해 그녀의 은혜를 충분히 보상받지 못했다.

아주 신중한 검토를 위해 가장 중요한 몇몇 부분을 남겨놓았는데, 이제는 영원히 검토받을 수 없는 운명에 이르고 말았다. 그녀의 묘에 매장된 위대한 사상과 고귀한 감정을 절반이라도 세상에 전할 수 있었다면, 나는 이 세상에 커다란 혜택을 전달하는 중개자가 되었을 것이다. 그리고 그 혜택은 그녀의 헤아릴 수 없는 예지의 격려나 도움을 받지 못하고, 나 스스로 저술한 거의 모든 것에서 나온 이익보다도 훨씬 큰 것이다.

자유론

contents

제1장 서론 _ 6

제2장 사상과 언론의 자유 _ 30

제3장 사회복지의 한 요소로서의 개성에 대하여 _ 98

제4장 개인에 대한 사회의 권위와 한계에 대하여 _ 132

제5장 응용 _ 165

옮긴이의 말 _ 203

서론 **1**장

이 논문의 주제는 '철학적 필연론(必然論)'이라는 잘못된 이름으로 불려지고 있는 학설과는 아주 불행하게도 대립되어 있는, 이른바 '의지(意志)의 자유(Liberty of the Will)'[1]가 아니라, 시민적 내지는 사회적 자유를 말한다.

다시 말해서, 사회가 개인에 대해서 당연히 행사할 수 있는 권력의 본질과 한계를 문제삼으려는 것이다. 이것은 일반적인 형식으로는 거의 다루어진 적이 없었고, 또한 거의 논의된 적도 없는 문제이지만, 잠재적으로는 언제나 존재하고 있으며, 오늘날의 실질적 문제와 여러 관점에 깊은 영향을 미치고 있다. 그리고 머지않은 장래에 대단히 중요한 문제로서 떠오를 것이 분명하다.

이것은 결코 새로운 문제는 아니고, 어떤 의미로는 아득한 옛날부터 인류의 의견을 둘로 분할해 왔다. 그러나 인류 가운데 더 개화된 사람들이 나타난 현실의 진보된 단계에서, 그 문제는 새로운 조건 아래 다시 나타나서 지금까지와는 달리 더욱 근본적인 취급을 요청하고 있는 것이다.

---

[1] 밀의 《논리학 체계》 제6편 제2장 '자유와 필연(Liberty and Necessity)'을 참조할 것. 밀은 '철학적 필연론'과 '의지의 자유'는 결코 대립적인 처지에 있는 것이 아니라고 보고 있다. 그러나 옛날부터 이 양자는 서로 대립적인 것으로 생각해 왔으므로 '불행하게도 철학적 필연론이라는 잘못된 이름으로 불려지고 있는……' 하고 말한 것이다.

자유와 권위 사이의 다툼(the struggle between liberty and au-thority)을 역사 가운데서 찾아보면, 특히 우리가 어릴 때부터 익숙해져 온 고대의 그리스나 로마 및 영국의 역사 속에서 가장 뚜렷한 특징을 형성하고 있다. 그 옛날, 이러한 다툼은 피지배자(민중), 또는 피지배자의 어떤 계급(봉건 제후)과 지배자(왕) 사이에서 일어났다.

따라서 자유란 정치적 지배자들의 압제로부터 자기를 지키는 일(protection)을 의미하고 있었다. 지배자들은—그리스의 민중적인 정부의 경우를 제외하면—지배하는 민중에 대해서 필연적으로 적대적인 입장에 서 있는 것이라고 생각하고 있었다. 그들은 한 사람의 지배자, 또는 지배하는 한 종족 내지 한 계급으로 구성되어 있었으며, 그들의 권위는 세습이나 정복으로 이루어졌다. 어쨌든 그들은 피지배자인 민중의 의사에 의해서 권위를 장악하고 있었던 것은 아니었다.

또한 사람들은 지배자들의 그 억압적인 권력 행사에 대해서 어떤 예방책을 대비하는 경우에도 지배자들의 패권에는 감히 도전하려고 하지 않았으며, 아마 그런 생각조차도 가지고 있지 않았을 것이다. 지배자의 권력은 필요한 것이기는 하지만, 동시에 매우 위험한 것으로 보였다. 즉 외부의 적에 대해서와 마찬가지로 국민들에게도 자칫하면 쉽게 사용할 수 있는 무기라고 여겨지고 있었던 것이다.

사회의 힘없고 약한 수많은 구성원들은 탐욕스런 큰 독수리들의 먹이가 되지 않기 위해서, 그 독수리들을 다스리도록 위임받은 한층 뛰어나고 강한 맹금(猛禽)의 존재가 필요했다.

그러나 이 독수리의 왕도 다른 욕심쟁이 독수리들과 마찬가지로 작은 날짐승의 무리를 잡아먹는 습성이 있었기 때문에, 그 주둥이나 발톱에 대해서 끊임없이 방위태세를 갖추는 것이 꼭 필요했다.² 그래서 나라를 사랑하는 사람들은 지배자가 사회에 대해서 행사할 수 있는 권력에 제한을 설정하는 일이었다. 그리고 이 제한이야말로 바로 자유의 본질이라고 그들은 생각했던 것이다.

그 제한은 두 가지 방식으로 시도되었다. 첫째 방식은 정치적 자유 내지 권리라고 부르는 것으로, 어떤 종류의 면책 조항(免責條項)을 승인케 하는 일이었다. 그리고 지배자가 그 조항들을 침해하면 지배자의 의무 불이행으로 간주하여, 특정한 반항이나 일반적(전국적)인 반항³이 정당한 것으로 인정받도록 한 것이었다.

둘째는 나중에 취해진 방법이지만, 입헌적 제약을 확립하는 것이었다. 그것에 의해서 비교적 중요한 통치권의 발동에는, 사회의 동의 혹은 사회의 이익을 대표한다고 생각되는 어떤 단체의 동의가 지배 권력의 행동을 위한 필요 조건이 되었다.

대부분의 유럽 국가들은 지배 권력이 어느 정도 차이는 있었지만, 이와 같은 제한 방법 중에서 첫번째 경우를 따르지 않을 수 없었다. 그러나 두 번째의 경우는 달랐다. 이러한 방법을 달성하는 일 — 이미 어느 정도 달성되어 있는 경우는 그보다 더 완벽하게 달성하는 일 — 은 모든 곳에서 자유를 사랑하는 사람들의 주요한 목적이 되었다. 그리고 전인류가 한쪽의 적(지배자)의 힘을 이용하여 다른쪽의 적(외적)과 싸우는 데 만족을 느끼며, 또한 그 지배자의 압제에 대

2 밀은 '큰 매의 왕', '탐욕스런 왕', '탐욕스런 큰 매', '사회의 허약한 성원', '작은 날짐승의 무리' 같은 표현으로 국왕과 봉건 제후와 일반 민중의 관계를 생각하고 있다.
3 여기서 말하는 '일반적 반항'이란 영국 국왕 존(John)이 '대헌장(Magna Carta)'의 서약을 파기하려고 했을 때, 귀족 계급을 선봉으로 하여 전국민이 반항한 것과 같은 경우를 말하며, '특정한 반항'이란 어떤 특정한 도시가 부여된 헌장의 서약을 무시당하는 경우 국왕에게 반항하거나, 또는 특정한 과세를 면제받아야 할 사업가가 세금을 징수하려고 할 때, 납세 반대 운동을 일으키는 것과 같은 국민 일부의 반항을 말한다.

해서 약간의 통제가 보장된다는 조건 아래, 지배자에 의한 통치를 감수하는 동안에는 그들도 자유에 대한 열망을 더 이상 밀고 나가지는 않았다.

그러나 세상이 진보함에 따라 사람들은 '지배자란 자기들과 이해가 대립하는 독립적 권력자로 존재하는 것이 당연한 것이다.'라고 생각하지 않게 되었다. 국가의 여러 행정 관리들이란 국민들의 의지에 따라 자유롭게 파면할 수가 있는, 국민들의 위탁자 혹은 대표자인 것이 훨씬 좋은 일이라고 생각하게 되었다. 그와 같은 방법으로 정부의 권력을 국민 자신들에게 불리하게, 즉 남용(濫用)하는 일이 없도록 완전한 보장을 얻을 수 있다고 생각하게 된 것이다. 선거에 의해 일정한 기간 동안 다스리는 지배자를 구하는 이 새로운 요구는 민중의 단체가 있는 곳에서는 어디서나 그 운동의 주요한 목표가 되었고, 그리고 그 운동은 지배자의 권력을 제한해 보려는 그때까지의 노력을 상당히 능가하는 것이었다.

지배 권력을 피지배자들의 정기적인 선택으로 만들어 내려는 투쟁이 진전됨에 따라서, 일부 사람들은 권력 자체를 제한하는 일에 지금껏 너무 지나치게 중요성을 두고 있었다고 생각하기 시작했다. 권력을 제한하는 일(이라고 그들은 생각했을 것이다)이란 민중과 항상 이해(利害)가 상반되고 있는 지배자에 대항하는 수단이었다. 이제 필요한 것은 지배자가 민중과 일체가 되는 것, 지배자의 이해와 의사가 국민의 이해가 되고 의사가 되는 그런 일인 것이다.

국민은 자기의 뜻에 맞지 않는 보호를 받을 필요는 없고, 국민들 스스로 전제(專制)를 행할 염려는 더구나 있을 수 없다. 그러므로 지배자로 하여금 국민에게 완전히 책임을 지게 하고, 국민이 지배자를 즉각 파면할 수 있도록 한다면, 국민은 그들에게 권력을 맡기고 그 사용 방법에 대해서는 국민 자신이 명령을 내릴 수가 있는 것이다. 지배자의 권력은 집중화되고 행사하기 쉬운 형태가 되었지만, 그것은 국민 자신의 권력인 것이다.

 이와 같은 사고방식이라기보다 오히려 느낌은 유럽 자유주의 최후의 세대에게는 보편적인 것이겠지만, 유럽 대륙에서는 지금도 여전히 지배적이다. 존재하지 말아야 한다고 생각되는 정부의 경우라면 몰라도 정부가 행하여도 좋은 행위에 대해서조차 어떠한 제한을 인정하는 사람들은 대륙의 정치 사상가 가운데서도 유난히 눈에 띄는 예외자들이다.[4] 이와 비슷한 감정은 우리 나라(영국)에서도 한때 그것을 권장한 바 있는, 여러 사정이 만일 변함없이 계속되었더라면 지금도 여전히 지배적인 것이 되어 있었을 것이다.

 그러나 인간사(人間事)의 경우와 마찬가지로 정치 및 철학 이론의 경우에도, 실패를 하면 사람의 눈에서 숨어 버렸을지도 모를 결점이나 약점이 성공을 할 때는 나타나는 것이다.

 '민중은 자기 자신이 지니고 있는 권력에 제한을 설정할 필요가 없다.'고 생각하던 때가 있었다. 민중의 정부라는 것이 그저 꿈속에서나 존재하는 것처럼 생각되거나, 어떤 먼 과거의 시대에 존재하기는 했어도 그것을 다만 책을 통해서 어렴풋이 짐작할 수가 있었다. 그런 시대에 그러한 생각은 아마도 당연한 것으로서 여겨졌을지도 모를 일이다. 또 그러한 생각은 프랑스 혁명처럼 일시적으로 일상의 궤도를 벗어난 사건으로도 결코 동요를 일으키지 않았다. 왜냐하면 프랑스 혁명의 최악의 사태는 권력을 자기 수중에 넣으려는 소수의 사람들이 저지른 것이기 때문이다. 즉 여러 제도를 민중 본위로 만들려는 항구적인

---

4 밀이 여기에서 염두에 둔 사상가는 토크빌(Tocqueville)이다. 토크빌의 저서 《미국의 민주주의》는 밀에게 큰 감명을 주었다. 토크빌이 인정한 민주 정치 체제의 커다란 위험 중 하나는 '다수자의 압제'라는 것이었다. 여론이라는 것이 만능적인 힘을 발휘하여 개인의 사상적 독립성을 잃어버리게 하는 것과 같은, 정신에 대한 전제를 그는 커다란 위험 현상의 하나로 보았던 것이다.

노력에 의한 것이 아니라, 군주와 귀족의 전제 정치에 대한 돌발적이며 발작적으로 일어난 반란이었기 때문이다.

그러나 그러는 동안에 지표(地表)의 광대한 부분을 차지한 하나의 민주적 공화국[5]이 국제 사회에서 가장 강력한 성원의 하나로서 인정받게 되었다. 그 결과 선거에 의한 책임 정치라는 현존하는 위대한 사실에 논리적 기초를 둔 관찰과 비판을 받게 되었다. 그렇게 되자 이제 '자치(self-government)'니, '민중의 민중에 의한 권력(the power of the people over themselves)'이라는 말로서는 사태의 진상을 나타낼 수가 없다는 사실을 인정하게 되었다. 권력을 행사하는 '민중'은 권력의 행사를 받는 민중과 반드시 일치하지는 않기 때문이다.

또 소위 '자치'란 개인이 개인 자신에게 다스림을 받는 것이 아니라, 개인이 다른 전체에게 다스림을 받는 것이다. 그리고 민중의 의사(意思)란 실제로는 민중 속에서 가장 활동적인 부분의 의사, 다시 말해서 다수나 혹은 다수라고 인정케 하는데 성공한 사람들의 의사인 것이다. 그러므로 민중이 그 성원의 일부를 압박하는 사태가 있을 수 있다. 따라서 지금까지 다른 모든 권력의 남용에 대응한 것과 마찬가지로 이 부분에 대해서도 충분히 경계할 필요가 있는 것이다. 그런 까닭에 권력의 장악자가 사회, 즉 사회 속의 가장 강력한 당파에 대해서 정기적으로 책임을 지는 경우라 할지라도, 개개인에 대한 통치권의 행사를 제한하는 일은 그 중요성을 조금도 잃지 않는 것이다.

이와 같은 사고방식은 사상가들의 지성에도,[6] 그리고 그 실제상의 이해관계나 상상상(想像上)의 이해관계가 민주주의와 상반하는 유럽 사회의 중요한 여

---

[5] 아메리카 합중국.
[6] 밀이 주로 염두에 두고 있는 것은 프랑스의 정치학자이자 역사가인 토크빌이다.

러 계급의 기호에도, 똑같이 호소하는 힘을 가지고 있었기에 아무런 저항도 없이 폭넓게 수용되어 갔다. 그래서 오늘날 정치 문제를 생각할 때, '다수자의 전제(the tyranny of the majority)'라는 것을 이제는 일반적으로 사회가 경계할 필요가 있는 해악(害惡)의 하나로 여기게 된 것이다.

다른 전제와 마찬가지로 다수자의 전제도 처음에는 주로 공무원의 행위를 통해서 작용하는 것으로 해석되어 두려움을 주었고, 지금도 일반적으로는 그렇게 받아들여지고 있다. 그러나 생각하는 사람들은 사회 그 자체가 전제자인 경우에는, 다시 말해서 집단이 된 사회가 사회를 구성하는 개개인의 인간에 대해서 전제자인 때는 그 수단이 행정관의 손에 의해서 할 수 있는 행위에만 국한되는 것이 아니라는 사실을 마침내 알게 되었다.

사회는 자기 자신의 명령을 집행할 수가 있으며, 지금도 그렇게 하고 있는 것이다. 그래서 사회가 옳은 명령이 아니고 옳지 못한 명령을 내리거나, 사회가 관여할 것이 아닌 일에도 비열하게 어떤 명령을 내렸을 경우에, 사회는 많은 여러 가지 정치적 압박보다도 더 무서운 사회적 전제를 저지르고 만다. 왜냐하면 사회적 전제는 보통 정치적 압박의 경우만큼 무거운 형벌로써 뒷받침되고 있지는 않지만, 생활의 세부까지 훨씬 깊게 파고들어서 사람의 영혼을 노예로 삼고 있기 때문에, 여기서 도망칠 수 있는 수단은 거의 남겨놓지 않고 있는 것이다. 따라서 행정 관리의 전제로부터 몸을 지키는 것만으로는 충분하지 않고, 지배적인 여론이나 감정의 전제에 대해서도 방위할 것이 요구된다.

즉 사회가 법적 형벌 이외의 수단을 써서 사회에 동의하지 않는 사람들에게 자기의 생각이나 습관을 강요하는 경향에 대한 방위가 필요하고, 사회가 행하는 방식과 조화를 이루지 않는 어떤 개성의 발달이나 그 형성조차도 방해하거나 저지하며, 할 수만 있다면 사회 자신을 모범으로 삼아 모든 사람들의 성격을 형성하도록 강요하는 경향에 대한 방위도 필요하다. 개인의 독립성에 대해서 집단의 의견이 정당하게 간섭할 수 있는 부분은 한계가 있다. 그와 같은 한계를 찾아내서 그것을 침해로부터 지키는 일은, 정치적 전제로부터의 방위와 마찬가지로 인간의 상태를 유지해 가는 데 반드시 필요하다.

이와 같은 주장을 반대할 이유는 없다고 생각한다. 그러나 어디에 그 한계를 둘 것인가, 과연 어떻게 개인의 독립과 사회적 통제를 적절하게 조정할 것인가 하는 실제 문제에 들어가서는 거의 대부분이 앞으로 해결해야 할 미해결(未解決) 문제인 것이다.

누구나 자기 삶을 가치 있는 것으로 만들려고 하면 불가불 다른 사람의 행동에 여러 가지 제약을 강요하지 않을 수가 없다. 마찬가지로 어떤 종류의 행위의 규칙은 법으로 만들고, 그리고 법으로 적용할 수 없는 사태에 대해서는 여론의 힘을 이용하지 않으면 안 된다. 이와 같은 규칙이 어떤 것으로 되어야 하는가는 인간 생활에서 아주 중요한 문제이다. 그러나 가장 명확한 몇 가지 경우를 제외한다면, 이 문제의 해결은 이제까지 거의 아무런 진보도 볼 수 없었다.

시간을 달리하는 어떤 두 개의 시대에서도, 또 어느 두 개의 국가에서도 이 문제에 똑같은 결정을 내린 적은 없었다. 그러므로 어떤 시대, 어느 국가가 이룩한 해결은 다른 시대, 다른 국가에게는 하나의 수수께끼인 것이다. 그런데도 어떤 주어진 시대나 국가의 사람들을 보면, 그들은 자기네의 결정에 뭔가 문제가 있다는 생각은 조금도 하지 않고, 마치 그것은 인류의 생존 이래로 인류가 언제나 동의해 온 문제라고 생각하고 있다. 그들 사이에서 이루어지고 있는 규칙이 자기들에게는 자명한 것이며, 그 자체가 정당한 것이라고 생각하고 있다.

이와 같은 거의 보편적인 착각은 마술과 같은 습관의 영향력에서 만들어지는 한 예로, '습관이 제2의 천성'이라는 속담에도 있듯이 끊임없이 천성 그 자체라고 잘못 생각하고 있는 것이다. 원래 습관이란 것은 다른 사람에게나 자기 자신에게 있어서 새삼스럽게 어째서 그런 것인가 하고 그 유래를 설명할 필요가 있다고는 생각하지 않는다. 때문에 인간이 서로 부과하고 있는 행위의 규칙에 대해서 어떤 의심이 생기지 않도록 하는 점에서 습관이 수행하는 힘은 더 한층 완전하게 된다. 이와 같은 성질의 문제에 대해서 사람들은 감정이 이성보다 우월해서 이성이 필요하지 않다고 습관적으로 믿어오고 있으며, 또한 철학자라고 불리기를 바라는 사람들에 의해서 그 믿음이 조장되어 왔다.

인간 행위의 규칙에 대해서 사람들에게 저마다의 의견을 가지게 하는 실제상의 원리는 누구나 마음속에 가지고 있는 다음과 같은 감정이다. 즉 자기나 자기가 공감하는 사람들이 바라는 대로 모든 사람들이 행동해야만 한다는 감정이다. 어느 누구도 자기 판단의 기준이 자기 자신의 기호(嗜好)라고는 자인(自認)하지 않는다.

그러나 행위에 관한 의견은 확고한 이유가 뒷받침을 하고 있는 것이 아니라면, 한 인간이 좋아하는 것 정도의 가치가 있을 뿐이다. 또 가령 그럴 만한 이유가 제시되었다고 하더라도, 그것이 다만 다른 사람들한테서 느껴지는 비슷한 기호에 영합할 정도의 것이라면, 그것 역시 한 사람 대신에 많은 사람들의 기호밖에 될 수 없다.

그런데도 보통 사람들은 자기 자신의 기호가 이처럼 많은 사람들의 지지를 받게 될 때, 자신의 종교적 신조와는 분명하게 다른 도덕론이나 취미, 예의범절에 대한 자기 의견의 어떤 것에 대해서도 완전히 만족스러운 이유가 될 뿐만 아니라, 일반적으로는 자기가 가지는 유일한 이유가 되고, 또한 그것은 그 신조를 해석하는 경우에도 중요한 지침이 된다.

따라서 어떤 것이 칭찬할 만한 것이고, 어떤 것이 비난해야 마땅할 것인가에 대한 사람들의 의견은 타인의 행위에 대해서 그들의 소망을 좌우하는 온갖 원인에 영향을 받는데, 그 원인들은 다른 임의의 문제에 대하여 그들의 소망을 결정할 때 많은 원인이 있는 것과 마찬가지이다. 그것은 때로는 그들의 이성이며, 때로는 그들의 편견이나 미신이고, 때로는 그들의 사회적 감정이며, 또한 그들의 반사회적 감정인 선망(羨望)이나 질투, 거만이나 모욕인 경우도 적지 않다. 그러나 가장 보편적인 것은 자기 자신을 위한 욕망이나 두려움, 즉 그들의 정당하거나 또는 부당한 이기심인 것이다.

유력한 계급이 있는 곳에서는 어디서나 그 나라의 도덕의 대부분을 그 계급적 이해와 계급적 우월감이 낳고 있는 것이다. 스파르타 시민과 노예, 식민 농원주(植民農園主)와 흑인, 왕과 백성, 귀족과 평민, 남성과 여성 사이의 도덕은 대부분 이와 같은 계급적 이해와 감정의 산물이었다. 그리고 이렇게 해서 생긴 감정은, 또한 유력 계급의 여러 구성원들 사이의 관계에서 이루어지는 도덕적 감정에 작용을 하게 된다. 한편 이전에 유력했던 계급이 그 우월성을 상실하거나 혹은 그 우월성의 인기가 사라지면, 세상 일반의 도덕적 감정은 종종 이전의 우월성에 대하여 견디기 어려운 혐오감으로 가득 차게 된다.

작위적(作爲的)이든 아니든, 그 어느 면에서든 법률이나 여론에 의해서 강제되어 온 인간 행위의 규칙을 결정하는 또 한 가지의 중요한 결정 원리는, 현세의 지배자들이나 신들이 좋아할 것이라거나, 또는 싫어할 것이라고 상상으로 만들어낸 것에 영합하려는 인류의 노예 근성이었다. 이와 같은 노예 근성은, 본질적으로는 이기적인 것이지만, 위선(僞善)은 아니다. 그것은 아주 순수한 혐오의 감정을 낳는다. 그리고 그것이 사람들로 하여금 마술사나 이교도(異敎

徒)를 화형(火刑)에 처하게 한 것이다.

이와 같은 많은 저급한 영향력과 함께 사회의 일반적이며 명확한 이해(利害)도, 또한 말할 것도 없이 도덕적 감정의 방향 잡기에 가담했으며, 그 힘은 대단히 컸다. 하지만 그것은 이성(理性)의 문제로서, 사회의 이해 그 자체를 위해서라기보다는 오히려 사회 전체의 이해에서 발생한 공감과 반감의 결과에서였다. 그리고 사회의 이해와는 거의, 또는 완전히 관계가 없는 공감과 반감이 도덕을 확립하는 데 있어서 사회의 일반적이며 명확한 이해와 마찬가지로 커다란 힘을 발휘해 온 것이다.

이와 같이 사회가 좋아하고 싫어하는 것이나, 또는 사회의 어떤 유력한 계층이 좋아하고 싫어하는 것이, 법과 여론의 법칙 아래 일반에게 준수하도록 정해진 규칙을 결정해 온 중요한 주역인 것이다. 그리고 일반적으로 사상과 감정이 사회보다도 앞서 있었던 사람들(선각자들)도 그 세세한 몇 가지 점에서는 설사 그것과 충돌을 일으켰다 할지라도 원칙으로는 이 사태를 불문(不問)에 붙여 왔다. 그들은 사회의 기호가 개개인에게 법이 되어야 할 것인지 아닌지를 문제삼기보다는, 오히려 사회는 어떤 것을 좋아하고 싫어해야 할 것인가를 탐구하는 데 전념했다. 그들은 자유를 수호하려고 이단자를 규합하여 공통적인 대의명분(common cause)을 주장하기보다는, 오히려 그들 자신이 이단자적 견해를 갖고 있는 특정 부분을 위하여 인류의 감정을 바꾸려고 노력한 것이다.

여기저기 흩어져 있는 개개인 이외의 입장에서, 원리상 한층 더 높은 위치에서 시종일관 주장되어 온 유일한 예는 종교적 신앙의 경우이다. 그것은 많은 점에서 교훈적인데, 특히 이른바 도덕이 잘못을 저지를 수 있다는 것을 보여주는 뚜렷한 예로서도 더욱 교훈적이다. 왜냐하면 진지한 광신자에게 있어서 '신학상의 증오(odium theologicum)'는 도덕 감정을 가장 명백하게 나타내는 경우이기 때문이다.

스스로 보편적 교회(universal church)라고 칭하는[7] 명예를 최초로 타파한 사람들(프로테스탄트)도 일반적으로는 그 카톨릭 교회 자신과 마찬가지로 종교적 의견의 차이점을 거의 인정하려고 하지 않았다.

그러나 어느 종파도 완전한 승리를 거두지 못한 채 투쟁의 열기가 식고, 각 교회나 종파가 이미 획득한 기반을 고수하는 일밖에는 더 바랄 것이 없게 되었을 때, 소수파는 다수파가 될 가망이 없음을 깨닫고, 개종시킬 수 없었던 다수파 사람들에게 이설 주장(異說主張)을 허용하라는 요구를 내세우지 않으면 안 되는 처지에 이르게 된 것이다. 그래서 이 다툼에서는—그리고 거의 이 다툼에서만이라고 해도 좋지만—사회에 대한 개인의 권리가 광범한 원리상의 입장에서 주장되었고, 또한 의견을 달리하는 이단자에게 권위를 내보이려고 하는 사회의 요구가 공공연히 논박되어 온 것이다.

오늘날 세계가 소유하고 있는 종교의 자유를 획득하는 데 공헌한 위대한 저술가들은[8] 그 대부분이 양심의 자유를 불가침의 권리로서 주장하고, 인간이 자기의 신앙에 관해 다른 사람에게 책임을 지우는 일을 단호하게 부정해 왔다.

그렇지만 그것이 무엇이든 정말로 관심을 가지고 있는 일에는 관용적인 태도를 보이지 않는 것이 인간에게는 아주 자연스런 것이기 때문에, 종교의 자유는 거의 어디서나 실제로는 실현되지 않았다. 어쩌다 있었다고 하면, 그것은 신학적인 싸움으로 자기의 평화가 흔들리는 것을 바라지 않는 종교적 무관심이 사태의 변화를 가져오게 한 경우뿐이다. 심지어 신앙의 자유가 가장 많이

---

[7] 카톨릭 교회.
[8] 사보나롤라(Savonarola), 츠빙글리(Zwingli), 칼뱅(Calvin), 녹스(Knox), 멜란히톤(Melanchthon) 등을 지칭한다.

허용된 나라들까지도 관용을 베풀어야 한다는 의무는 모든 신자들의 마음속에서 보류 부호(符號)로서 인정하고 있는 것이다.

어떤 사람은 교회의 내정(內政)에 대해서는 이론(異論)을 너그럽게 봐주지만, 그것이 교의(敎義)가 되면 그렇지 않을 것이다. 또한 어떤 사람은 카톨릭 교도나 유니테어리언(Unitarian)[9]만 아니면 누구든지 용서할 수가 있고, 또한 계시 종교를 믿는 사람이면 누구든지 관용을 베풀 수 있다는 사람이 있다. 그리고 소수이기는 하나 그 관대함을 좀더 넓히는 사람들도 있기는 하지만, 그것도 하느님과 내세(來世)를 믿지 않는 사람에 대해서는 관용적인 것이 아니다. 이처럼 다수자의 감정이 여전히 순수하고 열렬한 곳에서는, 다른 사람들을 복종시키려는 요구를 하나도 약화시키지 않고 있음을 찾아볼 수 있다.

영국에서는 그 정치사의 특수 사정 때문에 유럽의 다른 여러 나라들보다 여론의 구속력은 아마도 강하겠지만, 법의 구속력은 오히려 가벼운 편이다. 그리고 입법권이나 행정권이 개인의 사적 행위에 직접 간섭하는 일에 대해서는 적지 않은 경계심이 있다. 그러나 그것은 개인의 독립에 대한 정당한 배려 때문이라기보다는 지금도 여전히 정부를 민중과 대립하여 이해(利害)를 대표하는 것으로 보는 습관 때문이다.

많은 사람들이 아직도 정부의 권력은 자기들의 권력이며, 정부의 의견은 자신들의 의견이라고 느끼지 못하고 있는 것 같다. 그들이 정말로 그렇게 느끼게 되면 개인의 자유는 이미 여론의 침해를 당하고 있는 것과 마찬가지로 정부의 침해를 당하게 될 것이다. 그러나 아직까지 법으로 지배하는 관행(慣行)이 없었던 일에 대해 갑자기 법이 개인을 지배하려고 하면, 즉시 이에 반발하는 강

---

[9] 신과 그리스도와 성서의 삼위일체설을 배격하고 신의 유일성을 주장하여, 그리스도를 신으로 삼지 않는 그리스도의 한 종파.

한 감정이 생긴다. 이때는 이 문제가 법적인 정당한 영역의 것인지 아닌지는 거의 문제 삼지 않는다. 이러한 감정은 일반적으로는 대단히 유익한 것이지만, 그것이 적용되는 경우에는 충분히 합당한 근거가 있는 경우도 있을 것이고, 또 그와는 전혀 다르게 엉뚱한 경우도 가끔 있을 것이다.

사실 정부의 간섭이 정당한지 부당한지를 관례상으로 식별하는 공인된 원리는 없다. 사람들은 각자 개인적인 기호에 따라서 결정한다. 어떤 사람들은 행해야 할 선(善)이나 바로잡아야 할 악(惡)을 발견하면 언제든지 자진해서 정부가 그 일을 수행하도록 촉구할 것이다. 또 다른 사람들 중에는 정부의 지배를 받는 이해(利害) 부문이 한 가지 더 늘어날 바에는 차라리 아무리 큰 사회적 해악이라도 참는 쪽을 선택할지도 모른다. 사람들은 이처럼 그때그때 경우에 따라서 두 가지 경우 중 하나를 선택하는데, 그것은 지금 말한 것처럼 각자가 가지고 있는 감정의 일반적 경향에 따라서 그렇게 행동하는 것이다. 또는 정부가 해야만 할 것으로 제안된 특정한 일에 대하여 각자 느끼는 이익의 크기에 따라서, 또는 정부가 자기들이 선호하는 방식으로 하는가 아닌가에 대한 그들 자신의 생각에 따라서 선택하는 것이다.

그러나 그들은 정부가 어떤 일을 해야만 하는가에 대해서 일관되게 견지하고 있는 어떤 주관에 따라서 선택하는 예는 극히 드물다. 그리고 이와 같은 규칙 내지는 원칙이 없기 때문에 현재로는 양쪽 모두 똑같이 때때로 잘못을 저지르고 있으며, 정부의 간섭도 거의 비슷한 빈도로 부당하게 요청되기도 하고, 부당하게 비난을 당하고 있다고 생각한다.

이 논문의 목적은 강제와 통제라는 형태로서—사용 수단이 법률상 형벌이라는 형태의 물리적인 힘이든, 여론이라고 하는 도덕적 강제이든 간에—개인을 다루는 사회의 그 취급을 절대적으로 지배할 자격이 있는 대단히 단순한 하나의 원리를 주장하는 일이다. 그 원리란 인류가 개인적이든 또는 집단적이든, 누군가의 행동의 자유를 간섭할 경우에 정당하다고 간주되는 유일한 방법은 자기 방위(self-protection)라는 것이다. 즉 문명 사회의 구성원에게 그의 의지에 반해서 정당하게 권력을 행사할 수 있는 유일한 방법은 다른 사람에 대한 위해(危害)의 방지이다. 즉 인류 구성원 한 사람 한 사람의 자기 자신만을 위한 행복은 물질적이든, 도덕적이든 다른 사람의 자유를 간섭하는 것은 충분히 정당화될 수는 없다.

그렇게 하는 것이 자신을 위해서 좋을 것이라든지, 자신을 좀더 행복하게 할 것이라든지, 또는 다른 사람들의 견해에 의하면 그렇게 하는 것이 현명할 뿐만 아니라 올바르기까지 할 것이라고 해서, 그에게 어떤 행동이나 억제를 강제한다면 이것은 정당할 수가 없다. 이러한 이유들은 그를 훈계하거나, 그와 의논해서 이해시키거나, 그를 설득하거나, 그에게 하소연하거나 하는 충분한 이유가 되기는 하지만, 그를 강제하거나 행동하지 않을 때 그에게 어떤 벌을 내려도 좋다는 정당한 이유는 되지 않는다. 그 강제하는 것이 정당한 것이 되려면 그의 바람직하지 못한 행위가 누군가 다른 사람에게 해를 끼칠 것이 예측되지 않으면 안 된다.

인간의 행위 가운데서 사회에 책임이 따르는 부분은 다른 사람과 관계되는 부분뿐이다. 자기 자신에게만 관계된 행위는 말할 것도 없이 개인의 독립성은 당연히 절대적이다. 각 개인은 자기 자신의 신체와 정신에 대해서 주권자인 것이다.

새삼스럽게 말할 것도 없는 일이지만, 이 이론은 성숙한 여러 능력을 갖춘 인간에게만 적용되는 것이다. 우리는 어린이들이나 법이 정하는 성인 연령 이하의 남녀 젊은이들을 문제로 하고 있는 것은 아니다. 그리고 아직도 다른 사람의 보호를 필요로 하는 상태에 있는 사람들은 외부로부터의 위해와 마찬가지로 그들 자신의 행위로부터도 보호되지 않으면 안 된다.

이와 같은 이유로, 우리는 민족 자체가 아직 미성년기에 있다고 생각되는 후진 상태의 사회는 제외시켜도 좋을 것이다. 스스로의 힘으로 자연스럽게 진보하는 과정에서 부딪치는 초기의 곤경은 매우 크기 때문에, 그것을 극복하기 위한 수단은 거의 선택의 여지가 없다. 그리고 개혁 정신이 왕성한 지배자는, 아마도 그 이외의 방법으로는 실현시킬 수 없는 어떤 목적을 달성하게 할 만한 방법이 있다면, 그 어느 것이든 사용해도 좋을 것이다.

전제 정치라는 것도 그 목적이 미개인들의 향상에 있고, 통치 수단이 그 목적을 달성함으로써 정당화된다면, 미개인을 다루는 올바른 지배 형태라고 할 수 있을 것이다. 하나의 원리 체계로서의 자유는 인류가 자유롭고 평등하게 토론하여 진보할 수 있지만, 그 시대 이전의 사회 상태에서는 적용되지 않는다.

만일 다행스럽게도 그들이 그러한 시대가 오기까지 악바르(Akbar) 황제[10]나 샤를마뉴(Charlemagne) 대왕[11]과 같은 인물을 발견하게 된다면, 그런 인물에게 절대적으로 복종할 수밖에 도리가 없을 것이다. 그러나 인류가 자기 확신이나 다른 사람의 설득으로 자신의 발전을 위한 전진을 하게 되자마자(이것은 우리가 이 논문에서 고려해 볼 필요가 있는 모든 국민의 경우보다 훨씬 이전에 도달되어 있는 단계이기는 하지만), 곧 직접적인 강제의 형태이든, 불복종에 대한 형벌의 형태

---

10 Muhammad Akbar(1542~1605). 인도 무굴 제국의 제3대 황제. 황제 중 가장 현명하고 위대하기 때문에 대왕이라고 불린다. 18세에 왕위에 올라 거의 인도 전역을 통일했다. 군인으로뿐만 아니라 정치가로도 유명하다.
11 Charlemagne(742~814). 카롤루스 대제의 프랑스어 이름. 로마 제국의 황제. 768년에 프랑크 인의 왕이 되고, 800년에는 로마 교황 레오 3세로부터 황제로서 대관되었다. 재위 40여 년 동안에 53회나 정복 전쟁을 단행하여 국위를 떨쳤고, 행정 조직과 법령을 완성하여 통치하였으며, 학문과 예술도 장려했다.

이든, 자기 자신의 행복을 위한 수단으로서는 이미 허용되는 일이 없게 되고, 다만 다른 사람들의 안전을 위해서만 정당화되었던 것이다.

추상적인 정의(正義)의 관념은 공리(功利 : utility)와는 관계가 없는 것처럼 보인다. 그러나 이러한 추상적인 정의의 관념으로부터도 나의 논의(argument)에 유리한 이점을 도출할 수 있지만, 나는 이용하지 않겠다고 미리 밝혀둔다.[12]

공리는 모든 윤리적 문제의 궁극적인 판정 기준이라고 나는 생각한다. 그러나 그것은 진보하는 존재로서 인간을 보는 항구적인 이해에 기초를 둔 가장 넓은 의미로서의 공리가 아니면 안 된다. 이같은 이해가 각자의 자발성을 외적 통제에 복종케 하고, 그것을 정당화시키는 것은 다른 사람들의 이해에 관계하는 각자의 행위에 관해서뿐이라고 나는 주장한다. 만일 누군가가 언뜻 보아서 명약관화한 사건(prima facia case : 반증이 없는 한 승소하는 유리한 사건)으로 다른 사람에게 유해한 행위를 한다면, 이것은 법에 의해서, 혹은 법적 형벌이 안전하게 적용될 수 없을 때는 여론의 비난을 통해서 그를 벌해도 좋을 경우이다.

또한 다른 사람을 위해서 자기가 당연히 해야 할 것을 강제받는 적극적 행위도 많다. 가령 법정에서 증언하는 일, 사회 방위나 자기가 보호를 받고 있는 사회의 이익에 필요한 공동사업에 참가하여 그에 상응하는 의무를 부담하는 일, 또는 동포의 목숨을 구한다거나 무방비 상태인 사람들을 학대로부터 지키기 위해서 개입하는 것과 같은 어떤 종류의 개인적 선행(善行)을 행하는 일이다.

다시 말하면, 당연히 인간으로서 해야 할 의무일 때는 언제나 그것을 행하여

---

[12] 밀이 이처럼 단서를 붙인 것은 정의와 공리는 불가분으로 밀접한 것이라는 공리주의자들의 생각에 대하여 정의와 공리는 무관한 것이며, 정의와 관념은 유용성(有用性)과는 독립된 것으로 선천적으로 인간에게 주어진 것이라는 선험주의적(先驗主義的) 생각이 당시 강력하게 존재하고 있었기 때문이다. 정의와 공리의 관계에 대한 밀의 생각에도 여러 가지 문제가 있지만, 그 점에 대해서는 밀의 《공리주의론》 제5장 '정의와 공리의 관계에 대하여' 및 본서의 해설을 참조할 것.

야 하며, 불이행시에는 사회에 대하여 마땅히 책임을 져야 하는 행위도 있다.

사람은 자신의 행동에 의해서만이 아니라 '전혀 행동하지 않음'으로도 다른 사람에게 해를 끼칠 수 있다. 그리고 그 어느 경우에도 그 위해(危害)에 대해서 당연히 책임을 지지 않으면 안 된다. 후자의 경우 강제적인 책임을 지게 할 때 전자의 경우보다도 훨씬 더 신중을 기할 필요가 있다. 다른 사람에게 해를 끼치는 일에 대해서는 그것이 누구든 책임을 지게 하는 것이 원칙이다. 그러나 해악을 방지하지 못한 것에 대해서 책임을 지게 하는 일은 비교적 예외적인 일에 속한다. 이 예외를 정당화하기에 합당한 명백하고 중요한 경우는 수없이 많다. 개인은 외부와의 관계에 관한 모든 사태에 대해서, 더욱이 이해관계에 관한 모든 사태에 대해서 당연히 책임을 져야 하며, 또한 필요하다면 그들의 보호자격인 사회에 대해서 책임을 져야 할 것이다.

그런데 가끔 그에게 책임을 지우지 않아야 할 이유가 충분히 있는 경우도 있다. 그러나 그와 같은 이유들은 특수한 편의적 사정에서 발생하는 것이어야 한다. 즉 사회가 그를 마음대로 지배하기보다는 그 자신의 생각에 맡기는 편이 전체적으로 보아서 그가 더 좋은 행동을 할 것이라고 여겨지는 경우이거나, 혹은 사회가 지배하려고 함으로써 방지되어야 할 해악보다도 더 큰 해악이 생기는 경우가 아니면 안 된다. 이와 같은 이유로 해서 책임이 면제될 때는 행위자 자신의 양심이 공석인(주인이 없는) 재판관 앞에 나아가서 외적인 보호를 받지 못하는 다른 사람들의 이익을 보호해 주어야 마땅하다. 그리고 동포의 심판에 대해서 책임을 져야 되는 경우는 아니니까 그만큼 행위자 자신이 자기를 더 엄하게 다스려야 할 것이다.

그러나 개인과는 달리, 사회가 가령 어떤 이해관계를 가진다 하더라도, 단지 간접적인 이해만을 가지는 행동의 영역이 있다. 그 영역은 인간의 생활과 행위

가운데서 오직 자기 자신에게만 관계한다든지, 혹은 다른 사람과 관계한다 하더라도 다른 사람이 자유롭고 자발적으로, 그리고 속임을 당하는 일없이 동의하여 참가하고 있는 그러한 개인의 생활과 행위 전부로서 성립되어 있다.

앞에서 '오직 자기 자신에게만' 이라고 내가 말할 때, 그것은 직접적이고, 또한 일차적인 것이라는 의미이다. 왜냐하면 자기 자신에게 영향을 미치는 일이면 무엇이든 그 자신을 통해서 다른 사람들에게 영향을 미칠 수 있기 때문이다. 그리고 이같은 우발적 사건, 즉 부수적 사정을 이유로 해서 반론이 제기될지도 모르지만, 그 문제에 대해서는 나중에 생각해 보기로 하겠다. 어쨌든 지금까지 기술해 온 것은 모두 인간이 갖고 있는 고유한 자유 영역인 것이다. 그것은 다음과 같은 것으로 성립되어 있다.

첫째는 의식(意識)이라는 내면의 영역인데, 가장 넓은 의미로서의 사유, 즉 사상과 감정의 자유, 실제적·사색적·과학적·도덕적·신학적인 모든 문제에 대한 의견과 감정의 절대적인 자유를 요구하는 그것이다.

의견을 표명하고 출판하는 자유는 개인의 행위 가운데서 다른 사람과 관계하는 부분에 속해 있기 때문에 다른 원리 밑에 두어야 한다고 생각할지도 모른다. 그러나 이 자유는 사상의 자유와 거의 같은 정도로 중요하며, 또한 대부분이 같은 근거에 의거하기 때문에 실제로는 사상의 자유와 따로 분리할 수 없다.

둘째는 자기가 좋아하는 것을 즐길 수 있는 기호(嗜好)의 자유와 목적 추구(직업)의 자유를 요구한다. 우리 자신의 성격에 맞는 생활의 계획을 짜는 자유, 가령 다른 사람들이 우리의 행위를 엉터리이며, 외고집이며, 틀려 먹었다고 생각할지라도, 우리가 하는 일이 그들에게 해를 끼치지 않는 한 그들한테 방해받지 않고 그 결과를 스스로 받아들이며, 내가 하고 싶은 일을 할 수 있는 자유를 말한다.

셋째는, 각 개인의 이와 같은 자유로부터 — 동일한 제한된 범위 내에서이기는 하지만 — 개개인 사이의 단결의 자유가 생긴다. 즉 다른 사람에게 해를 끼치는 것이 아니라면 어떠한 목적을 위해서 결합할 수 있는 결합의 자유이다. 그 경우 단결하는 사람들이 성년이어야 하며, 강제당하거나, 속임을 당하는 일이 없어야 한다는 것이 전제이다.

이와 같은 자유가 대체로 존중되지 않는 사회는 그 정치 형태가 어떤 것이든 자유는 아니다. 또한 이같은 자유가 절대적, 그리고 무조건 존재하지 않는 사회는 어떤 사회라도 완전히 자유롭다고는 말할 수 없다. 글자 그대로 유일하게 가치 있는 자유는 우리가 다른 사람에게서 그들의 행복을 뺏으려 하거나, 행복을 얻으려는 그들의 노력을 방해하지 않고 우리들 자신의 행복을 우리들 자신의 방식으로 추구하는 자유이다.

각 개인은 신체적이든 정신적, 영적이든 자신의 건강을 책임진 수호자이다. 인류는 각자 자기가 좋아하는 생활방식을 서로 허용함으로써 큰 이익을 얻는 것이, 다른 사람들이 좋다는 생활방식을 강요해서 얻는 것보다 훨씬 큰 이익을 얻는 방법이다. 이 학설은 전혀 새로운 것도 아니며, 어떤 사람들은 뻔한 것이라고 생각할는지도 모른다. 그러나 현존하는 여론이나 관행의 일반적 경향에 대해 이처럼 배치(背馳)되는 학설은 없을 것이다.

사회는 (그 견해에 따라서) 탁월한 사회적 품성과 마찬가지로 탁월한 개인적 품성도, 사회가 품고 있는 생각에 동조하게끔 사람들을 강제하는 데 전력을 기울여 왔다. 고대의 여러 국가는 개인적인 행위의 구석구석까지 공적 권위로서 통제하는 권한이 자기들에게 있다고 생각하고 있었으며, 철학자들도 그것을 장려했다. 그 근거는 국민 한 사람 한 사람의 신체적, 정신적 규율에 국가가 깊은 관심을 가지고 있다는 이유 때문이었다.

　이와 같은 사고방식은 강력한 적에게 포위당하여 밖으로부터의 공격, 혹은 안으로부터의 반란 때문에 붕괴될 위험에 끊임없이 놓여 있어 잠시라도 기력이나 자제심을 잃어버리면 극히 간단하게 파멸로 연결되기 때문에, 유익하고 항구적인 자유의 효과를 가질 만한 여유가 없는 조그만 공화국에서라면 허용될 수 있는 것이었는지도 모른다.

　근대 세계에서는 정치 사회의 규모가 커지고, 특히 영적 권위(교권)와 현세적 권위(속권)가 분리된 탓으로〔이것으로 인간 양심의 지도(指導)는 그 세속사(世俗事)를 통제하는 사람들과는 다른 사람들의 수중에 맡겨졌다.〕법으로써 개인 생활의 세세한 부분까지 크게 간섭하는 것은 불가능하게 되었다. 그러나 도덕적 억제의 기관은 사회적 문제보다는 오히려 개인과 관련된 문제에서 지배적인 의견으로부터 벗어나는 것에 그 권력을 더욱 강하게 행사해 왔다.

　종교는 도덕적 감정의 형성에 관여해 온 온갖 요소 가운데서 가장 강력한 것인데, 그것은 인간 행위의 모든 부문을 통제하려는 교권 정치(敎權政治)의 야심이나, 퓨리터니즘(Puritanism)의 정신[13] 등에 의해서 지배돼 온 것이다. 그리고 과거의 종교에 가장 강력하게 반대 입장을 취한 근대의 개혁가들 가운데에

---

13 Puritanism. 16~17세기에 영국에서 종교 개혁을 철저히 하려고 했던 신교도 일파의 운동, 또는 그 사상을 말한다. 영국 구교회는 로마 카톨릭으로부터 독립했지만, 그 후에도 제도·의식·관습 등에 있어서는 로마 교회의 풍습이 상당히 잔존하고 있었으므로 루터나 칼뱅주의의 영향을 받은 사람들은 이것에 불만을 느끼고, 그러한 풍습을 배제하고 영국 국교회의 '순수함(Puritas)'을 간직하려고 했다. 청교(Puritan)니, 청교도(Puritans)니 하는 말은 여기서 나온 것이다. 본래 피라미드 형태로 조직된 성직자 집단에 의해서 관료적인 종교 정치를 하는 것이 카톨릭교 본래의 이상이었다. 또 청교도는 성서의 말을 문자 그대로 실행하려는 목적 아래 간단 소박한 생활을 희구하며, 청교도 혁명 시대에는 사람들을 강제적으로 그와 같은 생각에 복종케 하려고 했다. 밀은 물론 그와 같은 역사상의 한 시기에 있었던 현상 그 자체를 문제로 하고 있는 것은 아니고, 거기에 가장 선명한 형태로 나타난 종교상의 문제를 조직적으로 위에서 아래로 강제하려는 태도나 자기의 좁은 생각에서 비롯하는 종교상의 엄격주의를 문제삼고 있는 것이다.

도 영적 지배의 권리를 주장하는 점에서는 여러 교회나 여러 종파에게 결코 뒤지지 않는 사람들이 있다.

특히 콩트[14]가 그런 사람 중의 한 명인데, 그의 《실증적 정치학 체계(實證的 政治學體系 : Systeme de Politique Positive)》에 전개되어 있는 사회 조직은 고대 철학자 가운데서도 가장 엄격한 규율주의자들이 정치 이념 속에 의도한 어떠한 것보다도 더 엄격하게 개인에 대한 사회의 전제 정치의 확립(법적 수단보다는 도덕적 수단에 의한 것이기는 하지만)을 목표하고 있다.

개개의 사상가들의 특이한 주장은 별개로 하더라도 세계 전체에는 여론의 힘에 의해서, 또는 법의 힘을 이용해서까지 부당하게 사회의 권력을 개인에게 확대하려는 경향이 증가해 가고 있다. 그리고 세계에서 일어나고 있는 여러 가지 변화의 경향은 사회의 힘을 강하게 하고 개인의 힘을 약하게 하려는 것이기 때문에, 개인에 대한 사회의 침범은 자연히 소멸되어 가는 것이 아니라 오히려 반대로 더욱 두려운 것으로 성장되어 갈 수 있는 해악의 하나이기도 하다.

인간은 지배자의 위치에 있을 때나 같은 시민의 입장에 있을 때를 불문하고, 자기의 의견이나 기호를 다른 사람에게 행위의 규칙으로서 강제하려는 성향이 있는데, 이런 성향은 인간 본성에 수반하는 가장 선한 감정과 가장 악한 감정에 의해서 강력하게 유지되고 있기 때문에 아마도 권력을 없애 버리지 않는 한, 어떤 수단으로도 이것을 억제할 수는 없을 것 같다. 그런데 이 권력이라는 것이 쇠퇴해 가기는커녕 증대하기 때문에 도덕적 확신이라는 강력한 장벽을

---

14 Comte, Isidor Auguste Marie Fran ois Xavier(1798~1857). 프랑스의 철학자 · 사회학자, 실증주의의 창시자. 그의 철학을 실증 철학(positive philosophy, positivism)이라고 한다. 사회학의 시조라고도 부르기도 하며, 밀과는 친분이 두터웠다.

세워 이 해악을 방지하지 않는 한, 우리는 현재와 같은 세계의 상태 아래서는 그 해악이 더욱 증대해 가는 것을 보게 되리라 각오해야 한다.

우리는 여기서 즉시 일반적 논제로 들어가지 않고, 우선은 지금 진술한 원리가 완전하지는 못할지라도 현대의 여론이 인정하고 있는 한 부문에 한정시켜 논의한다면 좋을 것 같다. 이 한 부문이란 사상의 자유이다. 그리고 같은 계통인 언론과 집필의 자유를 이것에서 떼어놓는다는 것은 불가능한 일이다. 이러한 자유는 종교적 관용과 자유 제도를 표방하는 모든 나라에서 정치 도덕의 중요한 요소를 이루고 있음에도 불구하고, 이러한 자유가 지향하는 철학적 및 실제적 근거는 일반인에게 낯익은 것은 아니며, 또한 많은 여론의 지도자들까지도 충분히 이해되고 있지 않다.

이와 같은 근거가 올바르게 이해된다면 자유라는 주제 중의 한 부문(사상과 언론의 자유)만이 아니라, 훨씬 넓은 범위에 적용될 수 있으며, 이 부문의 충분한 고찰은 나머지 부문에서 최선의 실마리가 된다는 것이 밝혀질 것이다. 따라서 내가 이제부터 말하려는 사상에 대해서 아무런 새로움도 느끼지 못하는 분들이 있다 할지라도, 과거 3세기 동안 매우 빈번하게 논의되어 온 문제에 대해 내가 지금 하나의 이론을 첨가하는 것을 너그럽게 용서해 주리라고 기대한다.

사상과 언론의 자유 2장

바라건대, 부패하거나 포악한 전제적인 정부에 반대하는 보장책(保障策)의 하나로서 '출판의 자유'에 대한 어떤 옹호가 필요한 시대는 이미 지나갔다고 생각하고 싶다.

일반 민중과 이해(利害)를 같이하지 않는 입법부나 행정부가 대중에게 어떤 의견을 강요하거나, 학설이나 의견에 대해 대중들이 들어도 무방하다고 그 범위를 정하여 결정을 내리는 따위에 대해서 오늘날에는 이미 그 반대론이 필요하지 않다.

더욱이 이 문제의 측면은 저술가(著述家)들에 의해서 오늘날까지 매우 빈번하게, 그리고 대단히 성공적으로 강조되어 왔기 때문에 여기서 특별히 역설할 필요는 없을 것이다.

영국의 법률은 출판의 자유에 대해서 오늘날까지 튜더 왕조[1] 시대처럼 굴종적(屈從的)인 속성을 지니고 있기는 하지만, 정치적 토론에 대해서 이 법률이 적용될 위험성은 폭동을 두려워한 나머지 각료들이나 재판관들이 시비의 판단

---

[1] Tudor. 영국 왕조의 하나(1485~1603). 13세기에 북웨일스의 군주였던 리웰린(Llywelyn)의 가신이던 에드니베드(Ednyved)가 일으켜, 그의 자손인 튜더(Owen Tudor, 1461)는 잉글랜드 왕 헨리 5세의 미망인 캐서린과 비밀리에 결혼했다. 그의 아들 에드문드(Edmund)가 랭커스터 가문의 마가렛과 결혼하여 얻은 아들 헨리 7세가 튜더 왕조를 열었다(1485).

을 흐리게 할 만큼 일시적 공황의 시기가 아니라면 거의 없다.[2] 그리고 일반적으로 말하면, 입헌 국가에서는 정부가 민중에게 완전한 책임을 지고 있든 않든 간에, 정부 스스로가 민중을 너그럽게 대하지 않고 공중(公衆)에게 일방적으로 관용(寬容)할 수 없는 기관이 되는 경우를 제외하고는 의견 발표를 자주 통제하는 시도가 있으리라는 걱정은 없다. 따라서 정부는 민중과 완전한 일체이며, 민중의 소리라고 생각하는 것과 일치하지 않는 한 어떤 강제력도 행사하려 하지 않는다는 경우를 상상해 보기로 하자.

그러나 나는, 민중은—그들 자신의 힘이든 정부에 의하든—의견의 발표를 통제하기 위한 그와 같은 강제력을 행사할 권리가 없다고 생각한다. 그와 같은 권력은 그 자체가 불법적인 것이다. 최선의 정부라 할지라도 최악의 정부와 마찬가지로 그것을 행사할 자격은 없다. 그리고 그와 같은 권력이 여론과 일치해

[2] (원주) 이러한 말을 내가 채 쓰기도 전에 마치 그것을 강력히 반박이라도 하듯이, 1858년 정부에 의한 '출판물 고소 사건'이 일어났다. 그러나 공적 토론의 자유에 대한 무분별한 간섭은 본문을 단 한 마디도 변경할 생각을 일으키지 못했고, 또한 공황시라면 몰라도 정치적 토론에 대한 형벌의 시대는 우리 나라에서는 지나가 버렸다는 나의 확신을 조금도 약화시키지 않았다. 왜냐하면 첫째로 이 고소는 악착스럽게 강행되지는 않았으며, 정확하게 말하면 결코 정치적 고소는 아니었기 때문이다. 고소된 범죄는 제도의 비판 혹은 지배자의 행위나 인신의 비판이 아니라, 부도덕한 학설이라고 생각되고 있었던 폭군 살해의 합법성을 널리 유포시킨 죄였다. 만일 이 장의 논의에 어떤 타당성이 있다면, 아무리 부도덕하다고 생각되는 학설도 그것을 윤리적 신념의 문제로서 공표하고 토론을 하는 완전한 자유가 존재하지 않으면 안 된다. 따라서 지금 여기서 폭군 살해설이 부도덕한 것인가, 아닌가 하는 것을 검토하는 것은 적당치 않으며 그런 자리도 아니다. 나는 다음과 같이 세 가지 사항을 말하고 마치겠다. 첫째로, 이 문제는 모든 시대에서 도덕상 미해결 문제의 하나로 되어 왔다는 사실이다. 둘째로, 자기 자신을 법보다도 높은 위치에 둠으로써 법적 형벌이나 통제의 손이 미치지 않는 곳에 몸을 숨긴 범법자를 한 시민이 때려 눕힌다는 행위는 어느 나라의 국민에 의해서도, 또한 가장 우수하고 가장 현명한 사람들 가운데 몇 사람에 의해서도 범죄는 아니고, 숭고한 덕행으로서 인정되어 왔다는 사실이다. 그리고 셋째로는, 이러한 사실은 옳고 그른 것은 어쨌든, 암살의 성질이 아니라 내란의 성질을 가진다는 사실이다. 나는 그것(폭군을 살해하는 일)을 선동하는 일이 어떤 특별한 경우에는 당연히 처벌의 대상이 될 수 있지만, 그것은 명확한 행위가 계속 일어나고 그 행위와 선동과의 사이에 적어도 매우 확실한 관계가 있다고 입증될 수 있는 경우뿐이라고 생각한다. 또한 그럴 때도 자위권을 행사하여 자기의 존재에 향해진 공격을 정당하게 벌할 수 있는 것은 공격을 받은 그 정부뿐이지, 그것과 무관계한 정부(외국의 정부)는 아니다.

서 행사될 때도 여론에 거슬려서 행사될 때와 마찬가지로, 혹은 그보다 더 심하게 유해하다.

가령 한 사람만을 제외한 모든 인류가 같은 의견이고, 단 한 사람이 반대 의견을 가지고 있더라도 인류가 그 한 사람을 침묵케 하는 것은 한 사람이 힘을 가지고 있어서 인류를 침묵케 하는 것과 마찬가지로 부당한 것이다. 만일 의견이 그 의견의 소유자 이외에는 아무런 가치도 없는 개인적 소유물이라면, 또한 그 의견에 방해당하는 것이 단 한 사람의 손해일 뿐이라고 해도, 그 손해가 소수에게 영향을 미치는 것이냐 다수에게 미치는 것이냐에 따라서 다소의 차이가 생길 것이다.

그러나 의견의 발표를 억압함으로써 생기는 특유한 해악(害惡)은 그것이 전 인류에게서 '행복'을 빼앗는다는 점에 있다. 그것은 현대의 세대뿐만 아니라 후세대도, 또 그 의견을 지지하는 사람들뿐만 아니라 그것에 반대하는 사람들도 더 많이 손해를 보게 된다는 것이다.

만일 그 의견이 옳은 것이라면, 사람들은 잘못을 버리고 진리로 바꿀 기회를 빼앗기게 된다. 또한 그 의견이 틀린 것이라면, 그들은 앞의 경우와 거의 마찬가지로 큰 이익 ─ 즉 진리와 오류의 충돌에서 태어나는 진리의 더한층 명확한 인식이나 더한층 생생한 인상 ─ 을 잃어버리게 된다.

이러한 두 개의 가설(假說)은 저마다 대응하는 별개의 뚜렷한 논의의 영역이 있기 때문에, 따로 떼어서 고찰할 필요가 있다. 우리가 억압하려고 노력하고 있는 의견이 잘못된 것이라고 확신할 수 없으며, 설사 확신하더라도 그 의견을 억압하는 것은 여전히 해악인 것이다.

첫째로, 권위가 억압하려고 하는 의견은 때에 따라 옳은 것일지도 모른다. 그 의견을 억압하려는 사람들은 그 의견의 진실을 부정한다. 그러나 그들이라고 해서 아무런 잘못이 없을 수는 없다. 그들에게는 전인류를 대신해서 문제를 결정하고, 다른 모든 사람들한테서 판단의 수단을 빼앗을 그런 권위는 없다. 그들이 어떤 의견이 잘못된 것이라고 확신한다고 해서 그 의견에 귀기울이기를 거부한다면, 이것은 자신들의 확신을 '절대적' 확실성과 동일시하는 것이다. 모든 토론을 침묵시키는 것은 어떤 경우이든 절대 무오류성(絶對無誤謬性 : infallibility)을 가정하는 것이다. 토론을 침묵시키는 것이 옳지 않다는 이유를 이와 같은 평범한 이론에 기초를 두어도 좋을 것이다. 평범한 논의라고 해서 그 이론이 나쁘다고는 할 수 없다.

 인류의 양식(良識)은 스스로 과오를 벗어나지 못한다는 사실을 이론상으로는 항상 중시하고 있음에도 불구하고, 불행하게도 실제 판단에 임할 때는 거의 문제 삼지 않고 있다. 왜냐하면 자기가 잘못을 저지를 수 있다는 것은 누구나 다 잘 알고 있지만, 자기 자신이 과오를 범할 수 있는 가능성에 대해서 어떤 예방책을 필요로 하고 있다고 생각하거나, 또는 지극히 확신하는 의견이 자기 자신도 범할 수 있는 과오의 한 예일지도 모른다는 가정을 스스로 받아들이는 사람은 거의 없기 때문이다.

 절대 군주나 무조건적인 복종에 익숙해진 사람들은 거의 모든 문제에 관하여 자기 자신의 의견에 이와 같은 완전한 확신을 갖기 일쑤이다. 좀더 좋은 환경에 살면서 가끔 자기의 의견이 반박당하는 소리를 듣기도 하고, 또 잘못되었을 때는 그것을 정정하는 데 어느 정도 익숙한 사람들은, 그들의 의견 가운데서 주위 사람들 혹은 그들이 항상 존경하는 사람들과 공통되는 의견에만 전자와 똑같은 무조건적인 신뢰를 갖는다. 왜냐하면 사람은 자기 한 사람만의 판단에 확고한 자신감을 갖지 못할수록 '세상(the World)' 일반의 무오류성에 절대적인 신뢰를 갖기 때문이다. 그리고 각 개인에게 '세상'이란 그가 접촉하는 일부의 세계, 즉 그가 속해 있는 당파, 종파, 교회, 사회 계급을 뜻한다.

세상을 자신의 나라나 시대 정도로, 넓은 의미로 생각하고 있는 사람은 상대적으로 크고 광대한 정신을 가진 사람이라 해도 좋을 것이다. 이 집단적 권위에 대한 그의 신뢰는 다른 시대·국가·종파·교회·계급·당파가 자기들과 정반대의 것을 생각해 왔으며, 또 지금도 생각하고 있다는 것을 알게 된다고 해도 조금도 흔들리지 않는다. 그는 의견을 달리하는 다른 사람들의 '세상'에 대항해서 자신이 정당하다고 생각하는데, 그는 그렇게 생각하는 책임을 자기가 속해 있는 '세상'에 전가한다. 그리고 이와 같이 다양한 '세상' 가운데서 어떤 것이 자기가 신뢰하는 대상이 될 것인가는 아주 우연히 결정된다. 런던에서 사람들을 영국 국교도(國敎徒)로 만든 것과 똑같은 이유가, 베이징(北京)에서는 그를 불교도나 유교도로 만들지도 모른다는 사실이 결코 그를 괴롭히지는 않는다.

그러나 시대라는 것도 역시 개인과 마찬가지로 잘못을 저지르기 쉽다는 것은 길게 증명할 필요없이 명백하다. 어떤 시대라도 그 후의 시대에서 보면 오류이거나 불합리한 요소를 많이 지니고 있었다. 그리고 과거에 일반적이었던 많은 의견이 현대에서는 거부되고 있음이 명백한 것과 같이, 현재의 많은 일반적인 의견도 후대에는 거부되리라는 것도 명백하다.

이와 같은 논의에 대해서 제시될 반대 의견은 아마 다음과 같은 형태를 취할 것이다. 오류가 전파되는 것을 금지하는 것은 절대로 잘못이 없다는 절대 무오류성을 가정한다 하더라도, 그것은 공적 권위가 자기의 판단과 책임하에서 행하는 그밖의 업무에서 무오류성을 전제로 하는 것에 지나지 않는다. 원래 판단력이란 사람이 그것을 사용하기 위해서 주어진 것이다. 판단력이 잘못 사용될지도 모른다고 해서 사람들에게 그것을 절대로 사용하지 말라고 해야 하는 것일까? 사람들이 유해하다고 생각하는 것을 금지하는 것은 자신에게 잘못이 없다는 것을 주장하는 것이 아니라, 비록 잘못이 있다 할지라도 자기 양심의 확신에 따라서 행동해야 한다는, 그들에게 부과된 의무를 수행하는 것이다. 만일 우리가 자기의 의견이 잘못되어 있을지도 모른다는 이유 때문에 자신의 생각대로 행동하지 않는다면, 우리는 자신의 이익은 전혀 돌보지 않은 채, 또 우리의 의무는 일체 수행하지 않은 채 방치되고 말 것이다.

모든 행위에 합당한 반대론이 어떠한 개개의 행위(특정한 행위)에 대해서도 합당한 반대론이 될 수는 없다. 가능한 한 진실한 의견을 내세우고, 그것을 조심스럽게 내세워 올바르다는 확신이 서지 않는 한 결코 다른 사람에게 강제하지 않는 것은 정부 및 개인의 의무이다.

그러나 확신이 설 때는(이라고 논자(論者)들은 말할 것이 틀림없지만), 오늘날 진리라고 믿고 있는 의견을 일찍이 다른 사람들이 비교적 미개했던 시대에 박해한 적이 있다는 이유 때문에 그 의견에 따라서 행동해야 하는데도 불구하고 주저하거나 현세나 내세에 인류 복지(행복)에 위험하다고 생각되는 학설이 무제한으로 퍼지는 것을 용서하는 것은 양심적인 처사가 아니라 비겁한 태도이다. 그러니까 똑같은 잘못을 두 번 다시 저지르지 않기 위해서 조심하자는 말을 들을 수 있다(그 말이야말로 참으로 옳다).

그러나 정부나 국가는 권력 행사에 적당한 문제가 아닌 다른 일에서도 과오를 범하곤 했다. 그들은 부당한 세금을 부과했으며, 정당하지 않은 전쟁을 일으켰다. 그렇다고 해서 우리는 결코 세금을 부과해서는 안 되며, 어떠한 도발이 있어도 전쟁을 하면 안 되는 것일까?

사람들이나 정부는 최선을 다해서 행동하지 않으면 안 된다. 절대적 확실성이란 것은 존재하지 않지만, 인간 생활의 여러 목적을 이루기 위한 충분한 보증, 즉 확신은 존재한다. 우리는 우리들 자신의 행동을 인도해 가기 위해 우리의 의견을 진실이라고 가정해도 좋을 것이며, 또한 반드시 그렇게 가정하지 않으면 안 된다. 그리고 잘못되고 유해한 것이라고 우리가 평가하는 의견을 널리 전파하여 악인들이 사회를 사도(邪道)로 인도해 가는 것을 금할 때도, 우리가 그 이상의 무엇을 가정하고 있는 것은 아니다.

이것에 대해서 나는 이렇게 대답하려고 한다. '이러한 생각은 그것보다 훨씬 많은 것을 가정하고 있는 것'이라고. 어떤 의견이 온갖 반박의 기회가 있었음에도 논파(論破)되지 않았다는 이유로 그것을 정당하다고 가정하는 일과 반박이 허용되지 않기 위해 그것을 정당하다고 가정하는 것 사이에는 하늘과 땅만큼의 커다란 차이가 있다. 우리들의 의견을 반론하여 그 반증을 제시하는 완전한 자유를 인정하는 일이야말로 우리들의 행동의 목적을 위해서 우리 자신의 의견이 진리라고 가정하게 하는 조건이다. 그러한 조건이 없다면, 전능한 신이 아닌 상대적인 인간 능력을 가진 존재로서는 자기가 정당하다는 것을 합리적으로 확신할 수 없는 것이다.

의견의 역사나 인생의 일상적 행위를 생각해 볼 때, 전자나 후자를 가릴 것 없이, 오늘날만큼이나마 진보된 것은 무엇 때문일까? 인간의 오성(悟性)에 내재하고 있는 천부(天賦)의 힘 때문이 아닌 것은 분명하다. 왜냐하면 명백하지 않은 어떤 문제(그 자체가 분명하지 않은 문제)를 올바르게 판단할 수 있는 사람이 하나인데 비해, 전혀 판단할 수 없는 사람이 아흔아홉이나 있기 때문이다. 뿐만 아니라 그 1백 번째 되는 한 사람의 능력도 상대적인 것에 불과하다. 왜냐하면 과거의 뛰어난 사람들 대부분이 오늘날 오류로 판명된 많은 의견을 가지고 있었으며, 그리고 오늘날에는 아무도 정당하다고 인정하지 않게 된 많은 일을 행하기도 하고, 찬성했기 때문이다.

그런데도 전체적으로 볼 때 합리적인 의견과 행위가 인류에게 우세한 것은 무슨 까닭일까? 만일 이 우월성이 실제 있다면—지금껏 인간 생활이 항상 아주 절망적인 상태에만 있었던 것이 아니라면, 또한 당연히 그래야 하지만—그것은 인간 정신의 하나의 특성에 의한 것이다. 그 특성이란 지적 존재로서, 그리고 도덕적 존재로서 인간 속에 있는 존경할 만한 가치가 있는 모든 것의 원천(源泉), 즉 인간은 오류를 능히 정정할 수 있다는 사실이다.

사람은 자기의 잘못을 토론과 경험으로 바로잡을 수 있다. 경험만으로는 충분하지 않다. 경험이 과연 어떻게 해석되어야 할 것인가를 밝히기 위해서는 토론이 필요하다. 잘못된 의견과 실천(관행)은 사실과 논증 앞에 차츰 굴복한다. 그러나 사실과 논증이 정신에게 어떠한 결과를 가져오기 위해서는 정신의 앞에 제시되어 판단되어야 한다. 사실이라 할지라도 그것의 의미를 분명히 하기 위한 아무런 주석(註釋)도 없이 이야기될 수 있는 것은 극히 드물다. 모든 인간의 판단력의 가치는 판단이 잘못되었을 때 정정할 수 있다는 유일한 특성에 있으므로, 오직 인간의 판단에 신뢰를 둘 수 있는 것은 그것을 정정할 수 있는 수단이 항상 가까이 있을 때만 비로소 그 판단을 믿을 수 있는 것이다.

어떤 사람의 판단이 정말로 신뢰할 만한 가치가 있는 경우 어떻게 해서 그렇게 된 것일까? 그것은 그가 자기의 의견이나 행위의 비판에 언제나 마음을 열어놓고 있었기 때문이다. 그에게 던져진 모든 반대 의견을 경청하고, 그중에서 정당한 것을 받아들여 스스로를 이롭게 하고, 자기 자신에 대해서—필요한 때는 다른 사람에게도—자기의 잘못을 설명하는 것이 습관으로 되어 왔기 때문이다. 또한 그 자신이 어떤 문제의 전체를 어느 정도 알 수 있게 되는 길은 모든 다양한 의견의 소유자들이 그 문제에 대해 언급하는 것을 듣고, 온갖 성격을 지닌 사람들에게 보여지는 모든 관찰 방법을 연구하는 것뿐이라고 스스로 느껴왔기 때문이다. 이 이외의 방법으로 예지(叡智)를 획득한 현인(賢人)은 일찍이 없었으며, 또한 이 이외의 방법으로 현인이 된다는 것은 인간 지성(知性)의 성질상 불가능하다.

 자기 자신의 의견을 다른 사람의 의견과 대조하여 정정하며 완전하게 만드는 습관은, 자신의 의견을 실행에 옮길 때 회의(懷疑)나 망설임을 일으키기는커녕, 실행에 정당한 신뢰감을 주는 유일하고도 확고한 근거가 된다. 왜냐하면 그는 적어도 확실하게 그에게 제시되는 반대 의견(반대론)을 모두 알고 있으며, 모든 반대자들의 의견을 통해서 자기의 입장을 확립해 왔으니까, 반대 의견이나 장애를 피하지 않고 맞섰으며, 모든 방향에서 이 문제에 던져지는 빛을 차단할 수 없었다는 것을 알고 있으니까―그는 자기 판단이, 같은 과정을 지나오지 않은 어떤 사람이나 어떤 집단의 판단보다도 뛰어나다고 생각할 권리가 있는 것이다.

 지금까지 기술한 것은 인류 가운데서도 가장 현명한 사람들, 즉 자기의 판단을 믿을 수 있는 최고의 자격을 가진 사람들이 자기의 판단에 의존하는 그 정당성을 보증하기 위해서 필요하다고 인정되는 일인데, 소수의 현자(賢者)와 다수의 우매한 사람들(愚者)로서 형성되어 있는 공중(公衆)이라고 불리는 잡다한 집합체에서도 그 판단이 존중되어야 한다는 것은 결코 과도한 요구가 아니다.

 모든 교회 가운데서 가장 관용성이 없는 로마 카톨릭 교회까지도 성도를 성인의 반열에 올릴 때 '악마의 대변자(devil's advocate)'[3]를 불러들여 그 말에 끈

---

3 카톨릭 교회에서는 과거에 종교적으로 뛰어난 인물을 '성인(聖人)'의 자리에 올릴 때, 누군가 한 사람을 뽑아서 그 사람으로 하여금 고인을 최대한 비난하게 한다. 그리고도 잘못된 일이 없다는 것을 확인한 뒤에 '성인'의 자리를 준다. 그때 비난하는 역할을 맡은 사람이 '악마의 대변자'이다. 그런데 그런 비난이 정당한 근거 없이 형식적으로 이루어지는 일이 많았다. 그래서 후에는 'devil's advocate'라는 말이 고의로 마음에도 없는 논의를 제시하는 사람을 가리키는 말로 바뀌었다.

질기게 귀를 기울인다. 가장 성스러운 사람들까지도 악마가 자기에게 말할 수 있는 불리한 모든 것(비난)이 알려지고, 신중하게 평가되기 전까지는 사후의 영예를 인정치 않는 모양이다. 뉴턴의 철학도, 그것에 대한 의심이 허용되지 않았더라면 인류는 그의 진실성에 대해서 오늘날처럼 완전한 확신을 가질 수는 없었을 것이다.

우리가 가장 확실한 근거를 가지고 있다는 신념까지도, 전세계를 향하여 '그 근거가 없는 것을 한번 증명해 보라.'고 끊임없이 요구하는 것을 제외한다면, 아무런 의지할 근거도 갖고 있지 못한 것이다. 만일 그 도전이 받아들여지지 않거나 혹은 받아들여졌다가 그 시도가 실패로 돌아간다 해도, 우리는 여전히 확실성에서 아주 멀리 떨어져 있다. 그러나 우리는 인간 이성이 허용하는 데까지는 최선을 다한 것이며, 또한 진리가 우리에게 도달할 기회는 한번도 무시하지 않았다.

만일 토론의 장이 계속 개방되어 있다면, 우리들은 다음과 같이 기대해 볼 수 있을 것이다. '더 나은 진리가 있어서 인간 정신이 그것을 받아들일 수 있는 때가 오면 그것은 발견되는 것이다.'라고. 그리고 그 동안 우리는 우리의 시대가 가능한 한 진리에 접근했다고 믿어도 좋을 것이다. 이것이 잘못을 범할 수 있는 존재가 도달할 수 있는 최대한의 확실성이며, 그리고 그러한 확실성에 도달하는 유일한 길이다.

사람들이 자유 토론을 주장하는 이론의 정당성을 인정하면서도 그 토론이 '극단적으로 흐르는' 것에는 반대한다는 것은 기묘한 일이다. 그 제시한 이유가 극단적인 경우에도 합당한 이유가 아니면, 어떤 경우에도 합당한 것이 아니라는 것을 그들은 이해하지 못하기 때문이다.

그들은 '혹시 의심스런 여지가 있을'지도 모르는 모든 문제에 대해서는 자유로운 토론을 해야 한다고 인정하면서도, 어떤 특정한 원리 내지 학설은 그것이 매우 '확실하다'는 이유로, 즉 그것이 확실하다고 '자신이 확신하고 있다'는 이유로 의문을 품을 수 없다고 생각하고 있다. 그런데도 자기들은 절대 무오류성을 가정하고 있지 않다고 상정(想定)하고 있는데, 이것은 매우 이상한 일이다.

어떤 명제(命題)의 확실성을, 만일 허용만 된다면 그 확실성을 부정하고 싶지만, 실제로 허용받지 못하고 있기 때문에 부정하지 못하고 있는 사람들이 있는데도 그 명제를 확실하다고 부르는 것은, 우리 자신과 우리들의 동의자가 확실성의 판정자이며, 더구나 다른 측의 이유(반대론)는 듣지 않고 판정할 수 있는 자라고 가정하는 일이다.

현대는 '신앙을 잃고 회의에 갇혀 떨고 있다'고 일컬어지는 시대이며, 또한 사람들이 자기의 의견을 정당하다고 믿기보다는, 오히려 그와 같은 의견이라도 없다면 무엇을 해야 할지 알지 못하는 시대이기도 하다. 이와 같은 현대에는 세상의 공격으로부터 어떤 의견이 보호되어야 한다는 주장은 그 의견의 진실성보다 오히려 그것이 사회에 대한 중요성에 근거를 두고 있다.

세상 사람들의 주장에 따르면, 사회의 복지를 위해서 필수 불가결할 정도는 아니지만 매우 유용한 어떤 종류의 신념이 있는데, 그것을 지지한다는 것은 사회의 다른 어떤 이익을 지키는 것과 마찬가지로 정부의 의무라고 말하고 있다. 그와 같은 필요가 있고, 또한 이만큼 직접적으로 정부의 의무에 속해 있는 경우에는, 정부는—가령 정부 자신이 절대적으로 잘못을 하지 않는다고까지는 않더라도—인류의 일반 여론에 따라 지지된 자기 의견대로 당연히 행동해도 좋으며, 또한 그렇게 해야 하는 의무까지도 있는 것이라고 주장하고 있다. 또한 악인이 아니라면 누구라도 이같은 유익한 신념을 약화시키려고 하지는 않을 것이라고 자주 논의되고 있다. 따라서 악인을 억제하여 오직 그런 사람들만이 하고 싶어하는 것을 금지하는 것은 조금도 잘못된 것이 아니라고 생각하고 있다.

이와 같은 사고방식에 따르면, 토론을 억압하는 것이 정당하냐 아니냐 하는 것은 그 이론의 진리성의 문제가 아니라 유용성의 문제라는 것이다. 그리고 그렇게 함으로써 자기가 온갖 의견에 대한 잘못 없는 판단자라고 주장하는 책임을 면할 수 있는 것이라고 생각하고 있다.

그러나 이처럼 스스로 만족하고 있는 사람들은 절대 무오류성의 가정(假定)이, 단순히 어느 한 점에서 다른 점으로 옮겨진 것에 불과하다는 사실을 알아차리지 못하고 있는 것이다. 어떤 의견의 유용성은 그 자체가 또 하나의 의견의 문제가 되는데, 앞에서 말한 의견과 마찬가지로 반론당할 수 있는 것이며, 토론의 여지가 있고, 또한 많은 토론을 필요로 하고 있다. 비난받고 있는 의견에게 스스로를 변호하기 위한 충분한 기회가 주어지지 않는 한, 그 의견을 해로운 것이라고 결정하기 위해서는(그 의견이 잘못된 것이라고 결정하려는 경우와 마찬가지로) 역시 절대로 아무런 잘못도 없는 의견의 판정자가 필요하다. 따라서 이단자가 자기 의견의 진실성을 주장하는 것은 금지되지만, 자기의 의견이 유용하다거나 무해하다는 주장만은 허용된다 해도 아무 의미가 없을 것이다. 의견의 진실성은 의견의 유용성에서도 중요한 요소이다. 만일 어떤 주장에 우리가 믿음을 주는 것이 바람직한가 아닌가를 알고자 할 경우, 대체 그 주장이 진실한가 아닌가에 대해 고려하지 않을 수가 있을까?

악인의 의견이 아니라 가장 훌륭한 사람들의 의견에 따르면, 진실에 위배되는 신념이란 그것이 어떤 것이든 정말로 유용할 수가 없다. 그리고 이와 같이 훌륭한 사람들에 의해서 유익한 것이라고 이야기되고는 있지만, 자기 스스로는 잘못된 것이라고 결정하여 어떤 이론을 부정했을 경우 그 죄로 문책을 당할 때, 진실에 위배되는 신념을 유용할 수 없다는 그들의 주장을 당신은 저지시킬 수가 있을까?

세상이 받아들이고 있는 의견에 가담하는 사람들은 이 주장을 가능한 한 이용한다. 그러나 이와 같은 사람들이 유용성의 문제를, 마치 그것이 진실성의 문제와 완전히 분리시킬 수 있는 것이나 되는 것처럼 취급하고 있는 것을 여러 독자들은 모를 것이다. 그러나 실제로는 그렇지가 않고, 무엇보다도 그들이 주장하는 교의(敎義)가 그들에게는 소위 '진리'인 것이므로 그것에 대한 지식이나 신념이 절대로 필수 불가결하다고 생각되고 있는 것이다. 이와 같이 매우 중요한 논증이 한쪽에서는 사용되는데 다른 쪽에서는 사용되지 않는다면, 유용성에 대한 공평한 토론은 있을 수 없다.

또한 사실상 법이나 공중(公衆)의 감정이 어떤 의견의 진실성에 대해 논의하는 것을 허용치 않을 때는, 그들은 그것과 마찬가지로 그 의견의 유용성을 부인하는 일도 역시 허용치 않는다. 그들이 허용하는 최대 한도는 그 의견의 절대적 필요성에 수정을 가하거나, 그 의견을 거부한다는 명백한 죄에 대해 수정을 가하는 정도에 지나지 않는다.

우리가 자기 자신의 판단으로 옳지 않다고 생각하기 때문에 다른 사람의 의견에 귀를 기울이려 하지 않는 데서 생기는 해악을 좀더 충분하게 예증하기 위해서는 어떤 구체적인 경우에 국한시키는 것이 바람직하겠다.

나는 일부러 나에게는 가장 불리한 실례―의견의 자유에 반대하는 이론이 진실성에서나 유용성에서 가장 유력하다고 생각되는 실례―를 택하기로 한다.

공격받고 있는 의견이 유일신(唯一神)과 내세(來世)의 신앙, 혹은 세상에서 일반적으로 인정하고 있는 임의의 도덕론이라고 치자. 이런 문제로 논쟁을 한다는 것은 공정치 못한 적수(敵手)에게는 큰 이익을 준다. 왜냐하면 그는 틀림 없이 다음과 같이 말할 것이기 때문이다(불공정한 일 따위는 조금도 하고 싶지 않다고 생각하는 많은 사람들도 내심으론 그러할 것이다). 즉 '당신은 이러한 이론들이 법의 보호를 받기에 충분히 확실한 것이라고 생각지는 않는가? 당신의 생각에 따르면, 어떤 의견을 확신한다는 것은 절대 무오류성을, 즉 절대로 아무 잘못도 없다는 것을 가정하는 일이 되지만, 유일신의 신앙도 역시 그와 같은 의견의 하나인 것인가?'라고.

그러나 나는 다음과 같이 말하고자 한다. 내가 절대 무오류성의 가정이라고 부르는 것은 어떤 이론(그것이 무엇이든)을 확신한다는 것은 아니다. 그것은 어떤 사람이 자기의 반대편에서 제시될 수 있는 주장을 다른 사람들에게는 들려주지 않고 '다른 사람들을 위하여' 그 문제를 결정하려는 것이다(즉 그것은 다른 사람을 대신해서 문제의 해결을 맡아, 그들에게는 반대편에서 내세우는 주장을 듣지 못하게 막는 것이다). 그리고 내가 가장 엄숙하게 확신하고 있는 사항에 대해서, 내가 지지하는 편에서 그와 같은 주장이 나온다 해도 나는 역시 그것을 비난하며 그것에 찬성하지 않을 것이다.

어떤 의견의 허위성뿐만 아니라 그 유해한 결과에 대해서―유해한 결과뿐만 아니라 (내가 전혀 좋아하지 않는 표현을 빌린다면) 그 비도덕성과 비신앙성에 대해서도―어떤 사람의 확신이 아무리 강하다 할지라도, 만일 그가 그와 같은 개인적인 판단을 믿는 나머지 그 의견이 스스로를 변호하려는 기회를 막아 버린다면―가령 그와 같은 생각이 자기의 국가나 동시대인의 일반적 판단에 의해 지지되고 있다 하더라도―그는 절대 무오류성을, 즉 자기는 아무 잘못도 없다는 것을 가정하고 있는 것이다. 그리고 그 의견이 부도덕하다든지 경건하지 못하다고 일컬어진다면, 그때는 이 절대 무오류성의 가정이 가지고 있는 허

구성이나 위험성이 감소하기는커녕, 이것이야말로 다른 모든 경우의 가운데서도 가장 치명적인 경우가 되는 것이다. 어떤 시대의 사람들이 후대의 사람들에게 경악이나 공포를 불러일으킬 것 같은 무서운 잘못을 범하는 것은, 바로 이러한 경우이다.

가장 훌륭한 사람들이나 가장 숭고한 모든 이론(학설)을 근절시키는 데 법의 힘이 사용된, 역사상 기억할 만한 수많은 예를 볼 수 있는 것은, 이와 같은 경우에서이다. 그리고 그 근절은 학설을 내세운 가장 훌륭한 사람들을 탄압시키는 데는 비극적인 성공을 거두었지만, 여러 학설 가운데 몇 가지는 살아 남아서 (마치 비웃기라도 하는 것처럼) '그 이론'에 반대하는 사람들이나 그 의견에 대한 일반적인 해석과 의견을 달리하는 사람들을 마찬가지로 억압하려는 그러한 행위를 변호하는 역할을 담당하고 있는 것이다.

옛날에 소크라테스라는 이름을 가진 사람이 있었고, 당시의 법적 권위 및 여론과 소크라테스 사이에 기억할 만한 충돌이 일어났다는 사실을 인류는 아무리 자주 회상한다 해도 지나치다고는 할 수가 없다. 그는 위대한 사람들을 배출한 시대와 국가에서 태어나 그와 그 시대를 가장 잘 아는 사람들에 의해서 당시의 가장 덕 있는 사람으로 우리들에게 전해져 왔다.

또한 우리도 그가 후세의 모든 덕의 원조(元祖)이자 원형이고, 윤리학 및 그 밖의 온갖 학문의 2대 원천, 즉 플라톤의 숭고한 영감(靈感)과 '현자(賢者)들의 스승'[4] 아리스토텔레스의 공정한 공리주의(功利主義)를 낳은 원천이라는 것을 알고 있다. 그의 명성은 2천여 년이 지난 지금에도 더욱 높아가고 있으

---

[4] 단테(Alighieri Dante, 1265~1321)가 《신곡》〈지옥편〉 제4의 노래 131행에서 아리스토텔레스를 칭송하여 한 말이다.

며, 그의 고국을 빛낸 다른 모든 위대한 사람들을 능가하고 있다. 그 이후 오늘날까지 뛰어난 사상가들 모두가 인정하는 이 스승은 신앙심이 없고 부도덕하다는 혐의로 유죄 선고를 받고, 사람들에 의해서 사형에 처질졌던 것이다. 여기서 신앙심이 없다는 것은 국가가 인정한 신들을 부정한 것을 일컫는다.

그를 고발한 사람은 분명 그가 어떠한 신도 전혀 믿지 않는다고 주장한다 (《소크라테스의 변명》을 참조하라). 그의 학설과 가르침으로써 '젊은이들을 타락케 하는 자'라는 점에 부도덕이라는 죄를 저질렀다고 했다. 법정은 공정하게 (거짓 없는 성실한 태도로서) 그에게 이와 같은 죄상이 있다고―그렇게 믿을 만한 충분한 이유가 있다고―인정하여 당시의 모든 사람들 중에서, 아마도 인류가 최대의 감사를 드릴 만한 가치가 있었던 인물을 죄인으로 몰아 사형에 처해야 마땅하다고 선고한 것이다.

재판상의 부정이 행해진 또 하나의 예로 이야기를 옮겨 보자. 소크라테스의 단죄에 관한 이야기 후라고 해도 용두사미격이 되지는 않을 것이다.

지금으로부터 약 1천8백여 년 전에 갈보리(Calvary)[5] 산상에서 일어난 사건이다. 그가 자라온 생애와 그의 말을 직접 접한 사람들의 기억 속에 도덕적 위대성의 강렬한 인상을 남기고, 그 후 18세기 동안이나 전능자의 화신(化身)으로서 숭배되어 온 인물이 불명예스럽게도 사형에 처해진 것이다. 도대체 무슨 죄목이었던가? 독신자(瀆神者), 즉 신을 모독했다는 것 때문이었다. 사람들은 자기들의 은인(恩人)을 단순히 오해한 것만이 아니라 그의 참모습을 정반대로 착각하여 흉악한 불신앙자로 취급했던 것이다. 그러나 그들이 그(예수 그리스도)

---

[5] 그리스도가 십자가에 못박힌 언덕의 이름. 골고다(Golgotha)의 라틴어 표기. '해골'이라는 뜻이 있다. 《마태복음》 제27장 제33절, 《누가복음》 제23장 제33절 참조.

를 그처럼 취급했기 때문에, 오히려 오늘날에는 그들이야말로 불신앙자로 생각하게 된다.

오늘날 인류가 앞에서 말한 두 가지 통탄할 사건 가운데, 특히 후자(예수 그리스도)를 볼 때 느끼는 감정 때문에, 이 불행한 역할을 담당했던 사람들(박해자들)에 대한 평가는 극단적으로 불공평한 것이 되었다. 그러나 그들도 실은 악인이 아니었다―보통 인간과 다른 악인이 아니라, 오히려 그 반대였다. 그들은 그 당시 시대와 민중이 품고 있었던 종교적, 도덕적 및 애국적 감정을 충분히―또한 충분하다는 표현 이상으로―지닌 사람들이었다. 우리 시대뿐만 아니라 모든 시대에 걸쳐서 비난받는 일없이 존경을 받으며 생애를 보낼 모든 가능성을 가지고 있는, 그런 종류의 사람들이었다.

유태의 모든 사상〔全思想〕에 따르면, 가장 극악한 죄가 되는 말들이 내뱉어졌을 때, 자기의 성의(聖衣)를 찢으면서 분노한 대제사장(大祭司長)[6]의 그 공포와 격노는 진정 마음속에서 우러난 것이었다. 그리고 그것은 아마도 오늘날 존경할 만하고 경건한 사람이 고백하는 종교적, 도덕적 감정과 전혀 다른 것이 아니었을 것이다. 오늘날 대제사장의 행위에 전율하는 사람들 대부분도, 만일

---

[6] 그들이 예수님을 대제사장 가야바에게 끌고 가자, 율법학자들과 장로들이 거기 모여 있었다. 베드로는 예수님을 멀찍이 뒤따라 대제사장의 집 뜰까지 들어가서 일이 어떻게 되어 가는지 보려고 경비병들 틈에 끼어 앉았다. 대제사장들과 유태인 의회에서는 예수님을 사형에 처할 만한 증거를 잡으려고 했다. 많은 사람들이 거짓 증언을 하였으나 실질적인 증거를 얻지 못하고 있는데, 마지막으로 두 사람이 "이 사람이 바로 하나님의 성전을 헐고 3일 만에 다시 세울 수 있었다." 하고 증언했다. 그러자 대제사장이 일어나 예수님께 "이들이 네게 불리한 증언을 하는데도 왜 대답이 없는가?" 하고 물었다. 그래도 예수님이 침묵을 지키시고 대답을 하시지 않자, 대제사장은 "내가 살아 계신 하나님의 이름으로 네게 묻는다. 네가 하나님의 아들 그리스도냐?" 하였다. 예수님은 그에게 "그렇다. 내가 분명히 너희에게 말해두지만 앞으로 내가 전능하신 분의 오른편에 앉은 것과 구름을 타고 오는 것을 너희가 볼 것이다." 하고 대답했다. 그때 대제사장이 자기 옷을 찢으며 큰 소리로 "저 사람이 하나님을 모독하였으니, 이 이상 무슨 증거가 더 필요하겠는가! 여러분도 저 사람의 모독적인 말을 다 들었습니다. 여러분은 어떻게 생각합니까?" 하자, 사형을 받아야 한다고 모두 외쳤다(《마태복음》 제26장 제57~66절까지).

그 시대에 유태인으로 태어났다면 그와 똑같이 행동했을 것임에 틀림없다.

초기의 순교자들에게 돌을 던져서 죽인 사람들을 자기네들보다 나쁜 인간이었음이 틀림없다고 흔히 생각하는 정통파 그리스도 교도들은, 이와 같은 박해자들 가운데 한 사람이 성 바울(Saint Paul)이라는 것을 상기할 필요가 있다.[7]

또 한 가지 예를 더 들어보기로 하자. 만일 잘못을 저지르는 사람의 지성과 덕의 크기로 그 잘못의 강약을 측정할 수 있다면, 이것은 모든 실례 중에서 가장 인상적인 예가 될 것이다.

동시대 사람 중에서 자기를 가장 선량하고 가장 계발된 인간이라고 생각할 자격이 있는 권력자를 과거에서 찾는다면, 그것은 마르쿠스 아우렐리우스(Marcus Aurelius)[8] 황제일 것이다. 당시 문명 세계의 절대 군주로서 그는 가장 결백한 정의감뿐만 아니라, 그가 받은 스토아(Stoa) 철학의 교육에서는 그다지 환영받는 것은 아니지만, 다정한 심성을 일생 동안 지녔다. 그의 두서너 가지 실패는, 그가 너무 관대했기 때문에 빚어진 것이었다. 또한 고대 정신의 최고 윤리학적 소산이라고 불리는 그의 여러 저작들은, 그리스도의 가장 특징적인 가르침과 다른 점은 거의 알아차릴 수 없을 정도의 차이밖에 없다.

그리스도 교도라는 말을 교의적(敎義的)인 의미로서 사용하지 않는다면, 모든 의미에서 그 이후 군림한 표면상의 그리스도교도적 군주였던 누구보다도

---

[7] 그러나 스데반은 성령으로 충만하여 하늘을 우러러보고서 하나님의 영광과 예수님이 하나님의 오른편에 서신 것을 보고 이렇게 외쳤다. "보라! 하늘이 열리고 예수님이 하나님의 오른편에 서 계신다!" 그러자 그들은 귀를 막고 큰 소리를 지르며 일제히 스데반에게 달려들어 그를 성밖으로 끌어낸 후 돌로 치기 시작했다(《사도행전》 제7장 제55~57절). 그러나 바울은 교회를 파괴하면서 미친 듯이 집집마다 돌아다니며 남녀를 가리지 않고 믿는 사람들을 끌어내어 모두 가두어 버렸다(《사도행전》 제8장 제1~3절 및 제9장 제3절을 참조할 것).

[8] Marcus Aurelius Antoninus(121~180). 로마 황제. 재위 161~180. 그는 용맹하여 게르만 민족을 쳐부수는 데 전력했으며, 특히 스토아 철학을 신봉해 《명상록》과 같은 명저를 남기기도 했다. 그는 인격적인 군주였지만, 그리스도교에 대한 박해는 그의 인격에 손상을 입혔다.

뛰어난 그리스도 교도였는데, 그러한 그가 그리스도교를 박해했던 것이다. 그는 자기 이전에 인류가 성취한 모든 성과의 정점(頂點)에 서서 편견 없는 자유로운 지성과 자신의 저작 속에 그리스도교의 이상을 구현하는 그런 인격을 지니고 있었다. 그런데도 그의 마음속 깊이 박혀 있는 이 세계에 대한 의무감 때문에, 이 세계에서 그리스도가 선(善)은 될지언정 결코 악(惡)이 될 수 없다는 것을 이해하지 못했다.

현존(당시)의 사회가 한심스런 상태에 있다는 것을 그는 잘 알고 있었다. 그러나 공인된 여러 신들에 대한 신앙과 존경으로 사회는 정돈되고 있으며, 또한 더 이상 나빠지지 않고 진보하는 것이라고 이해했고, 혹은 스스로 이해했다고 생각했다. 그는 인류의 지배자로서 사회를 산산조각으로 와해시키지 않는 것이 자기의 의무라고 생각했다. 그리고 사회를 결속시키고 있는 이음줄이 풀어질 경우 그 후에 다시 사회를 결합시키는 어떤 다른 이음줄이 태어난다는 것을 이해하지 못했다.

새로운 종교, 즉 신흥 종교(여기서는 그리스도교를 가리킴)는 공공연하게 기존의 유대 관계 해체를 목표로 하고 있었다. 따라서 이 새로운 종교를 받아들이는 것이 자기의 의무가 아닌 한, 그것을 억압하는 것이 자기의 의무라고 생각한 것이다. 그러므로 그는 그리스도 신학이 진실하고 신성한 기원을 가진 것이라고 생각하지 않았다. 따라서 이 십자가에 못박힌 '예수 그리스도'의 불가사의한 역사는, 그로서는 믿기 어려운 것이었다. 그는 전혀 믿을 수 없는 근거에 전적으로 의거하고 있다고 보이는 그리스도교가(아무리 낮추어 평가해 보아도 실제로 그와 같은 사회 혁신의 원동력을 갖고 있는 것은 사실이지만) 그와 같은 혁신력을 가지고 있으리라고는 예견조차 할 수가 없었다. 그래서 철학자들과 통치자들 중에서 가장 너그럽고 가장 온화한 인물인 그가 엄숙한 의무감에서 그리스도교의 박해를 공인했던 것이다.

　나는 그것이 바로 역사가 생긴 이래 철학자 및 지배자 중에서 가장 비극적인 사실의 하나라고 생각한다. 만일 그리스도교의 신앙이 콘스탄틴(Constantine) 황제[9]가 아니고 마르쿠스 아우렐리우스의 보호 아래서 제국의 종교로 선택되었더라면, 세계의 그리스도교는 얼마나 다른 것이 되었을 것인가 하고 생각하면 마음이 아파진다. 그러나 그리스도 교도가 반그리스도교적인 가르침을 처벌하기 위해서 주장할 수 있는 구실, 마르쿠스 아우렐리우스가 그리스도교의 포교를 처벌할 때 그렇게 한 것에서 하나도 빠지지 않았던 것이다. 만일 이런 사실을 부정한다면, 그것은 그에게는 불공평함과 동시에 진실을 배반하는 일이 될 것이다.

　그리스도 교도는 모든 무신론은 잘못이며 사회를 해체로 이끌고 가는 것이라고 굳게 믿고 있는데, 마찬가지로 마르쿠스 아우렐리우스도 그리스도교에 대해서 그렇게 믿고 있었다. 당시에 살고 있던 모든 사람들 가운데서 그리스도교를 가장 올바르게 평가할 만한 능력을 지녔던 사람으로 생각되는 그가 그렇게 (그리스도교의 반사회성을) 확신했던 것이다.

　만일 어떤 사람이 마르쿠스 아우렐리우스보다 현명하고 선량한 인간이라고 자만하지 않는 한—자기 시대의 예지에 깊이 정통하고, 일반인보다 지적으로 뛰어나고, 진리 탐구에 열심이며, 만일 진리가 발견되었다면 그 진리에 헌신하고 열중하는 점에서 마르쿠스 아우렐리우스를 능가하고 있다고 자만하는 것이

---

9 Constantinus Ⅰ세(274?~337). 로마 황제로 콘스탄티누스 대제라 불린다. 재위 306~337. 여기서는 영어 이름으로 Constantine(콘스탄틴)으로 되어 있음. 그는 로마 황제 중 최초로 그리스도교를 공인했다. 청년 시절부터 각종 원정에 참여하여 유능한 군인으로 두각을 나타냈다. 로마 황제 중 위대한 조직적 정치가로 알려지고 있다.

아니라면 — 자기와 일반 민중의 의견에는 절대로 아무런 잘못도 없다고 가정하는 일은 삼가야 할 일이다. 저 위대한 안토니우스(Antoninus : 아우렐리우스)까지도 그와 같은 절대 무오류성을 가정했기 때문에 불행한 결과를 초래했다. 그리고 어떠한 이론을 가지고도 이 마르쿠스 아우렐리우스의 행위조차 정당화할 수는 없다.

반종교적인 의견을 억압하기 위해서 형벌의 사용을 변호하는 일은 어떠한 이론에 의해서도 불가능하다고 깨달은 종교적 자유의 적들은, 궁지에 몰릴 때면 존슨 박사[10]처럼 다음과 같이 말한다. "그리스도교의 박해자들은 정당했다. 박해는 진리가 통과하지 않으면 안 되는 시련이며, 진리는 언제나 그것을 무사히 통과하는 것이다. 법적 형벌은 유해한 잘못에 대해서는 때로 유익한 효과를 가져오기도 하지만, 진리에 대해서는 궁극적으로 무력한 것이다."라고. 이것은 종교적 비판을 찬성하는 이론 중 매우 주목할 만한 하나의 형식이기 때문에 그냥 간과할 수 없다.

박해는 진리에 대해서 아무런 위해도 가할 수 없는 것이니까 진리가 다소 박해를 받는 것도 부당한 것은 아니라고 주장하는 이론은, 새로운 진리를 받아들이는 데 고의로 적의(敵意)를 가졌다고 비난할 수가 없다. 그리고 인류에게 새로운 진리를 가져다준, 공적이 있는 사람들을 대우하는 그 관대함에도 찬성할 수는 없다.

세상과 깊은 관계가 있음에도 불구하고 지금까지는 알려지지 않았던 것을 세계에 발표하는 일, 그리고 현세적 또는 영적인 이해에 관한 어떤 중대한 문

---

[10] Samuel Johnson(1709~1784). 18세기 영국 문단의 중심적 인물로, 인망이 있어 많은 문인들이 따랐다.

제에 대해서 그때까지 오해하고 있었던 사실을 세계에 밝혀내는 일들은 인간이 그 동포에게 할 수 있는 가장 위대한 공헌이기도 하다. 가령 존슨 박사와 의견을 같이하는 사람들일지라도 초기의 그리스도 교도들이나 종교 개혁자들의 경우에는, 이것이 인류에게 주어진 가장 귀한 선물이었다고 믿고 있을 것이다.

그런데 이처럼 훌륭한 은혜를 베푼 사람들이 순교(殉敎)로서 그 보답을 받거나, 범죄자 꿈에서 가장 흉악한 자로서 대우받는 것이 그 보수라는 사실은—이 이론대로 한다면—인류가 삼베옷을 입고 재를 뒤집어쓰고[11] 슬퍼해야 할 한심스런 오류도 아니고, 불행도 아니고, 아주 보편적이고 정상적인 상태인 것이다.

이 이론에 의하면 새로운 진리의 제창자는 고대 그리스의 로크리스(Locris)[12] 인들이 법률을 제정할 때 새로운 법의 제안자에게 한 것처럼 목에 밧줄을 감고 서서 군중이 그의 제안을 받아들이지 않을 때, 그는 교수형을 당해도 좋다는 것이다. 은인들에 대해 이렇게 취급하는 것을 옹호하는 사람들은, 그 은혜에 충분한 가치를 인정하고 있다고는 생각되지 않는다.

그리고 이러한 문제에 대한 이와 같은 견해는, '과거에는 새로운 진리가 바람직한 것이었는지 몰라도 지금은 더이상 필요 없는 것이다.'라고 생각하는 그런 사람들에게 한정되어 있는 것이라고 나는 생각한다.

그러나 '진리는 언제나 박해와 싸워 이겼다.'는 격언은 분명히 사람들이 수

---

[11] 구약성서에서 나온 말이다. 유태인은 깊은 슬픔에 잠길 때는 이와 같이 하는 관습이 있었다. 《에스더》 제4장 제1~3절에는 다음과 같이 기록되어 있다. "모르드개는 이 모든 일을 알고 자기 옷을 찢고 삼베옷을 입은 다음 티끌을 머리에 뒤집어쓰고 대성통곡하며 성 가운데를 지나 궁전 문 앞까지 가서 멈춰 섰는데, 이것은 삼베옷을 입은 사람이 궁전으로 들어갈 수가 없었기 때문이었다. 전국 각 도에 황제의 조서가 공포되자 유다 사람들이 크게 통곡하고 금식하며 울부짖었고, 수많은 사람들이 삼베옷을 입은 채 재 속을 뒹굴었다."
[12] Locris. 고대 그리스 중부의 한 지방 이름.

천 번이나 되풀이해서 마침내 진부한 것이 되어버린—언제 들어도 귀를 즐겁게 해주는—거짓말의 하나이지만, 모든 경험은 그것이 잘못된 것임을 명백하게 지적하고 있다.

인류의 역사는 진리가 박해로 억압된 여러 가지 실례로 가득 차 있다. 설사 영구히 억압되는 일이 없다 하더라도 여러 세기 동안 진리는 내팽개쳐질 수가 있는 것이다. 종교적 의견에 대해서만 말한다 해도 종교 개혁은 루터 이전에 적어도 2~3회는 일어났고, 그리고 진압되었다. 브레스키아의 아놀드(Arnold of Brescia)[13]가 진압되었고, 프라 돌키노(Fra Dolcino)[14]도 진압되었다. 사보나롤라(Savonarola)[15]도 진압되었다. 알비교도(The Albigeois)[16]가 진압되었으며, 발도파(The Vauldois)[17]도 진압되었다. 롤러파(The Lollsrds)[18]가 진압되었고, 후스파(The Hussites)[19]도 진압되었다.

심지어 루터 시대 이후에도 박해가 집요하게 행해진 곳은 어디서나 그것이 성공을 거두었다. 스페인, 이탈리아, 프랑스, 플란더스(Flanders : 플랑드르), 오

---

13 Arnold of Brescia(1100~1156). 이탈리아의 종교 개혁가이자 아우구스티누스파의 수도사. 그는 교황의 속권 간섭과 교의의 부패 및 사제들의 탐욕 등에 분노를 느끼고 로마에서 종교 개혁을 일으켰으나 화형에 처해졌다(1156). 브레스키아는 이탈리아 롬파디의 지명이다.
14 Fra Dolcino. 13,4세기에 살았던 이탈리아의 사제. 종교 개혁주의 교단이던 Apostolic Brethren의 영수였다.
15 Girolams Savonarola(1452~1498). 이탈리아의 종교 개혁가. 그는 열렬한 예언자적 설교를 했으며 교회의 세속화를 공격했다. 1497년 교황으로부터 내려진 파문장을 무시했기 때문에 체포되어 사형에 처해졌다. 그의 열렬한 신앙은 당시 많은 사람들을 감동시켰다고 전한다.
16 The Albigeois. 알비(Albi)를 중심으로 하는 프랑스 서남부 지방에 12, 3세기에 일어난 개혁자의 일단. 로마 카톨릭 교회의 교리와 의식에 복종하지 않고 간소한 생활과 엄격한 도덕을 가질 것을 가르쳤다. 이 집단은 이노센트 Ⅲ세에 의해 섬멸되었다.
17 The Vaudois. 프랑스 사람 페테 발도(Peter Waldo)가 1170년경에 창시한 그리스도교 개혁단체의 사람들. 성서의 가르침을 문자 그대로 지키려고 한 일종의 금욕적인 단체.
18 The Lollards. 영국의 종교 개혁가 위클리프(Wiclif, 1320~1384)의 가르침에 따라서 14, 5세기에 영국에서 유력하게 된 일단의 정치적 종교 개혁주의자들.
19 The Hussites. 보헤미아의 종교 개혁가 후스(Huss, 1369~1415)의 가르침을 따르는 일파.

스트리아 제국에서는 신교(프로테스탄트)가 뿌리째 망가졌다. 그리고 영국에서도 만일 메리 여왕이 오래 살아 있었거나, 엘리자베스 여왕이 일찍 죽었다면, 아마도 사태는 거의 같았을 것이다.[20] 이교도들의 단체가 너무 강해서 박해가 영향력을 발휘할 수 없었던 곳을 제외하면 언제나 성공을 거두었다. 하마터면 로마 제국에서도 그리스도교가 뿌리째 뽑혀질 뻔했다는 사실을 아무도 의심하지 않을 것이다. 그리스도교가 널리 퍼지고 우세한 힘을 가지게 된 곳은 박해가 거의 이루어지지 않았거나 아주 짧은 기간만 계속되었고, 그리고 그 중간에는 거의 방해받는 일이 없었던 몇 곳에서 포교(布敎)가 있었기 때문이었다.

진리에는 그것이, 다만 진리라는 이유만으로 감옥이나 화형(火刑)에도 굴하지 않는 — 오류에는 주어져 있지 않는 — 고유한 힘이 있다고 하는데, 이것은 사실 한낱 거짓된 감상주의에 지나지 않는다. 사람들은 흔히 오류를 열렬히 지지하는 이상으로 진리를 열심히 지지하는 것은 아니다. 따라서 법적이거나 사회적 형벌을 충분히 활용한다면, 일반적으로 진리나 오류 그 어느 것의 보급도 저지시키는 데 성공을 거둘 수 있는 것이다.

진리가 가진 강하고 참된 힘은 다음과 같은 것이다. 즉 어떤 의견이 진실이라면 그것은 한 번, 두 번 혹은 수없이 소외당할 수 있을는지 모르지만, 몇 시대를 지나는 동안에 대개는 그 진리를 재발견하는 사람들이 나타난다. 그리고 그 재발견된 진리 가운데 하나가 다행스럽게도 박해를 면해, 그 이후의 모든

---

20 영국은 헨리 8세의 교회 수장령(1534)에 의해서 일단 카톨릭 교회에서 이탈했지만, 그의 딸 메리(Mary, 재위 1553~1558)가 배다른 동생 에드워드 6세의 뒤를 이어 즉위하자, 열렬한 카톨릭 신자였던 그녀는 다시 국민에게 카톨릭교를 강제하고 신교도에 박해를 가했다. 스페인 왕자 펠리페(Felipe : 뒤의 스페인 왕 펠리페 2세)와의 결혼으로 그녀에 대한 국민의 불만은 높아지고 각지에서 반란이 일어났다. 국민의 반감 속에서 그녀가 건강을 해치고 42세로 죽은 뒤에 즉위한 것이 배다른 동생 엘리자베스 여왕이다. 그녀에 의해서 겨우 영국 국교회의 기초가 확립되었다. 후세에 피투성이의 메리(Blood Mary)라고 불리기도 했다.

억압과 싸워 이길 만큼 강력해질 수 있는 시대와 만난다는 사실이다.

또는 다음과 같이 주장하는 사람이 있을는지도 모른다. '우리는 이제 새로운 의견의 제창자들을 사형에 처할 수는 없다. 선조들과는 달리 우리는 예언자들의 묘까지 세우고 있지 않은가?' 라고.

우리가 이단자들을 사형에 처하지 않는 것은 사실이다. 그리고 가장 미워해야 할 의견에 대해서까지도, 근대인의 감정이 허용하는 — 근대인의 감정이 아마도 그 정도는 무관할 것이라고 느끼는 — 형벌로는 그것을 충분히 근절시키지는 못한다. 그러나 우리는 법률적 박해의 그 오점을 깨끗이 씻어버렸다고 자만하지 말아야 한다.

의견 및 적어도 의견의 발표에 대한 형벌이 법률상으로는 여전히 존재하고 있다. 그리고 그와 같은 형벌의 적용은 오늘날에도 예외적인 것이 아니어서 언젠가 또 이 형벌이 어떻게 적용될지 모른다는 것은 전혀 믿을 수가 없는 일이 아니다.

1857년 콘월(Cornwall) 주의 하계 순회 재판에서 일상생활의 모든 행위는 전혀 나무랄 것이 없다고 평가된 불쌍한 사나이[21]가 그리스도교에 대해 불경스런 말을 하고, 문에다 써붙였다고 해서 21개월의 금고형이 언도되었다. 그 뒤 한 달도 지나지 않아 올드 베일리(Old Baily)[22]에서 2명의 남자가, 각기 다른 경우이지만[23] 배심원의 자격을 박탈당했고, 그중 한 사람은 재판관과 변호사에게 모진 모욕을 당했다. 왜냐하면 정직하게 자기들은 신학적 신앙을 가지고 있지

---

21 (원주) 토머스 풀리(Thomas Pooley)가 보드민 순회 재판소(Bodmin Assizes)에서 1857년 7월 31일에 그런 일을 당했다. 그러나 그 해의 12월, 그는 국왕에게서 특사를 받았다.
22 런던 중앙 형사 재판소.
23 (원주) 조지 자코브 홀리오크(George Jacob Holyoake, 1817~1906)는 1857년 8월 17일에, 그리고 에드워드 투르러브(Edward Truelove)는 1857년 7월에 그런 일을 당함.

않다고 고백했기 때문이었다.

그리고 세 번째로는 외국인인데,[24] 같은 이유로 도난에 대한 고소를 기각당했다.

이런 법적 구제의 거부는, 하나의 신(神) — 어떤 신이라도 좋다 — 과 내세(來世)의 신앙을 고백하지 않는 자는 법정에서 증언을 허용받을 수 없다는 법률상의 학설 때문에 일어난 것이었다. 이 사실과 이 사람들은 재판소의 보호 밖으로 추방된 공권 상실자(公權喪失者)라고 선언하는 것과 같다. 이것은 만일 그들 자신이나 혹은 그들과 의견을 같이하는 사람들끼리만 있는 자리에서 강탈을 당하거나 습격을 당해도 그 범인은 벌을 받지 않아도 되는 것이다. 그뿐만이 아니다. 사실의 증명이 전적으로 그들이 제공하는 증언에만 의존하는 경우에는 누군가 다른 사람이 강탈당하거나 습격을 당해도 범인은 벌을 받지 않아도 되는 것이다.

이같은 법률론의 근거가 되고 있는 가정은, 내세를 믿지 않는 사람의 선서는 가치가 없다는 것인데, 이와 같은 명제는 그것에 찬성하는 사람들이 역사에 대해서 얼마나 무지한가를 나타내는 것이다(왜냐하면 모든 시대의 무신론자들 대부분이 뛰어난 성실성과 덕을 가진 사람들이었다는 것은 역사상 명확한 것이기 때문이다). 또한 이 명제는 덕과 학식으로써 전세계에서 평판이 높은 사람들 가운데 얼마나 많은 사람들이 — 적어도 그들과 친한 사람들에게는 — 무신론자로 잘 알려져 있다는 사실을 조금이라도 이해하는 사람들이라면 지지하지 않을 것이 뻔하다.

---

24 (원주) 바론 드 글라이헨(Baron de Gleichen) 남작. 모올버러의 경찰 재판소에서 1857년 8월 4일에 그런 일을 당함.

더구나 이 규칙은 자살적[自滅的]이며, 스스로의 기반을 무너뜨린다. 무신론자는 거짓말쟁이가 틀림없다는 구실을 내세우면서도, 이러한 규칙은 스스로 거짓말을 하는 모든 무신론자의 증언을 인정하는 것이고, 허위를 긍정하기보다는 오히려 세상에서 지탄을 받는 신조(무신론)를 공공연히 고백한다는 비난에 용감히 직면하는 쪽을 선택하는 사람들만을 거부하는 것이기 때문이다.

그 공언(公言)하는 목적에 관한 한, 이와 같이 자기의 비합리성을 스스로 인정하고 있는 이 규칙은 다만 증오의 표시, 박해를 가했다는 기념으로서만 효력을 계속 가질 수가 있다. 더구나 이러한 박해는 실은 박해를 받을 만한 자격이 없는 사람들이 오히려 박해를 받을 자격이 된다는 것이다.

이 규칙이 의미하는 이론은 무신론자와 마찬가지로 신앙을 가지고 있는 사람에게도 모욕적이다. 왜냐하면 내세를 믿지 않는 사람이 거짓말을 하는 것이라면, 내세를 믿는 사람은 가령 거짓말을 안한다 하더라도, 그것은 다만 지옥행이 무서워서 거짓말이 저지되고 있을 뿐이라는 결론이 나기 때문이다. 우리는 이 규칙의 제창자나 옹호자(선동자)들이 그리스도교의 덕에 대해서 품고 있는 생각을 그들 자신의 의식에서 나온 것이라는, 그런 식의 매도로 모욕을 가하려는 것은 아니다.

사실상 이와 같은 실례는 박해의 파편과 잔재에 지나지 않으며, 박해하려는 의지의 표출이라기보다는 오히려 영국인에게서 매우 빈번하게 볼 수 있는, 정신상의 약점 중 하나라고 생각할 수도 있을 것이다. 영국인은 잘못된 원칙을 정말로 실행에 옮길 만큼 사악하지 않으면서도 그러한 원칙을 주장하는 것에서 일종의 기쁨을 느낀다.

그러나 가장 나쁜 형태의 법적 박해는 과거 한 세대 가량 중지되어 있지만, 이것이 앞으로도 지속되리라는 보장은 불행하게도 민심의 상태로 보아 없다.

현대에는 새로운 이익을 거둬들이려는 기도와 마찬가지로 과거의 해악을 부활시키려는 기도에 의해서도 흔히 파도를 일으키게 된다. 오늘날 종교의 부활로 자랑스럽게 인정되고 있는 것은 마음이 좁고 교양 없는 사람들에게는 항상 완고하고, 우매한 정도의 신앙 부활과 같은 것이 된다.

따라서 민중의 감정 속에 이단자를 부인하려는 비관용(非寬容)의 성향이 내재해 있는 곳에서는 ― 불행히도 이와 같은 성향은 영국의 중산층 속에 항상 있는 것이지만 ― 아주 약간의 자극으로도 사람들은 박해의 정당한 대상이라고 끊임없이 생각해 온 사람들에게 적극적인 박해로 쉽게 내달리게 되는 것이다.[25]

그것은 다음과 같은 이유 때문이다. 즉 사람들은 자기네가 중요하다고 생각하는 신념을 부인하는 다른 사람들에 대해서 품고 있는 의견이나 감정이 정신적 자유의 땅인 이 나라를 잘못되게 만드는 것이라고 확신하고 있기 때문이다.

---

[25] (원주) 세포이의 반란(Sepoy insurrection, 1857~1858. 인도 토민병의 반란) 때 일종의 박해자의 감정이 맹렬하게 쏟아지고, 이것과 뒤섞여서 우리들 국민성의 최악의 면이 일반에게 드러났는데, 여기서 경계해야 할 많은 경고를 끄집어낼 수가 있을 것이다. 설교단에서 광신자나 거짓말쟁이가 소리치는 망언이라면 문제삼지 않아도 된다. 그러나 복음 교회의 간부들이 힌두교도와 회교도를 통치하기 위한 원칙으로서 "성서를 가르치지 않는 학교는 어떤 학교나 공금으로 경영되어서는 안 되고, 또한 그 필연적 귀결로서 진실한, 또는 자칭 그리스도 교도 이외에는 누구에게도 공직을 주어서는 안 된다."고 공언한 것이다. 어느 국무차관은 1857년 11월 12일의 그의 선거구민에 대한 연설 가운데서 다음과 같이 말했다고 신문에 보도되고 있다. "'그들의 신앙(1억의 영국 신민의 신앙)의 자유', 즉 그들이 종교라고 부르는 미신을 영국 정부가 관용했기 때문에 대영 제국의 위명을 만방에 떨치는 것이 저지되고, 그리스도교의 유익한 성장이 방해되었다……." 관용은 영국의 종교적 자유의 위대한 초석이다. 그러나 그들은 그 관용이라는 고귀한 말을 남용해서는 안 된다. 내가 이해하기로 관용은 동일한 기초에 입각해서 예배하는 그리스도 교도 사이에서 뭇사람들에게 부여되는 완전한 자유, 예배의 자유를 의미하는 것이다. 그것은 유일한 매개자(그리스도)를 믿는 그리스도 교도의 모든 분파나 종파에 대한 관용을 의미하고 있다. 나는 다음의 사실에 주의를 환기시키고 싶다. 자유당 내각하에서 우리 영국의 경우 요직에 어울린다고 생각되었던 인물이 "그리스도의 신성을 믿지 않는 사람은 모두 신앙의 자유의 보호를 받을 자격이 없다."고 주장한 사실에 주의를 환기시키고자 한다. 이와 같은 어리석은 언동을 보고서 도대체 누가 종교적 박해는 지나갔으며, 두 번 다시 돌아오지 않는다는 환상에 잠겨 있을 수가 있단 말인가?

지금까지 오랜 기간 동안 법적 형벌이 가져온 가장 큰 피해는 그것 때문에 사회적 오명(汚名)이 높아진다는 것이다. 그 오명은 상당히 효과적인 것이어서, 사회적으로 금지되어 있는 의견이 영국에서 공언(公言)되는 일은 다른 많은 나라에서 법적 형벌을 받을 위험성이 있는 의견이 공언되는 경우보다 훨씬 적다.

　다른 사람의 호의에 기대지 않더라도 튼튼한 경제적 환경에 있는 사람을 제외한 모든 사람들에게 있어서 이와 같은 문제에 관련된 여론은 거의 법률과 비슷한 효력이 있다. 빵을 얻는 수단을 빼앗긴다는 것은 투옥을 당하는 것과 마찬가지 일이기 때문이다. 빵이 이미 확보되어 있어서 권력자들이나 여러 단체, 혹은 공중의 환심을 살 필요가 없는 사람들은 험담을 듣거나 악평(惡評)은 들을지 모르지만, 의견의 솔직한 발표에 무엇 하나 두려워할 까닭이 없으며, 이것을 인내하는 데 특별히 영웅적인 성격이 필요한 것도 아니다. 그와 같은 사람들을 위해서는 자비를 베풀 필요도 없는 것이다.

　하기야 오늘날 우리는 우리들과 다른 생각을 가진 사람들에게 과거에 습관처럼 행해졌던 커다란 위해(危害)를 가하지는 않는다. 그러나 그들을 그렇게 대함으로써 우리들 자신이 종래와 같은 위해를 받고 있는 것인지도 모른다.

　소크라테스는 사형을 당했다. 그러나 소크라테스 철학은 큰 하늘의 태양처럼 솟아올라 그 찬란한 광채를 지적(知的) 천공(天空)의 구석구석까지 환히 비춰주었다. 그리스도 교도들은 사자의 먹이가 되었다. 그러나 그리스도 교회는 웅장하고 무성한 나무가 되었으며, 늙어서 힘없는 나무들 위에 우뚝 솟아 마침내 그 그늘로 그들을 말라 죽게 했다.

　우리들 영국 사람들의 단순한 사회적 비판은 아무도 죽이지 않으며, 어떠한 의견도 근절시키는 것은 아니지만, 다른 사람들에게 거짓 의견을 말하게 하거나 혹은 그 의견을 확산시키려는 모든 적극적인 노력을 견제한다. 우리의 경우에는, 이단의 의견이 10년마다 혹은 한 세대마다 눈에 띄게 우세하게 되는 일도 없고, 열세에 놓이는 일도 없다.

그러한 의견은 멀고 넓은 범위에 걸쳐서 불타며 빛나는 일이 없이, 그것들을 태어나게 한 사색적이며 연구에 열중한 사람들의 좁은 범위 안에서만 보잘것없는 불길을 유지할 따름이다. 때문에 그것은 진실의 빛으로든, 허위의 빛으로든 인류의 일반적인 문제를 비추는 일이 결코 없다. 그래서 어떤 사람들한테는 대단히 만족스러운 상태가 줄곧 유지된다. 왜냐하면 이와 같은 곳에서는, 누군가를 벌금형에 처한다거나 투옥하는 불쾌한 일을 하지 않아도 모든 우수한 의견이 표면상으로는 흐트러지는 일 없이 유지되고 있으며, 또한 다른 한편에선 사상(思想)의 병으로 고뇌하는 이단자들에게 이성(理性)의 행사를 전면적으로 금지하지 않고서도 잘되고 있기 때문이다. 확실히 이것은 지적 세계의 평화를 유지하고, 그 속에서 모든 일을 이제까지와 마찬가지로 진행시켜 가는 데 매우 편리한 방법이기는 하다. 그러나 이런 종류의 지적 평화를 위해서 지불되는 대가는 인간 정신의 도덕적 용기를 모두 희생시키는 결과가 된다.

가장 활동적이며 탐구심이 풍부한 지식인들의 대부분이 자기 신념의 일반적 원칙이나 근거는 가슴속에 간직해 둔 채, 공중을 상대로 말을 해야 한다. 이 경우에는 자기 내심으로는 인정하지 않는 전제(前提)에 가능한 한 많은 자기의 결론을 맞추는 것이 현명한 일이라고 생각한다. 이런 상태에서는, 일찍이 사상계를 화려하게 장식했던 과거의 저 솔직하고 아무것도 두려워하지 않는, 논리적으로 모순이 없는 지성을 낳기란 불가능하다.

이와 같은 상태에서 기대할 수 있는 종류의 인간은 모가 나지 않는 평범한 생각에 영합하려는 단순한 사람이거나, 모든 중요한 문제에 대해서 아무런 확신도 없이 청중을 염두에 두고 논의하려는 기회주의적 진리 신봉자일 것이다.

그 어느 쪽도 원치 않는 사람들은 자기들의 사고와 관심을 원리의 영역에 들어서지 않고서도 충분히 이야기할 수 있는 사항, 즉 보잘것없는 실제적인 사항에 한정시킨다. 그러나 그와 같은 사항들은 인류의 정신이 강화되고 확대되기만 한다면 자연히 올바르게 풀리겠지만, 그때까지는 결코 효과적으로 해결되지는 못할 것이다. 또한 (영합주의나 기회주의가 판을 치는 사태에서는) 사람들의 정신을 강화하고 확신시킬 수 있는 것, 즉 최고의 가치 있는 문제에 대한 자유롭고 대담한 사색은 포기되어야 하는 것이다.

이단자 쪽의 이런 침묵이 나쁜 일이라고 생각되지 않는 사람들은 다음의 일을 생각해 볼 일이다.

첫째로, 그 침묵의 결과 이단의 의견에 대한 공평하고 충분한 토론은 결코 이루어지지 않게 된다. 또한 그와 같은 의견 가운데서 토론에 이겨내지 못할 것 같은 의견도 그 보급은 저지될 수가 있겠지만, 소멸되는 것은 아니라고 생각해야 한다.

그러나 결론에 도달하지 않는 모든 탐구를 금지함으로써 가장 손해를 입는 것은 이단자들의 정신만은 아니다. 최대의 해를 입는 것은 이단자가 아닌 사람들, 다시 말해서 이단을 두려워하기 때문에 그 정신적 발전이 위축되고, 이성이 겁에 질려 있는 사람들이다. 유망한 지성과 겁 많은 성격을 함께 가진 대다수의 사람들 때문에 세계가 얼마나 손해를 입고 있는지 어느 누가 측량이나 할 수 있을 것인가? 그들은 반종교적, 반도덕적이라고 불리는 것이 두려워서 대담하고 생기에 찬 독자적인 일련의 사상을 감히 철저하게 추구하려 하지 않는 것이다.

그들 가운데서도 종종 마음속 깊이 간직된 강직한 양심과 예민하고 세련된 지성의 소유자가 발견되곤 한다. 그런 사람들은 그 억누르기 힘든 지성을 어떻게 하든 궤변(詭辯)으로서 얼버무리면서 인생을 보내고 있다. 그리고 그의 양심과 이성이 명하는 생각을 정통적인 의견에 합치시키려고 시도하다가 그 풍부한 창의(創意)의 재능을 모두 소모하고 마는데, 그 시도가 끝까지 잘되어 가는 예는 거의 없다.

자기의 지성이 어떤 결론에 이끌려 가든지, 그것을 끝까지 추구해 가는 것이 사상가가 지녀야 할 첫번째 의무라고 인정하지 않는 자는 결코 위대한 사상가일 수 없다. 스스로 사색하지 않고 오직 다른 사람의 주장에만 맹종(盲從)하는 데 불과한 사람들의 진실한 주장보다는, 오히려 적절한 연구와 준비를 다하여 스스로 사색할 줄 아는 사람들이 저지르는 잘못이 진리에 더 많이 공헌하는 법이다.

사고의 자유가 필요한 까닭은 다만 위대한 사상가를 탄생시키기 위해서만은 아니다. 반대로 그것은 보통의 인간에게 그 능력이 미치는 데까지 정신적 발달을 이루도록 하기 위해, 위대한 사상가를 만들어 내는 경우와 마찬가지로, 혹은 그 이상으로 필수 불가결한 것이다.

지적 노예 상태라고 할 수 있는 일반적인 분위기 가운데서도 위대한 사상가는 나타났으며, 또한 앞으로도 또다시 태어날 것이다. 그러나 그와 같은 분위기 속에서는 지적으로 활발한 국민이 일찍이 존재한 적이 없었으며, 앞으로도 결코 존재하지 않을 것이다. 일시적이나마 그와 같은 성격에 가까워진 국민이 있었다면, 그것은 이단적 사색을 두려워하는 기분이 일시적으로 자취를 감추었기 때문일 것이다.

원리는 논쟁하는 것이 아니라는 암묵(暗默)의 통념(通念)이 있는 곳에서는,

또한 인류의 마음을 사로잡는 중대한 문제에 대한 토론은 이미 끝났다고 생각되는 곳에서는, 역사상 수많은 시대를 그처럼 돋보이게 한 저 높은 수준의 정신 활동을 발견할 수는 없다. 정열을 불태우기에 족한 크고 중요한 문제를 논쟁이 피했을 때 사람들의 정신이 그 밑바닥으로부터 분발된 적은 없었으며, 또한 가장 보편적인 지성의 소유자에게도 사고하는 존재의 위엄(威嚴)을 느끼게 할 수 있을 정도로 높은 자리에 오르고 싶어하는 충동이 주어진 일도 결코 없었다.

그와 같은 충동이 주어진 경우는 종교 개혁 직후, 그 시대의 유럽 상황 속에 그 한 예가 있다. 또 하나의 예는 비교적 교양 있는 계급에 국한한 것이었지만, 18세기 후반 대륙의 사상 운동에서 찾아볼 수가 있다. 그리고 세 번째 예는 더 짧은 기간이었지만, 괴테와 피히테(Fichte)가 살고 있던 시대인 독일의 풍부한 지적 활동에서 찾아볼 수 있다.

이 세 개의 시대들은, 제각기 발전시킨 개개의 의견들은 크게 달랐지만, 다음의 점에 있어서는 유사했다. 즉 이 세 개의 시대는 어느 기간이나 권위의 속박에서 풀려나 있었다. 어느 시대나 낡은 정신적(精神的) 전제(專制), 즉 지적(知的) 전제주의(專制主義)는 팽개쳐져 있었으며, 그것을 대신하는 새로운 전제는 아직 나타나지 않았다. 이 세 개의 시대에 주어진 충동이 오늘날의 유럽을 만들어 낸 것이다. 그 이래로 인간의 정신, 혹은 제도의 개선은 이들 시대의 어느 하나로 확실하게 거슬러 올라간다고 할 수 있다.

그런데 최근의 세상 사정으로 볼 때, 이 세 개의 충동은 모두 사용되어서 이미 바닥이 난 것 같다. 따라서 우리가 우리들의 정신적 자유를 또다시 새롭게 주장할 때까지는 어떤 새로운 출발도 좀처럼 기대할 수가 없을 것이다.

그러면 여기서 우리는 논의의 둘째 부분으로 옮겨 가기로 하자. 그리고 일반적으로 아무 의심 없이 받아들여지고 있는 의견 중 어떤 것이 잘못되어 있을지도 모른다는 가정을 버리고, 그것들이 진실이라고 가정하자. 그리고 그러한 의견들의 진실성이 자유롭고도 공공연하게 논의되지 않을 경우에, 그러한 의견을 신봉하는 사람들에게서 흔히 나타나는 양식의 가치를 음미해 보도록 하자.

완고한 의견을 가지고 있는 사람들은 좀처럼 자기의 의견이 잘못되어 있을지도 모른다는 가능성을 전혀 인정하려 들지 않는 법이지만, 다음과 같은 것을 생각해 보면 마음이 움직일 것이다.

자신의 의견이 아무리 진실할지라도, 만일 그것이 충분히, 빈번하게, 두려움 없이 토론된 것이 아니라면, 그것은 살아 있는 진리로서가 아니라 죽은 독단(獨斷 : dogma)으로서 신봉될 뿐이다.

다음과 같은 사람들도(다행스럽게도 이전처럼 많지는 않지만) 존재한다. 그들은 자기네가 옳다고 생각하는 의견에 대해 만일 단 한 사람이라도 의심치 않고 동의해 준다면, 비록 그 단 한 사람이 그 의견의 근거에 대해서는 아무것도 모르고, 가장 피상적인 반론조차도 조리에 맞게 변호할 수 없다고 하더라도 그것으로 충분하다고 생각한다. 그러한 사람들은, 일단 자기들의 신조를 권위 있는 사람에게서 배울 수가 있게 되면, 그 신조에 대해 이렇다 저렇다 논의를 허용한다면 이익보다는 해악이 많다고 생각하고 있다.

그들은 자기들의 영향력이 미칠 수 있는 곳에서는, 보통 일반적으로 받아들여지고 있는 의견이 현명하고 신중한 방식으로 거부되는 것을 거의 불가능하게 만든다. 그럼에도 불구하고 그 의견들이 어떤 무지(無知)로 인해서 섣불리 거부되는 일 또한 있을 수 있다. 왜냐하면 토론을 완전히 없앤다는 것은 불가능한 일이며, 또한 토론이 일단 시작되면 확신이 없는 신념은 논증이라고 할 수 없는 것에도 쉽게 굴복하기 때문이다.

그러나 이와 같은 가능성은 없다고 해도—인간의 마음속에는 진실된 의견이 자리잡고 있는데, 그것은 하나의 선입관(先入觀)으로서, 즉 논증에서 독립되고 논증을 허용하지 않는 신념으로서 자리잡고 있는 것이라고 가정한다면—이것은 이성적 존재에 의한 진리의 올바른 신봉의 태도는 아니다. 이것은 진리를 알고 있는 것이 아니다. 이와 같은 형태로 신봉된 진리는 그만큼 미신을 하나 더 늘리는 것이 된다. 다시 말하면 우연히 어떤 진리를 표명하는 말에 관련되어 있는 미신을 또 하나 늘리는 것에 지나지 않는다.

적어도 신교도라면 부정하지 않을 일이지만, 만일 인류의 지성과 판단력이 육성되어야만 하는 것이라면, 어느 누구도 자기 자신에게 관계가 있는 사항, 따라서 자기 나름의 의견을 가져야 하는 것으로 생각되는 사항에 대해서 이같은 능력을 훈련하는 것이 가장 적절하지 않겠는가? 이해력의 육성이 어떤 한 가지 사실에만 달려 있는 것이라면, 그것은 확실히 자기 의견의 근거를 아는 일과 관련한다.

사람들은 무엇을 믿든지, 올바르게 믿는 것이 무엇보다 가장 중요시된다면, 적어도 평범한 반대 의견에 대해서는 자신을 옹호할 수 있어야만 한다.

그러나 다음과 같이 말하는 사람이 있을는지 모른다.

'사람들은 자기들의 의견의 근거를 배우면 되는 것이 아닌가? 의견이 반박당하는 것을 들은 적이 없다고 해서 그와 같은 의견이 그저 앵무새처럼 되풀이 될 것이 틀림없다고는 말 못한다. 기하학을 배우는 사람은 단순히 정리(定理)를 암기할 뿐만 아니라 증명까지도 이해하고 외우는 것이다. 그런데 기하학의 진리가 누군가에게 부정되거나 반증이 제시된 것을 들은 적이 없다고 해서 그들이 그 진리의 근거를 알지 못한다고 한다면 이건 바보 같은 소리이다.'

맞는 말이다. 그리고 수학과 같은 문제는 그런 교수법으로 충분하다. 잘못된 쪽에서는 모든 변명의 여지가 없는 것이다. 수학적 진리를 증명하는 것의 특징은 모든 논증(argument)이 한쪽에만 있다는 사실이다. 반대도 없으며, 따라서 그 반대에 대한 회답도 없다.

그러나 의견의 차이가 생길 가능성이 있는 모든 문제에 있어서는, 서로 옳다고 싸우는 두 의견의 논거를 비교 대조해 보는 데서 진리가 결정된다.

특히 물리학과 같은 이론적 자연과학에서도 동일한 사실에 대해서 서로가 다른 설명이 항상 가능하다. 태양 중심설과 지구 중심설, 산소설(酸素說)과 연소설(燃燒說 : phlogiston)[26] 하는 식으로. 따라서 그 반대쪽의 이론이 왜 틀린 이론인지 밝혀지지 않으면 안 된다. 이것이 밝혀질 때까지는, 그리고 어떻게 그것이 밝혀지는지 알려질 때까지 우리는 의견의 근거를 이해하고 있는 것이 아니다.

그러나 좀더 복잡한 문제, 다시 말해서 도덕 · 종교 · 정치 · 사회 관계 및 일상생활상의 문제에 있어서는, 문제가 되고 있는 의견에 관한 논의의 4분의 3까지는 그것과 전혀 다른 어떤 의견에 유리하게 보이는 상황을 배제하는 것으로 이루어져 있다.

단 한 사람[27]만을 제외하고는, 고대 최고의 위대한 웅변가였던 사람(키케

---

26 연소라는 것은 18세기 말엽까지 과학계에서 믿어졌던 가연물이 주된 요소였다. 연소설은 베허(Johann Joachim Becher, 1635~1682)에 의해서 처음으로 주장되었고, 스탈(Goerge Ernst Stahl, 1660~1734)에 의해서 완성되었지만, 마침내 라보아지에(Antoine Laurent Lavoisier, 1734~1794)의 산화이론에 의해서 완전히 뒤집혔다.

27 데모스테네스(Demosthenes, 기원전 384~322)를 가리킨다. 그리스의 웅변가, 정치가. 7세에 고아가 되어 아버지의 유산을 횡령한 후견인들을 고소하기 위해 이사이오스에게 수사학을 배워 이 사건을 승소한 뒤, 직업적 법정 변론가 및 수사를 가르쳤다. 당시 점차로 세력을 얻어 그리스를 간섭하고 압박을 가하기 시작한 마케도니아 필리포스 II세에게 대항하여 격렬한 탄핵 연설을 하고, 그리스의 자유를 위하여 마케도니아에 맞서야 한다고 연설하여 아테네 사람들에게 커다란 감명을 주기도 했다.

로)²⁸은 언제나 자기 논적(論敵)의 주장을 자기 것처럼은 아니지만, 비슷하게 열심히 연구했다는 기록을 남기고 있다. 그리고 키케로가 성공의 수단으로서 변론을 행한 일은 진리에 도달하기 위해 어떤 문제를 연구하는 사람들이라면 모두 본받아야만 할 것이다.

자기의 단편적인 문제만 아는 사람은 그 문제 전체에 대해서는 거의 아무것도 모르고 있는 것이다. 하기는 그의 논거가 정당할지도 모르며, 또한 아무도 그것을 논박할 수 없을지도 모른다. 그러나 만일 그가 반대쪽의 이유를 똑같이 논박할 수가 없다면, 그리고 반대쪽의 이유가 무엇인지조차 알지 못한다면, 그는 어느 한쪽의 의견을 선택할 수 있는 근거를 갖지 못한다. 그가 지녀야 할 합리적인 태도는 판단하는 것을 중지하는 일일 것이다. 그리고 그렇게 하는 데 만족하지 않는다면 권력자의 권위에 이끌려 가든지, 세상 일반 사람과 마찬가지로 자기가 가장 좋다고 느끼는 쪽을 취해야 할 것이다.

또한 논적(論敵)의 의견을 스승을 통해서 스승이 진술하는 대로 듣고, 그것에 대한 반론도 스승이 진술하는 것만을 듣는 것으로는 충분하지 않다. 그것은 반대론을 공평하게 취급하는 방법이 아니고, 그것을 자신의 마음(정신)에 전달시키는 방법도 아니다. 그 논의를 실제로 믿고, 그것을 진심으로 변호하고, 그것을 위해 최선을 다하는 사람늘한테서 그것을 직접 듣지 않으면 안 된다. 그는 그러한 반대론을 가장 그럴듯하고, 또한 설득력 있는 논리에 입각해서 파악

---

28 Marcus Tullius Cicero(기원전 106~43). 로마 공화제 전기의 집정관. 후기 스토아 학파의 철학자이며, 웅변가. 기원전 70년에 전 지사 베레스를 기소하여 그의 착취와 잔인성을 탄핵한 연설이 저 유명한 '베레스 제1탄핵(Actio Prima in Verres)'이다. 그의 철학은 스토아 학파의 사상을 계승했으므로 독창성은 없지만, 그리스 사상을 로마와 유럽 사회에 전파한 공적은 높이 평가받고 있다. 그는 인간의 자연적 평등의 관념을 계승하고 국가를 백성 전체의 조직으로 보았다. 이것은 그리스적인 봉건적 폴리스와는 대조되는 국가이다. 그의 저서 《공화국》 제4권 '자연법 이론'은 유명하다. 그의 문체는 라틴 문장의 모범으로 알려지고 있다.

하지 않으면 안 된다. 그는 그 문제에 대한 진실한 의견이 직면하고, 그리고 처리하지 않으면 안 되는 곤란한 온갖 힘을 감지해야만 한다. 그렇지 않으면 그는 진리 가운데서 이러한 반론(곤란)에 대처해서 그것을 제거할 수 있는 부분을 결코 자기 것으로 소유하지 못할 것이다.

소위 교육을 받은 백 명 가운데서 99명까지는 지금 말한 것과 같은 상태에 있다. 자기 생각을 유창하게 변호할 줄 아는 사람들의 경우조차도 그러하다. 그들의 결론이 진리인지도 모르지만, 어쩌면 잘못되어 있을지도 모른다. 그들은 자기와 다른 사고방식을 가진 사람들의 입장에서 그들이 주장하는 것이 대체 무엇인지 곰곰이 생각해 본 적이 없다. 그렇다면 그들은 자신들이 공언하는 학설을 진정으로 알고 있지 못한 것이다. 그들은 자기 학설 중에서 그 이외의 나머지 부분을 설명하고 정당화시키는 부분을 알고 있지 못한 것이다.

다시 말해서, 언뜻 보아 서로 모순되는 것처럼 보이는 두 가지 사실이 실제로는 서로 조화되고 있다는 것, 또는 유력해 보이는 두 가지 이유(논거) 중에서 그 하나를 선택해야만 한다고 명시하는 것을 알지 못하고 있다. 그 진리 가운데서도 쌍방의 우열(優劣)을 정하고, 완전히 사정에 통한 사람의 판단을 결정하는 부분의 진리를 그들은 전혀 알지 못한다. 그리고 진리는 양쪽 모두에게 공평하게 주의를 기울이며, 또한 양쪽의 논거를 보다 더 확실하게 이해하려고 노력한 사람들 이외에는 누구에게도 알려지지 않았던 것이다. 도덕이나 인간 문제의 참 이해는 이와 같은 훈련이 없이는 안 되는 것이다.

그러므로 모든 중요한 진리에 대해 반대자가 없다면, 일부러 반대자를 상정(想定)하여 그 반대자가 가장 교묘한 악마의 대변자가 생각할 수 있는 가장 강력한 논증을 그들의 입을 통해서 나오게 하는 것이 필수 불가결한 것이다.

이와 같이 고찰하는 사람들의 설득력을 약화시키기 위해서 자유로운 토론에 반대하는 사람들은 다음과 같이 말할지도 모른다.

'일반인들은 자기들의 의견에 대해서 철학자나 신학자가 제시할지도 모르는 찬성 혹은 반대 의견의 전부를 알거나 이해할 필요가 없다. 보통 사람들은 교묘한 반대자의 허위나 오류의 일체를 폭로할 만한 능력은 필요하지 않다. 누군가 그것에 응수할 수 있는 사람이 있어서 교육받지 못한 사람들을 잘못 인도할 것 같은 것을 하나도 남기지 않고 논박만 하면 그것으로 충분하다. 단순한 사람들은 설득 받아온 진리의 명백한 근거를 가르침 받았으므로 그밖의 일은 권위에 맡겨도 좋다. 그들은 일어날 수 있는 모든 반론을 해결할 지식도 능력도 없다는 것을 알고 있어서, 지금껏 일어난 반론은 그 때문에 특히 훈련되어 있는 사람들에 의해서 전부 감당되어 왔든지, 혹은 감당될 수가 있는 것이라는 확신만 가지고 안심하고 있으면 되는 것이다.'

이와 같은 견해에 한 걸음 양보하여, 어느 정도의 진리의 이해로서 ─ 진리를 믿음으로써 자연히 동반되는 정도의 간단한 진리의 이해로서 ─ 쉽게 만족하는 사람들의 견해를 변호하기 위해서 제시하는 주장을 모두 인정키로 하자. 가령 그렇게 하더라도 자유 토론을 찬성하는 논의가 조금도 약화되지 않는다. 왜냐하면 앞에서 진술한 바와 같은 학설일지라도, 인간은 '모든 반대론에 대해서는 만족할 만한 해답이 주어져 있다.'는 합리적인 확신을 가지지 않으면 안 된다는 것을 인정하고 있기 때문이다.

만일 그렇다면 답변을 필요로 하는 것이 진술되지 않을 때는 어떻게 그것에 대해 답변을 할 수가 있을 것인가? 또한 반대자들에게 그 답변이 만족스럽지 못한 것이라는 사실을 밝힐 기회가 주어지지 않는다면 어떻게 그 답변이 만족스런 것이란 사실을 알 수 있게 될 것인가?

대중이 아닌 적어도 그러한 어려운 문제(반대론)를 해결해야 할 철학자나 신학자들은 가장 대답하기 어려운 형태인 이 문제를 잘 숙지(熟知)하고 있어야 한다. 그리고 그런 반론이 자유롭게 진술되고, 가능한 한 가장 유리한 해명의 기회가 허용되지 않으면 달성할 수 없다.

카톨릭 교회는 이런 당혹스런 문제를 처리하는 독특한 방법을 가지고 있다. 스스로 확신을 가지고 교의를 받아들이는 사람들과 교의를 무조건적으로 받아들이지 않으면 안 되는 사람들을 명확하게 구별하고 있는 것이다. 물론 양자가 다 무엇을 받아들일 것인가에 대해서는 어떤 선택도 허용되지 않는다.

그러나 성직자는 ─ 적어도 충분히 신뢰할 만한 성직자는 ─ 반대자의 논의에 대답하기 위해서 그 반대론의 내용을 알아두어야 하며, 또한 그것은 칭찬받을 만한 일이다. 따라서 그들에게는 이단의 서적을 읽는 것이 허용되고 있다. 그러나 성직자가 아닌 사람들은 특별한 허가 없이는 그렇게 할 수가 없다.

이 규율은 반대자의 주장에 대한 지식이 교도자(敎導者)들에게는 유익하다는 것을 인정하고 있다. 그러나 일반 세상 사람들에게는 반대자의 주장을 알리지 않도록 하고 있다. 이와 같이 엘리트에게는 일반 대중에게 허용하는 것보다 더 많은 지적 자유 ─ 정신적 자유 ─ 는 아니더라도 더 많은 지적 교양을 받고 있는 것이다. 이런 방책으로 카톨릭 교회는 그 목적이 필요로 하는 지적 우월(優越)을 획득하는 데 성공하고 있다. 왜냐하면 자유가 없는 교양은 결코 넓고도 자유로운 정신을 낳은 적이 없지만, 그것은 어떤 주의와 주장을 위한 교활한 순회 재판의 변호사[29]적 인간을 낳을 수는 있기 때문이다.

그러나 신교(新敎)를 신봉하고 있는 나라들은 이 수단을 부정하고 있다. 왜

---

29 nisi prius advocate. nisi=unless, if not. prius=prior, '보다 앞서 ······하지 않으면 안 된다.'라는 뜻. '순회 재판에 있어서의 민사 소송'을 뜻한다. 원래는 지정한 시일 전에 순회 재판의 사건 심리가 없는 경우, 배심원을 런던으로 소집하는 영장 속의 문구이다.

냐하면 신교도들은 적어도 이론상으로는 종교의 선택에 있어서 각자 스스로가 그 책임을 져야 하는 것이지, 교도자들에게 그것을 전가할 수 없다는 생각을 가지고 있기 때문이다. 더욱이 현재와 같은 세계의 상황으로 볼 때, 교육을 받은 사람들이 읽는 책을 교육을 받지 못한 사람들에게 읽지 못하도록 한다는 것은 사실상 불가능하다. 만일 인류를 교도해 가야 할 교도자들이 당연히 알고 있어야 할 모든 사항을 알아야만 한다면, 모든 것은 제한 없이 자유롭게 쓰여지고 출판되지 않으면 안 된다.

그러나 일반적으로 받아들여지고 있는 의견이 진실일 때 자유로운 토론이 없음으로 해서 일어나는 유해한 작용이 사람들로 하여금 그 의견의 근거를 알지 못하도록 하는 것에 국한시키는 것이라면 그것은 지적인 해악일지는 몰라도 결코 도덕적인 해악은 아니며, 인간의 성격에 미치는 영향이라는 점에서 본다면, 그것이 의견의 가치를 좌우하는 것은 아니라고 생각될 수 있다.

그러나 실제로 토론이 행해지지 않는 경우에는 단지 의견의 근거가 잊혀질 뿐만 아니라, 의견의 의미 자체조차도 너무나 흔하게 잊혀지고 마는 것이다. 그 의견을 전달하는 말은 아무런 사상도 시사하지 않게 되든지, 혹은 본래 그 말이 전하려고 했던 사상의 극히 일부분밖에 시사하지 못하게 된다. 선명한 개념과 생명력이 있는 신앙 대신에 기계적으로 암기된 두서너 개의 어구만 남게 될 뿐이다. 또는 얼마간 남아 있다 해도(의미의 일부가 가까스로 기억된다 할지라도) 의미의 빈 껍데기와 껍질만 남아 있을 뿐이지 가장 훌륭한 본질은 상실된다. 이런 사실로 충만되어 있는 인류 역사의 중대한 한 장은 우리가 아무리 열심히 연구하고 숙고한다 해도 지나치게 되는 일이 없다.

이러한 것은 거의 모든 윤리적 학설(學說)과 종교적 신조(信條)의 경험 가운데 명백히 드러나 있다. 이같은 학설이나 신조는 모두 그 창시자와 창시자의 제자들한테는 의미와 생명력으로 넘치고 있었다. 이러한 학설 내지 신조를 다른 학설이나 신조보다도 우세하게 하기 위해 투쟁이 계속되는 한, 그 의미는 내내 변하지 않는 강한 힘으로 느껴지고 아마도 훨씬 더 충분하게 의식되었을 것이다. 마침내 그것은 우세하게 되어 널리 일반적 의견이 되거나, 혹은 그 진전이 정지하여 둘 중 어느 한쪽이 된다. 그러면 그것은 확보한 위치를 계속 보유하겠지만, 그 이상으로 넓어지지는 않는다. 둘 중 하나로 결과가 확실해지면, 그 문제에 대한 논쟁은 활기를 잃게 되고 차츰 소멸되어 간다. 이러한 논쟁은 널리 일반인들에게 받아들여진 의견은 아닐지라도 그 교의가 인정한 모든 종파나 분파의 하나로 입지를 차지한다. 그 교의를 신봉하는 사람들도 대개는 그것을 계승했던 것이지 스스로 선택한 것은 아니다.

이와 같은 교의 가운데 어떤 것에서 다른 것으로의 전향(轉向)은—지금에 와서는 이미 예외적인 사실이 되어 버렸지만—이것들을 신봉하는 사람들의 사상 속에서 거의 찾아볼 수 없게 된다. 그들은 처음부터 끊임없이 신경을 써서 세상에 대해 자기를 방위하거나 세상을 자기들 편으로 개종시키려고 하는 대신에, 묵묵히 자기들의 신조에 대한 반론에는 귀를 막고, 또한 자기의 신조에 유리한 옹호론으로 반대자(만일 있다고 해도)들을 고통스럽게 만들지도 않는다. 이때부터 교의의 살아 있는 힘은 쇠퇴하기 시작한다고 해야 할 것 같다.

모든 신조의 교도자들이 한결같이 개탄하는 것을 흔히 듣는 것처럼, 신자들의 정신 속에 자기들이 명목상 인정하고 있는 진리의 생생한 이해를 계속 확보하게 하고, 그것을 그들의 감정 속에 침투시켜 그들의 행동을 참으로 지배할 수 있게 한다는 것은 어려운 일이다. 그러나 신조가 스스로의 생존을 위해서 분투하고 있는 동안은, 그와 같은 어려움 때문에 한탄할 필요는 없다. 그와 같은 시기에는 힘이 약한 투사들까지도 자기네가 무엇을 위하여 싸우고 있는지,

그리고 자기네의 교의와 다른 교리 사이에는 어떤 차이가 있는지 알 뿐만 아니라 마음속으로 느끼고 있기 때문이다.

모든 신조의 역사 가운데서 그와 같은 한 시기는, 그 신조의 기본적인 여러 원리를 모든 사고의 형태로서 이해하고 있으며, 또한 원리가 내포하고 있는 모든 중요한 의미를 비교 검토하고, 그리고 그러한 신앙이 충분히 침투하여 풍부한 감화를 체험한 사람들이 적지 않게 발견된다. 그러나 그것이 하나의 계승적인 신조가 되고, 능동적이 아니라 수동적으로 받아들여지면 ─ 그 신조가 제시하는 여러 신앙의 문제에 대해서 맨 처음처럼 정신이 생기에 찬 힘을 사용하지 않아도 무관하게 되면 ─ 그 신앙은 이미 형식 외에는 모두 잊어버리거나, 혹은 안이하게 그것을 받아들이는 데 동의하는 경향이 증가한다. 다시 말해서, 사람들은 그것을 의식 속에서 자각하거나 개인적인 체험을 통해 확인하려고 하지 않고, 다만 그것을 신뢰하고 무조건 받아들이게 되어 권태롭고 무감각한 동의가 증대되는 경향이 있다. 마침내 그 신앙은 인간의 내면 생활과 거의 아무런 관계도 없게 된다.

이렇게 되면 현대의 대다수의 세계에서는 신조라는 것이 정신 속이 아니라 정신 밖으로 나와서, 우리들 본성의 제일 고귀한 부분으로 다가오는 다른 모든 영향을 받아들이지 못하게끔 정신이 두터운 껍질로 씌워져 화석(化石)처럼 굳어 버리는 것이다. 그리고 신선하고 생명력 있는 확신이 들어오는 것을 완전히 차단함으로써 그 힘을 과시하고 있지만, 정신이나 마음을 위해서 그 자신이 하는 일이란, 정신이나 마음이 공허한 채로 있게 하는 감시자 역할 이외의 아무것도 아닌 것이다.

본질적으로는 정신에게 가장 깊은 감명을 주어야 할 교의가 상상력이나 감정이나 이해력 속에서 조금도 상실되는 일 없이, 정신 속에서 죽은 신앙으로 머물러 있는 것을 놀랄 만큼 많이 보는데, 이것은 신자의 대다수가 갖고 있는 그리스도교의 교의를 신봉하는 태도 속에 흔히 나타난다. 지금 '내가 여기서 그리스도교(Christianity)'라고 하는 것은 모든 교회와 종파가 그리스도교라고 보고 있는 것, 즉 신약성서에 포함되어 있는 잠언(箴言)이나 가르침을 의미한다. 이러한 것들은 그리스도 교도라고 자칭하는 모든 사람들이 신성한 것이라고 생각하고 율법으로서 받아들이고 있는 것이다.

그럼에도 불구하고, 이들 율법에 비추어서 자신의 개인적 행동을 인도하거나 확인하는 신자는 천 명 중 한 사람도 없다고 해도 과언은 아닐 것이다. 그리스도 교도가 행위의 기준으로 삼는 것은 국민이나, 그들의 계급, 혹은 그들의 종교 단체의 관습이다. 이렇게 해서 그는 한편으로는 자기를 다스리는 규칙으로서, 절대로 잘못을 저지르지 않는 지자(知者) ─ 신(神) ─ 한테서 하사받았다고 믿는 윤리적 잠언을 가지게 된다. 다른 한편으로는 일상의 판단과 관례를 가지게 되는데, 이것은 앞에서 말한 잠언 중의 어떤 것과는 어느 정도 일치하지만, 다른 것과는 그다지 일치하지 않으며, 또한 어떤 것과는 정반대가 되기도 한다. 전체적으로 보면 그리스도교의 신조와 세속 생활의 이해(利害)나 암시 사이에 존재하는 타협물에 지나지 않는다.

이와 같은 두 개의 기준 가운데서 그리스도 교도들은 전자에게도 경의를 표하지만, 그가 참으로 충성을 다하는 것은 후자에 대해서이다.

모든 그리스도 교도는 다음과 같이 믿고 있다. 마음이 가난한 사람들, 온유한 사람들, 세상에서 학대를 받고 있는 사람들은 복이 있다(《마태복음》제5장 제3~10절 참조). 부자가 천국에 들어가기보다는 낙타가 바늘구멍을 지나는 편이 쉽다(동 제19장 제24절 참조). 자신이 심판을 받지 않으려면 남도 심판을 가해서는 안 된다(동 제7장 제1절 참조). 맹세하지 말라(동 제5장 제34절 참조). 자신을 사랑하는 것처럼 이웃을 사랑하라(동 제19장 제19절 참조). 만일 남이 외투를 빼앗으면 윗옷도 벗어 주어라(동 제5장 제40절 참조). 내일 일을 걱정하지 말라(동 제6장 제34절 참조). 만일 완전하게 되기를 바란다면 자기가 가진 것 전부를 팔아 가난한 사람들에게 주라(동 제19장 제21절 참조)고.

그리스도 교도들이 이와 같은 잠언을 믿고 있다고 말할 때 그들은 결코 불성실하지 않다. 그들은 언제나 그것을 믿고 있지만, 그것은 단지 세상 사람들이 언제나 칭찬의 말만 들을 뿐, 결코 논쟁의 소리를 들어 본 적이 없었던 것을 믿는 것과 마찬가지로 믿는 데 지나지 않는다.

그러나 행위를 규제하는 살아 있는 신앙이란 의미로 볼 때, 그들은 평상시에 실행하는 정도로밖에 이와 같은 가르침을 믿지 않는다. 이와 같은 가르침은 본래의 완전한 형태 그대로라면 반대자를 공격하기 위한 도움이 될 수가 있다. 또한 이와 같은 가르침은 (가능한 경우에는) 사람들이 칭찬할 만한 것이라고 생각하고 있는 모든 행위를 행하는 이유로서 제시되어도 좋다고 생각되고 있다.

그러나 이와 같은 잠언(격언)들은 사람들이 꿈에서조차도 실행해 보려고 엄두도 못 낼 만큼 무한히 많은 것을 요구하고 있다. 이 사실을 상기시키는 사람이 있다면, 그 사람은 다른 사람보다도 잘난 체하는, 매우 인기 없는 인물 중의 하나라는 딱지가 붙여지는 것이 고작일 것이다.

이와 같은 가르침은 보통 신자들에게 아무런 지배력도 가지지 않으며, 또한 그들의 정신 속에서 아무런 힘도 되지 못한다. 그들은 이러한 교리가 읽혀질 때마다 습관적으로 경의를 표하지만, 그 말들의 의미 속으로 진입해 정신에게 그것들을 받아들이게 하고, 자기 자신을 그 격언―또는 신조―과 일치하게 하려는 감정은 가지고 있지 않다.

행위에 관한 것이 문제가 되면 그들은 언제나 주위의 A씨나 B씨를 돌아보고 어느 정도까지 그리스도의 가르침에 따라야 하는지 지시를 구하는 것이다.

그런데 초기의 그리스도 교도들은 이런 식이 아니고 훨씬 달랐다고 확신해도 좋다. 만일 이런 식이었다면, 그리스도교가 멸시만 당했던 히브리 사람들의 이름도 없는 한 종파로부터 로마 제국의 종교로까지 발전하지는 못했을 것이다.

그들의 적들이 "보라, 이 그리스도 교도들이 얼마나 서로 사랑하고 있는가를!"(오늘날에는 아무도 좀처럼 할 것 같지 않은 말이지만)이라고 말했을 당시만 하더라도, 그리스도 교도들은 분명 그 이후의 어떤 시기보다도 자기네들이 믿고 있는 신조의 의미를 훨씬 생생하게 느끼고 있었을 것임에 틀림이 없다. 오늘날 그리스도교가 세력의 확대라는 점에서 볼 때 거의 아무런 진전도 볼 수가 없고, 1800년이 지난 뒤에도 여전히 유럽 인과 그 자손들에게만 거의 한정되어 있는 것은 아마도 주로 이러한 원인[30] 때문일 것이다.

자기의 교의에 대해서 매우 진지하며, 그리고 그 수많은 교의에 대해서 일반 사람들보다 훨씬 많은 의미를 인정하고 있는 엄격한 신자의 경우에도 그들의 마음속에 비교적 활기 있는 부분은 칼뱅(Calvin)이나 녹스(Knox)[31], 또는 기타 그들과 성격이 아주 비슷한 사람들에 의해서 형성된 것이다. 그리스도의 가르침은 저 다정하고 부드러운 말에 그저 귀를 기울임으로 해서 생겨나는 감격 정도로 거의 아무런 효과도 낳지 못하며, 그저 정신 속에 수동적으로 공존하고

---

30 다시 말하면, 초기 그리스도교 정신의 상실.
31 John Knox(1505~1572). 스코틀랜드 태생의 종교 개혁가. 제네바에서 칼뱅의 감화를 받고 돌아와 저 피투성이의 메리(Bloody Mary) 여왕에 대해서 교회의 철저한 개혁을 요구했다. 칼라일은 녹스를 그 당시 스코틀랜드 사람 중에서 가장 강건한 사람이라고 평한 바 있다. 1560년 녹스가 기초한 '스코틀랜드의 신앙 고백(Confessis Scoticanna)'이 의회에 의해서 승인됨으로써 칼뱅주의의 종교 개혁이 완성됨과 더불어 장로파 교회가 성립되었다.

있을 뿐인 것이다.

　어떤 종파를 특징짓는 교의가 공인된 모든 종파의 공통된 교의보다도 훨씬 생생한 활력을 지니고 있는 이유는 무엇 때문일까? 또한 그런 종파일수록 많은 교도자들이 교의의 의미를 살아 있게 하기 위해서 고심하는 까닭은 무엇 때문일까?

　거기에는 분명히 많은 이유가 있다. 즉 특수한 교의일수록 의심을 받는 일이 많아서 공박받는 일이 많고, 공공연한 반대자에 대해서 방위해야 할 일이 많기 때문이다. 일단 전쟁터에 적이 없게 되면 가르치는 사람이나 배우는 사람도 그대로 자리에 앉은 채 잠에 빠지고 마는 것이다.

　일반적으로 말하면, 모든 전통적인 교의 ─ 도덕이나 종교의 교의와 마찬가지로 분별이나 생활상의 지혜에 관한 교의도 ─ 역시 이와 같이 말할 수가 있다.

　모든 나라의 말과 문학에는 인생이란 무엇인가, 그리고 또 인생 속에서 사람은 어떻게 해야 할 것인가에 관한 일반적 소견으로 가득 차 있다. 이러한 소견들은 누구나 알고 있고, 누구나 되풀이해서 말하거나, 혹은 묵묵히 듣고, 그리고 누구나 다 알고도 남는 것이라고 되어 있음에도 불구하고, 거의 모든 사람들은 경험에 의해서 ─ 대개는 고통스런 경험에 의해서 ─ 인생이 그들에게 현실적이 되었을 때 비로소 그 의미를 실제로 알게 되는 것이다. 사람은 뭔가 예기치 않았던 불행이나 실의 때문에 고뇌할 때 평상시 잘 알고 있던 격언이나 속담을 얼마나 자주 상기하는 것인가? 그러한 말들의 의미를 지금과 마찬가지로 이전에도 뼈저리게 실감했다면, 그들은 이와 같은 재난을 아마도 만나지 않았을 것이다.

　분명히 여기에는 토론이 결여되었다는 것 외에도 여러 가지 이유가 있다. 세상에는 개인적인 체험에 의해서 그 의미를 절실하게 느끼기 전에는 의미를 완

제2장 사상과 언론의 자유 _ 77

전히 이해할 수 없는 진리가 많이 있다. 그러나 이러한 진리의 의미까지도 그것을 이해하고 있는 사람들에 의해서 이루어지는 찬부(贊否)의 논의를 항상 들어왔었다면 이러한 진리의 의미를 좀더 많이 이해했을 것이고, 좀더 깊은 감명을 받았을 것이다. 어떤 일에 궁금증이 사라지면, 그것에 대해서는 더이상 생각하지 않게 된다는 인류의 치명적인 경향은 사람들이 과오를 저지르게 하는 원인의 절반이다. 현대의 한 저작자는 "이미 결정된 의견은 깊은 잠에 빠진다(the deep slumber of a decided opinion)."라고 말하고 있는데, 참으로 이것은 옳은 말이다.

'무슨 소리냐!' (하고 반론이 나올는지 모른다.) 참된 지식을 위해서는 의견이 일치하지 않는 것이 불가결의 조건이란 말인가? 누군가가 진리를 인식하기 위해서는 인류 가운데 어느 정도는 과오를 고집할 필요가 있단 말인가? 신앙은 일반적으로 수용되자마자 진실성과 생기를 잃는단 말인가? 또한 의견이란 것은 어떤 의심이 남지 않는 한 완전히 이해되거나 느껴지는 일이 없단 말인가? 인류가 어떤 진리를 만장일치로 받아들이자마자 그 진리는 그들 속에서 멸망하는 것인가? 지금까지 생각해 온 바에 따르면, 진보된 지성의 최고의 목표와 최선의 성과는 모든 중요한 진리의 인식으로 인류를 더욱 일체화시킨다는 것이었는데, 그런데도 지성은 그 목적을 달성하지 않는 동안만 존속할 수 있단 말인가? 정복의 열매는 승리가 결정적으로 이루어짐과 더불어 멸망해 버린단 말인가?

나는 결코 그런 것을 긍정하지 않는다. 인류가 진보함에 따라서 더 이상 논의되거나 의심되지 않는 학설의 수는 끊임없이 늘어갈 것이다. 그리고 인류의 복지는 논의의 여지가 없는 점까지 도달한 진리의 수와 중요성으로 대략 측정이 가능하다. 연이어 발생하는 문제에 대한 논쟁이 차례로 정지되는 것은 의견

통일에 반드시 따라오는 것이다. 올바른 의견일 경우에 그와 같은 의견의 통일은 유익하지만, 잘못된 의견인 경우에는 위험하고 유해하다.

이와 같이 의견의 다양성의 범위가 점점 좁혀지는 것은 '필연적(nece-ssary)'이라는 말뜻의 두 가지 의미 — 불가피적(inevitable)이라는 의미와 불가결적(indispensable)이라는 의미 — 에서 필요한 것이지만, 그렇다고 해서 그 결과가 전부 유익한 것임에 틀림없다는 결론을 내릴 수만은 없을 것이다.

어떤 진리를 반대자에게 설명을 하거나 변호하지 않으면 안 되는 그 일은, 진리를 지적으로 생생하게 이해하기 위해서 크게 도움이 되며, 그 도움을 잃는다면 그 진리가 일반에게 인정됨으로써 얻을 수 있는 이익을 적지 않게 감소시킬 것이다.

이런 유익한 도움을 하나도 얻지 못하는 곳에서는, 나는 진실로 인류의 교도자들이 그것을 대신해 주도록 노력했으면 하는 것이다. 즉 그 문제에 대한 반론을, 마치 그들의 개종(改宗)을 열망하는 반대파 투사들이 강하게 주장하는 것처럼 학습자의 의식 앞에 명백하게 드러내 놓는, 그런 방안이 되어 주었으면 하는 것이다.

그런데 이와 같은 목적을 위해서 방안을 모색하기는커녕 그들은 이전에 가지고 있었던 방안까지도 잃고 있는 것이다. 플라톤의 《대화편》에 그처럼 훌륭하게 예시되어 있는 소크라테스 변증법(辨證法)은 이런 종류의 방안 중 하나였다. 그것은 본질적인 토론이었다. 그리고 그것은, 더 없이 교묘하게 일반적으로 인정되는 평범한 의견을 비판 없이 받아들이고 있었던 모든 사람들에게 그들이 그 문제를 이해하고 있지 않다는 것을 — 그들 자신의 입에 올리고 있는 교의에 아직 아무런 명확한 의미를 부여하고 있지 않다는 것을 — 깨닫게 하는 일이었다. 그리고 일단 자기의 무지를 깨닫게 하여 교의의 의미와 더불어 교의의 근거에 관한 명확한 이해에 기초하는 확고한 신념을 가질 수 있게끔 해 주는 것을 목표로 삼고 있었다.

중세의 스콜라 철학자들의 토론도 이와 비슷한 목적을 가지고 있었다. 그 토론은 학생이 자기 자신의 의견과(이것과 필연적으로 관련되는 것이지만) 그것에 대립하는 의견을 이해하고 있는가, 그리고 자기 자신의 논고를 확고하게 주장하고 반대 의견의 논거를 논박할 수 있는가에 대한 확인을 주된 목표로 하고 있었다.

앞에서 기술한 이 토론법은 분명 그들이 의거하는 전제가 이성으로부터가 아니라, 권위(교권)[32]에서 취해져 있다는, 구제 받기 어려운 결점을 가지고 있었다.

이것은 정신의 훈련 방법으로서는 모든 점에서 '소크라테스 학파(Socratici viri)'의 지성을 형성한 사람들을 감동시키는 유력한 힘을 가진 변증법보다 뒤떨어져 있었다. 그러나 근대의 정신이 힘입은 바는 그 어느 것도 일반인이 인정하려고 하는 것보다도 훨씬 큰 것이었다. 그리고 현대의 교육 방식은 이 양자 가운데 어느 것하고도 대체시킬 만한 것을 전혀 가지고 있지 않다.

모든 가르침을 교사와 책에서 얻는 사람은, 가령 주입식 교육에 만족하려는 빠져들기 쉬운 유혹을 면한다 해도, 어떤 학설의 양면의 주장에 모두 귀를 기울여야 할 입장에 있지는 않다. 따라서 양면을 모두 안다는 것은 사상가들 사

---

[32] 아리스토텔레스(Aristoteles, 기원전 384~322)를 가리킨다. 고대 그리스의 철학자로, 17세 때 플라톤의 학원(아카데미)에 들어가 스승이 죽을 때까지 거기에 머물렀다. 그는 철학자이자 각 방면의 전문 학자이고, 그의 학풍은 면밀한 관찰과 예리한 논리의 결합을 특징으로 하고 있다. 그는 플라톤 철학의 영향을 많이 받았지만, 관찰과 경험을 중시하는 이오니아적 경향이 강하여 플라톤 학파의 이데아론이나 수학주의에 대립하고 있다. 그는 근본적으로 보통 상식인을 지향하여 형이상학·도덕론·정치론에 있어서도 극단을 피하고 중용을 취했다.

이에서조차도 좀처럼 드문 일이다. 어느 누구나 자기 의견을 옹호하는 말 가운데 가장 약한 부분은 반대자에 대한 답변인 것이다.

  부정적인 논리, 즉 적극적 진리를 수립하지 않고, 이론상의 약점이나 실천상의 잘못을 지적하는 논리를 비방하는 것이 오늘날의 유행이다. 그와 같은 부정적인 비판은 확실히 궁극적 결과로서는 아주 빈약하기 짝이 없을 것이다. 그러나 그 이름에 부합된, 적극적인 지식이나 확신에 도달하기 위한 수단으로서는 아무리 높이 평가해도 지나치다고 할 수 없을 것이다. 그리고 사람들이 다시 조직적으로 그와 같은 훈련을 받기 전에는 수학이나 물리학을 제외한 그밖의 어떠한 사고의 영역에서도 위대한 사상가는 거의 나타나지 않을 것이며, 지성도 일반적인 수준보다 더 낮을 것이다. 수학이나 물리학 이외의 다른 문제는 반대자와 활발한 논쟁을 할 때 필요한 정신 과정을 다른 사람한테 강제 받아 왔거나, 스스로 해결하지 않는 한, 그 누구의 의견이든 지식이란 이름으로 불릴 만한 것이 못 된다.

  따라서 그러한 정신 과정이 없을 때는 그것을 만드는 일이 필수 불가결함에도 불구하고 ─ 물론 매우 곤란한 일이지만 ─ 그것이 자연히 주어져 있는데 무시한다는 것은 얼마나 바보 같은 짓인가!

  그러므로 만일 승인된 의견에 반대하는 사람들이나, 법이나 여론이 허용한 것을 반대하는 사람들이 있다면, 우리는 그들에게 감사하고 마음을 열어서 그들의 말을 들어야 할 것이 아닌가? 우리가 자신의 신념의 확실성이나 활력에 대해서 어떠한 환심을 가지는 한, 우리 자신이 훨씬 많은 노력을 기울여서 하지 않으면 안 될 일을, 우리를 대신해 줄 사람이 있음을 기뻐해야 할 것이 아니겠는가?

  의견의 다양성, 즉 서로 다른 의견이 존재하는 것을 유익한 것으로 보는 중요한 근거의 하나로, 다시 말해서 측량할 수 없을 만큼 먼 미래에 있다고 생각되는 지적 진보의 단계에 인류가 도달하기까지는, 여전히 의견의 다양성을 유익한 것으로 보아야 할 중요한 근거 중 하나이다.

우리는 지금까지 두 개의 가능한 경우만을 고찰해 왔다. 즉 하나는 일반이 받아들이고 있는 의견이 잘못이며, 따라서 다른 의견이 바른 것인지도 모른다는 경우와, 받아들이고 있는 의견이 바른 것이지만, 반대측의 잘못과 싸우는 것이 그 의견의 진실성을 명확하게 이해하고 깊이 느끼기 위해서 반드시 필요한 경우이다.

그러나 이 두 가지 경우보다도 훨씬 일반적인 경우가 있다. 즉 서로 다투는 학설이 어느 한쪽이 옳고 다른 쪽은 잘못이라는 것이 아니라, 진리를 서로 나누어 가지고 있는 경우이다. 그러니까 일반이 받아들이고 있는 학설이 그 일부분을 흡수할 수 있음에 불과한, 즉 진리의 나머지 부분을 보충하기 위해서 반대 의견이 필요한 경우이다.

감각을 통해서 명확히 알 수 없는 문제는, 널리 받아들여지고 있는 의견이 흔히 진실이기는 하지만, 진리의 전체일 수는 거의 혹은 전혀 없다. 그것은 진리의 한 부분에 지나지 않는다. 커다란 부분일 수도 있고, 때로는 작은 부분일 수도 있다. 그러나 그것은 과장되거나 왜곡(歪曲)되어 있어서, 당연히 그것에 수반되어 제약을 가해야 할 진리로부터는 격리되어 있다.

이와 반대로, 이단의 의견은 일반적으로 이처럼 억압받고 무시되어 온 진리가 자기를 억압하고 있었던 속박을 꿰뚫고 나타난 것이다. 그리고 그것이 여론에 포함되어 있는 진리와 화해를 구하고 있는 것이 아니라면, 진리 앞에 적으로 버티어 서서 배타적인 태도로 자기를 진리의 전체라고 주장하고 있는 것이다.

지금까지는 이 후자의 경우가 가장 많았다. 왜냐하면 인간의 정신은 일면적(一面的)인 것이 항상 통칙(通則)이고, 다면적(多面的)인 것은 예외였기 때문이다. 따라서 의견(여론)의 변혁에 있어서도, 진리의 어떤 부분은 모습을 드러냄과 더불어 다른 부분은 숨어 버리는 것이 보통이다.

대개 진보라는 것은 지금까지의 낡은 것 위에 뭔가를 더욱 첨가하는 것을 말하는데, 대개의 경우는 어떤 부분적이며 불완전한 진리를 다른 것으로 대체하는 것에 지나지 않는다. 개선도 주로 새로운 진리의 단편이 이전의 것보다 강하게 요구되고, 그 시대의 요구에 가장 적합하다. 세상에 널리 유포된 우세한 의견은, 그것이 올바른 근거에 뿌리를 두고 있을 때라도 이처럼 부분적 성격을 가지고 있는 것이므로, 일반의 의견이 망각하고 있는, 즉 여론에는 결여되어 있는 진리의 부분을 다소라도 포함하고 있는 의견은, 실사 그 진리 속에 아무리 많은 오류나 혼란이 섞여 있다 하더라도 모두 귀중한 것으로 생각해야 한다.

인간사(人間事)를 냉철하게 판단하는 사람이라면, 우리가 조심하지 않았더라면 놓쳤을지도 모르는 진리 — 만일 그들로부터 주의를 받지 않았더라면 놓쳤을지도 모르는 진리 — 를 우리들에게 일깨워 준 그 사람들이, 이번에는 우리가 이미 알고 있는 진리의 어떤 것을 놓쳤다고 해서 분개할 필요는 느끼지 않을 것이다. 오히려 그는 '유포된 진리가 일면적인 것인 한, 유포되지 않은 진리도 또한 일면적인 주장자(主張者)를 가지는 것이 그렇지 않은 것보다 좋다. 왜냐하면 이와 같은 주장자들이야말로 언제나 가장 정력적인 사람들이며, 또한 그들이 마치 전체적인 것처럼 주장하고 있는 지혜의 단편이 마음은 내키지 않지만, 사람들의 주의를 쏠리게 할 가능성이 가장 많은 사람들이니까.'라고 생각할 것이다.

그러므로 18세기에 주장한 '루소[33]의 역설(paradoxes)'—자연으로 돌아가라 등—은 대단히 유익한 충격을 준 것이다. 그 세기에는 교육받은 사람들과 요육받지 못한 사람들 가운데 그들에게 지도받은 사람들 모두가, 소위 문명이라는 것을 찬미하고, 문학과 근대의 과학, 철학의 경이로움에 크게 감탄하여 근대인과 고대인의 차이를 매우 과대 평가했는데, 그 차이는 모두 근대인 자신의 우수성을 나타내는 것이라고 믿고 회심의 미소를 띠고 있었다. 그런데 루소의 역설이 마치 폭탄처럼 작렬하여 비상하게 밀집한 일면적인 의견을 모두 분쇄해 버리고, 더 좋은 형태로 새로운 성분을 첨가해서 강제적으로 재결합시켰다.

그렇다고 당시의 여론이 루소의 역설보다 진리에서 멀리 있었다는 것은 아니다. 오히려 진리에 가까이 있었던 것이다. 여론 쪽이 루소의 의견보다도 명확한 진리를 훨씬 많이 포함하고 있었으며, 오류도 훨씬 적었던 것이다. 그럼에도 불구하고 루소의 말 가운데는 당시의 여론이 가지지 못했던 진리의 적지 않은 부분이 있었고, 그것이 루소의 설과 함께 사상의 흐름으로 흘러 내려온 것이다. 그리고 이와 같은 진리야말로 홍수가 지난 뒤에도 살아남을 수 있었던 것이다.

단순 소박한 생활이야말로 훌륭한 가치가 있고, 인위적 사회의 속박과 위선은 인간을 무기력하게 만들고 타락시킨다는 사상을 루소가 쓴 이래 교양 있는 사람들의 마음에서 결코 완전히 사라질 수 없는 것이 되었다. 그리고 이 사상은 오늘날에도 변함없이 강하게 주장할 필요가 있으며, 머지않아 때가 오면 정당한 효과를 낳게 될 것이다. 다만 현재는 이러한 사상을 강력히 주장할 필요

---

33 Jean Jacques Rousseau(1712~1778). 프랑스의 작가·사상가. 대표적인 저서로는 《에밀》《사회계약론》《고백록》《인간 불평등 기원론》《신엘로이즈》《시골의 점술사》 등 유명한 작품들이 있다.

가 있으며, 특히 행동으로 주장할 필요가 있다. 왜냐하면 이러한 문제는 말이 이미 그 설득력을 잃어버렸기 때문이다.

또한 정치에 있어서도, 질서나 안정을 표방하는 당(黨)과 진보나 개혁을 표방하는 당이 정치 생활의 건전한 상태를 위해서 다 같이 필요한 요소라는 것은 거의 자명한 사실이다. 어느 쪽이든 그 정신적 이해의 범위를 넓혀서 질서와 진보를 아울러 주장하는 당이 되어, 일소해 버려야 할 것과 보존해야 할 것을 알고, 그것을 능히 구별할 수 있게 되기까지는 이러한 사실이 필요하다. 이같은 두 가지의 사고방식은 저마다 상대방의 결함에서 효용성을 끄집어내고 있는 것이다.

그러나 모두 이성과 건전성의 틀 밖으로 나오지 않는 것은 대부분 상대방의 반대 때문이다. 민주주의와 귀족주의, 사유 재산제와 평등, 협동과 경쟁, 사치와 금욕, 사회성과 개인성, 자유와 규율 및 그밖의 모든 실제 생활상의 끊임없는 대립에 관해서 그 쌍방을 찬성하는 의견이 평등하게 자유로이 발표되고, 능숙하게 또한 활발하게 주장되고 변호되지 않는 한, 쌍방의 요소가 공평한 취급을 받을 기회는 없다. 저울의 한쪽이 올라가면 다른 쪽이 내려가는 것은 당연한 일이다(한쪽이 부당하게 이익을 얻으면 다른 쪽은 반드시 부당하게 손해를 보게 마련이다).

인생의 커다란 실제 문제에서 진리라는 것은 대립물(對立物) — 반대설 — 이 화해하거나 결합하는 점에 크게 좌우된다. 가능한 한 정확한 조정(調整)을 할 수 있는 넓고 공평한 마음을 가지고 있는 사람은 극히 찾아보기 힘들다. 따라서 조정은 적대(敵對)하는 깃발 아래에서 싸우는 무사들의 투쟁, 그 사나운 과정을 거쳐서 이루어질 수밖에는 없다.

위에서 열거한 아직 해결되지 않은 중대한 문제 가운데, 만일 두 개의 의견

중 어느 쪽이 다른쪽 의견보다도 더 많이 관대하게 취급될 뿐만 아니라 고무되고 격려되는 권리를 가진다면, 그것은 어느 특별한 때와 장소에서 소수파의 입장을 대변하는 의견이다. 이 의견은 일시적으로 무시를 당하고 있는 이해, 즉 부당한 대우를 받을 위험성이 있는 인류 복지의 일면을 대표하고 있는 의견인 것이다.

우리 나라에서는 이러한 문제의 대부분에 대해서 의견의 차이 때문에 비판받는 불관용(不寬容)이 존재하지 않는다는 것을 나는 알고 있다. 이같이 상반하는 의견을 예로 제시한 것은, 인간 지성에 있어서는 의견의 차이를 통해서만 진리의 모든 측면을 공평하게 다룰 수 있는 기회가 생긴다는 사실의 보편성을 일반적으로 널리 인정하는 수많은 실례로 보여 주기 위해서이다.

어떤 문제에 대해서든 세상 사람들이 명확한 의견에 일치를 보이고 있는데도 예외(例外)인 사람들이 있을 때는, 세상 사람이 다 옳다고 하더라도 반대자의 말은 들을 만한 가치가 있다고 생각하며, 또한 반대자가 침묵을 지키고 있으면 진리가 무엇인가를 잃게 될 수도 있다는 것을 항상 염두에 두어야 할 일이다.

그러면 다음과 같은 반론이 나올지도 모른다.

'그러나 일반적으로 받아들여지고 있는 원리의 몇 개는 — 특히 중요한 문제에 관한 어떤 것은 — 반쪽만의 진리(half-truths)밖에 없는 것이 아니라 그 이상의 것이다. 예를 들면 그리스도교의 도덕은 적어도 도덕 문제에 관한 한 완전한 진리이다. 만일 누군가가 그것과는 다른 도덕을 가르친다면 그는 완전히 잘못을 범하고 있는 것이다.' 라고.

물론 이와 같은 그리스도교의 도덕은 모든 문제 가운데서 실제로 가장 중요한 것이어서 일반적인 진리를 점검하는 데 이처럼 적당한 것은 없을 것이다.

그러나 그리스도교 도덕의 본질이 무엇이고 또 무엇이 도덕의 본질이 아닌가를 단언하기에 앞서, '그리스도교 도덕'이 무엇을 의미하고 있는가를 규정해 두는 것이 좋을 것이다. 만일 신약성서의 도덕을 의미한다면, 신약성서를 읽고 그 속에서 그리스도교 도덕에 관한 지식을 빼낸 사람들이 그것을 하나의 완전한 도덕학설로서 진술할 것인지, 혹은 그와 같이 의도할 것인지에 대해 어떻게 가정할 수 있을지 나는 의심스럽다.

복음서는 이미 존재하고 있었던 어떤 도덕에 대하여 언급하고 있으며, 그 도덕이 수정되거나, 더 넓고, 더 높은 도덕으로 대체하지 않으면 안 될 몇몇 구체적인 점에 그 가르침을 한정시키고 있다. 뿐만 아니라 복음서는 매우 개괄적(概括的)인 말로 표현되고 있어서 문자 그대로 해석할 수 없는 경우가 많으며, 법률 문장의 정확성보다도 오히려 시나 웅변 같은 인상을 준다. 따라서 신약성서에서 하나의 정돈된 윤리학설을 끄집어낸다는 것은 그 부족한 부분을 구약성서에서 보충하지 않는 한 결코 불가능하다. 더구나 구약성서도 분명 치밀한 것이지만, 많은 점에서 야만적이고 야만 민족만을 대상으로 한 것이었다는 점이다.

사도 바울은 그리스도의 말씀을 유대인적으로 해석하여 그리스도의 계획을 보충하려는 방법에 공공연하게 적대했지만, 그러한 그도 똑같이 이미 존재하고 있었던 도덕, 즉 그리스·로마 인의 도덕을 전제로 하고 있다. 그리고 그리스도 교도에 대한 그의 조언은 대부분이 이 도덕에 맞춘 체계라서 노예 제도를 확실히 시인하는 데까지 이르고 있는 것이다.

이 그리스도교 도덕 — 차라리 신학적 도덕이라고 일컬어야 할 — 은 그리스도나 그 사도들이 만든 것이 아니라, 훨씬 뒤에 태어나서 초기 5세기 동안 카톨릭 교회에 의해서 서서히 구축되어 간 것이다. 그리고 근대인이나 신교도들은 이것을 맹목적으로 받아들이지는 않았지만, 아주 적게 수정을 가했을 뿐이다. 실제로 그들은 대개의 경우, 중세에 덧붙여진 부분을 삭제하는 정도로 만족하고, 그리고 그 뒤에 각 종파가 저마다의 성격이나 경향에 맞춰 새롭게 보충한 것이다.

인류가 이와 같은 그리스도교 도덕과 그 초기의 교도자들한테서 얻은 것이 매우 크다는 것을 나는 결코 부정하려는 것이 아니다. 그러나 나는 주저하지 않고 다음과 같이 말할 수 있다. '이러한 도덕은 많은 중요한 점에서 불완전하며 일면적이다. 그리고 이러한 도덕에 의해서 시인 받지 못한 사상이나 감정이 실제로 유럽 인의 생활과 성격 형성에 기여한 바가 없었다면, 인간 생활은 지금보다도 나쁜 상태가 되었을 것이 틀림없다.' 라고.

그리스도교 도덕(소위 세상에서 말하는)은 모든 면에서 동(動)에 대한 반동(反動)의 성격을 갖고 있다. 그것은 대부분 이교(異敎 : Paganism)에 대한 항의(반항)로 되어 있다. 그 이상(理想)은 적극적이라기보다는 소극적이며, 능동적이라기보다는 수동적, 고귀하게 되기보다는 오히려 죄를 범하지 않는 것을 존중히 여기며, 선을 정력적으로 추구하기보다는 악으로부터의 단절을 귀중히 여긴다.

그 가르침에서는(참으로 훌륭하게 진술되어 온 것처럼) '그대, 행하지 말지어다(thou shalt not)'가 '그대, 행하라(thou shalt)'라는 말을 부당하게 여겨질 정도까지 압도하고 있다. 그리스도교 도덕은 육욕(관능성)을 두려워한 나머지 금욕주의를 우상화시켰는데, 그것이 서서히 절충화되어서 단순한 하나의 간판으로 타락해 버렸다. 이러한 도덕은 사람들을 유덕(有德)한 생활을 하게 만드는 적절한 동기로서 천국의 희망과 지옥의 위협을 제창한다. 이런 점에서는 고대인의 최선의 도덕보다도 훨씬 뒤떨어져 있으며, 또한 인간의 도덕에 대해서도 본질적으로 이기적인 성격을 부여하는 것이라고 해야 할 것이다. 왜냐하면 이 도덕은 특히 이기적인 동기(즉 하늘 나라에 가기를 바라고 지옥을 두려워하는 생각)에 유인되어서 동포의 이익을 생각하려는 경우를 제외하고는, 각자의 의무감을 동포의 이익에서 분리시키기 때문이다.

그것은 본질적으로는 수동적인 복종의 교리이다. 그것은 모든 기성의 권위에 대한 복종을 설득한다. 물론 이와 같은 권위가, 종교가 금하는 것을 명할 때는 자진해서 그 명에 따를 필요는 없지만, 우리 자신에 대해서 어떤 해악을 미친다 해도 권위에 저항해서는 안 되며, 하물며 반란을 일으켜서는 안 된다고 되어 있다.

그리고 이교 제국의 도덕인 국가에 대한 의무는 개인의 정당한 자유를 침해할 정도임에도 불구하고, 순수한 그리스도교의 윤리는 이 중대한 의무의 부문을 거의 주목하지도 인정하지도 않고 있다.

우리는 다음의 격언을 신약성서가 아니라 코란(Koran)에서 본다. "자기 영토 안에 그 임무를 맡기에 가장 적당한 인물이 있는데도 불구하고, 어떤 직무에 누군가 다른 인간을 임명하는 지배자는 신에 대해서나 국가에 대해서 죄를 범하는 것이다."

사회에 대한 의무의 관념이 근대 도덕 중에서 적게나마 인정된 것이 있다면, 그것은 모두 그리스·로마에서 온 것이지 그리스도교에서 온 것은 아니다. 마찬가지로 개인 생활의 도덕도, 그 속에 있는 관대한 아량, 고매한 기백, 인격적 위엄, 그리고 명예심까지도 우리들 교육의 종교적 부분이 아니라, 교육의 순수한 인간적인 부분에서 유래한 것이다. 그것들은 '명백히 공인된 유일한 가치는 복종의 가치'라고 보는 윤리 기준에서는 결코 생겨날 수가 없었을 것이다.

이와 같은 결함은 그리스도교를 어떻게 해석하든 그것에 필연적으로 내재하는 것이라든지, 완전한 도덕설에 필요한 것이지만, 그리스도교 윤리에 포함되지 않은 많은 것이 그리스도교 윤리와는 화해될 수 없는 것이라고 주장할 생각은 전혀 없다.

더구나 그리스도의 교의나 가르침에 관해서 그런 것을 완곡하게 말하려는 생각은 없다. 나는 다음과 같이 믿고 있다. 즉 '그리스도의 말씀에서 의도하고 있었던 것을 밝힐 수 있는 증거는 오로지 그리스도의 말씀뿐'이라고. 그리고 '그리스도의 말씀은 포괄적인 도덕이 요구하는 어떠한 것과도 모순되는 것이 아니다.'라고. 또한 '윤리에 있어서 뛰어난 것은 그 무엇이든 그리스도의 말씀 속에 포함할 수가 있는데, 이렇게 포함시킴으로써 그 말씀의 뜻을 그르치는 정도는, 그것으로부터 어떤 실천 윤리의 체계를 이끌어 내려고 하는 사람들 모두가 그르친 것처럼 그렇게 큰 것은 아니다.'라고.

그러나 위와 같이 믿는 것은 다음과 같이 믿는 것과 결코 모순되지 않는다. 즉 '그리스도의 말씀은 진리의 일부분밖에 포함하고 있지 않으며, 사실상 일부분만을 포함할 생각이었다.'고 믿는다. 그리고 '최고 도덕의 본질적 요소의 대부분은 그리스도교의 창시자가 기록한 말씀 가운데는 제시되지 않고 있으며, 또한 제시하려는 생각도 없었던 것이다. 그것들은 그리스도의 말씀을 기초로 해서 그리스도 교회가 수립한 윤리 체계 속에서는 완전히 무시되어 왔다.'고 믿는다.

이런 까닭으로 그리스도의 교의 가운데서 우리들의 행위를 인도해 줄 완전한 규칙을—즉 그리스도가 시인하고 힘써 실행케 하려고 했지만, 부분적으로밖에는 제시하려고 하지 않았던 규칙을—악착같이 찾아내려고 하는 것은 큰 잘못이라고 나는 생각한다. 그리고 지금까지 말해 온 것과 같은 편협한 생각이, 오늘날 그처럼 많은 선의의 사람들이 힘을 다하여 촉진시키려고 하는 도덕적 훈련이나 교육의 가치를 크게 해치기 때문에 중대한 해악이 되어 가고 있다고 믿는다.

오로지 종교적인 전형(典型)에 맞추어서 정신과 감정을 형성하려고 함으로써, 지금까지 그리스도교 윤리와 공존해서 그 부족한 점을 보충하고—그리스도교 윤리의 정신 일부를 받아들임과 동시에 자기 정신의 일부를 그것에 주입함으로써 보충해 온—현세적 기준(달리 적당한 명칭이 없어서 이렇게 불러도 좋을 것이라고 생각하지만)을 포기함으로써 저열하고 비굴한 노예적 성격이 생겨나리라는 것을—그것이 지금도 생겨나고 있음을—나는 크게 두려워하고 있는 것이다.

그같은 성격은 스스로 '지상(至上)의 의지(意志)(the Supreme Will)'라고 생각하는 것에는 복종할 수 있어도, '지상(至上)의 선(善)(Supreme Goodness)'의 개념에 도달할 수도 없고, 그것에 공감할 수도 없다. 인류의 도덕적 부활을 도모하기 위해서는, 주로 그리스도교만을 기초로 해서 발전되는 윤리와는 별개의 윤리가 그리스도교 윤리와 함께 존재하지 않으면 안 된다고 나는 믿는다. 그리고 그리스도교의 체계도 인류의 정신이 불완전한 상태에 있는 동안은 '진리를 위해서는 의견상의 차이가 있는 것이, 즉 의견의 다양성이 필요하다.'는 규칙에서 예외는 아니라고 나는 믿는다.

그리스도교에 포함되어 있지 않은 도덕적 진리를 무시하지 않는 것이, 필연적으로 그리스도교가 현재 포함하고 있는 진리를 무시하는 일이라고는 말할 수 없다. 만일 그와 같은 편견이나 부주의가 일어난다면 확실히 해악이다. 그러나 그것은 우리가 항상 모면하리라 기대할 수는 없는 것이며, 무상(無上)의 선을 위해 지불되는 대가라고 보아야 할 것이다.

진리의 어떤 한 부분을 마치 진리의 전체인 것처럼 주장할 경우에는, 그것에 항의해야 하며, 또한 당연히 그렇게 해야 한다. 그리고 만일 항의를 하는 사람 자신이 반동적 충동에 사로잡혀 불공평하게 행동하더라도, 이와 같은 일면적 주장도 항의를 당하는 사람의 일면적 주장과 마찬가지로 매우 유감스러운 일일지 모르지만, 너그럽게 용서되지 않으면 안 된다.

만일 그리스도 교도가 이교도에게 그리스도교에 대해서 공평(公平)하게 행동하라고 설득하고 싶다면, 그들 자신도 이교에 대해 공평하지 않으면 안 된다. 문학사(文學史)의 극히 보편적인 지식을 가지고 있는 사람이면 누구나 알고 있는 일이지만, 가장 고귀하고 가장 가치 있는 도덕적 가르침의 대부분은 그리스도교의 신앙을 알지 못했던 사람들뿐만 아니라, 그것을 알면서도 배척한 사람들이 만들어 낸 것이란 사실을 보고도 보지 못한 체하는 것은 진리에 대해서 이바지하는 일이 아니다.

온갖 의견을 무제한적으로 발표할 수 있도록 자유를 행사하게 하면 종교나 철학적인 당파심의 해악이 마침내 종지부를 찍을 것이라고 주장할 생각은 조금도 없다. 포용력이 좁은 사람들이 열중하고 있는 진리라는 것은, 이 세상에는 그 외에는 달리 진리라는 것이 존재하지 않는 것처럼, 또는 적어도 그러한 진리에 제한이나 수정을 가할 수 있는 또 다른 진리는 존재하지 않는 것처럼 주장되고 가르치며, 그리고 여러 가지 방법으로 실행에 옮겨지기까지 한다.

모든 의견이 가지는 당파적인 경향은 가장 자유로운 토론으로 교정되는 것이 아니라, 오히려 그런 토론으로 더 강해지거나 약해진다는 것을 나도 인정한다. 당연히 인정받아야 할 진리인데도 인정받지 못하는 진리를, 적으로 보이는 사람들이 주장할 경우에는 더한층 맹렬하게 거부감을 느끼게 된다. 그러나 이런 의견의 충돌이 유익한 효과를 주는 것은 흥분한 당사자가 아니라, 가장 냉정하고 가장 사심(私心)이 없는 방관자들이다. 진리의 여러 부분 사이의 사나운 다툼이 문제가 아니라, 오히려 그 진리의 반쪽이 소리 없이 억압되는 일이야말로 가공스러운 해악이다.

사람들이 쌍방의 의견을 공평하게 들을 수 있을 때는 언제나 희망이 있다. 그러나 오류가 굳어져서 편견(偏見)이 되거나, 진리 그 자체가 과장되어 거짓이 되어서 진리가 효력을 가지지 못하게 되는 것은 사람들이 어느 한쪽에만 주의를 기울일 때이다. 어느 문제에 대해 일방적으로 한쪽의 의견만 그 변호자가 제시했을 경우에는—쌍방을 이성적으로 제재할 수 있는 뛰어난 판단력을 가진 사람은 극히 보기 힘들기 때문에 진리는 그 모든 측면—즉 진리의 단편을 포함한 모든 의견을 변호자가 가질 때만 정비례해서 비로소 모든 사람들에게 널리 인정받을 기회를 갖게 되는 것이다.

이제 네 개의 명백한 근거에 기초하여, 의견의 자유와 의견 발표의 자유가 인류의 정신적 행복(인류의 다른 모든 행복이 이것에 의존한 것이지만)에 있어서 반드시 필요한 것이라고 인정했다. 그 근거의 요점을 여기서 다시 한번 간단하게 기술해 보기로 하자.

첫째, 만일 어떤 의견이 침묵을 강요당한다면, 어쩌면 그 의견은 정당한 것인지도 모른다. 이것을 부정하는 것은 우리들 자신의 절대 무오류성을 가정하는 것이나.

둘째, 침묵당한 의견이 오류라 할지라도 그것은 진리의 일부를 지니고 있을지도 모르며, 실제로 지니고 있는 것이 보통이다. 그리고 어떤 문제에 대한 일반적이거나 지배적인 의견도, 그것이 결코 완전한 진리일 수 없기에 나머지 진리가 보충될 기회는 상반하는 의견의 충돌에 의해서만 이루어진다.

셋째, 일반이 받아들이고 있는 의견이 진리일 뿐만 아니라 진리의 전체라 할지라도, 그 의견이 정력적으로 열심히 논쟁되는 것이 허용되지 않거나 실제로 논쟁되는 것이 아닌 한, 그 의견을 받아들이는 사람들 거의 대부분은 편견을 품은 것처럼 그 의견을 품음으로써, 그 의견의 합리적인 근거를 이해하고 실감하는 일은 거의 없을 것이다.

넷째, 만일 자유로운 토론이 없다면, 교설(教説) 그 자체의 의미가 없어지거나 약하게 되어 인격과 행위에 미치는 중요한 효력을 빼앗기고 만다. 따라서 교설은 단순한 형식적 고백이 될 뿐만 아니라, 이성이나 개인적 체험에서 어떠한 참된 충심으로부터 생기는 확신을 가로막는 방해물이 되는 것이다.

의견의 자유라는 문제를 끝내기 전에 모든 의견의 자유로운 발표는 태도가 온순하고 공정한 토론의 한계를 넘지 않는 한도 내에서 허용되어야 한다고 주장하는 사람들에게 다소의 주의를 줄 필요가 있다고 생각한다.

소위 이같은 공정한 한계를 어디에 둘 것인지 결정하는 일이 불가능하다는 점에 대해서는 많은 논의가 있을 것이다. 왜냐하면 자기의 의견이 공박당한 사람들을 불쾌하게 만드는 것이 공정한 토론의 한계 판단 기준이라고 한다면 내 경험에 비추어, 공격의 효과가 강력할 때는 언제나 공격당하는 사람들은 불쾌하게 느낄 것이고, 또한 상대에게 사납게 추궁해서 답변을 곤란케 하는 반대론자라면, 누구든 그 문제에 대해서 어떤 격렬한 감정을 나타낼 때 건방진 반대자라고 상대는 생각할 것이기 때문이다. 그러나 이것은 실제적인 관점에서 보면 중요한 고려사항이기는 하지만, 가장 근본적인 반대론 속에 흡수되고 만다.

아무리 올바른 의견이라 하여도 그 의견을 제시하는 방법이 매우 불쾌한 경우가 있을 것이고, 심한 비난을 초래하는 경우도 있을 것이다. 그러나 이런 종류 가운데서 가장 불쾌한 것은 우연히 자기를 배신하여 스스로 본성을 폭로하지 않는 한 그 의견을 정확하게 확인할 수가 없는 것과 같은 이치이다. 그 가운데서도 가장 위험한 것은 궤변을 논하고, 사실이나 논증을 은폐하여 문제의 요점을 벗어난 진술을 하거나, 혹은 반대 의견을 잘못 전하는 것이다.

그러나 이와 같은 일을 저지르는 사람들이 모두 무지(無知)하다거나 무능하다고는 생각하지 않는다. 또한 다른 많은 점에서 그렇게 생각할 수 없는 사람들이 극단적인 정도로까지 끊임없이 행하고 있기 때문에 — 충분한 근거를 가지고 — 이와 같이 거짓된 표현에 대해 도덕적으로 유죄라는 낙인을 찍는 것은 쉬운 일이 아니다. 하물며 법이 이러한 논쟁의 잘못된 행위를 감히 간섭할 수 있을 것인가?

일반적으로 난폭하고 나쁜 토론이라는 말이 보통 의미하는 것, 즉 욕설·야유·인신 공격 등 이같은 무기의 사용이 쌍방에게 평등하게 금지된다면, 이러한 무기의 사용에 대한 비난도 당연히 많은 공감을 받을 것이다. 그러나 이러한 무기의 사용을 억제하는 것이 요망되는 것은 지배적인 의견의 공격에 대해서뿐이다. 지배적인 의견이 아닌 의견은 일반적인 비난을 받는 일 없이 이러한 무기를 사용할 수 있을 뿐만 아니라, 오히려 이것을 사용하는 사람은 성실한 열의와 정당한 분개의 표출이라고 찬사를 받는다.

그러나 이 무기들을 사용함으로써 생기는 모든 해악 가운데서 가장 큰 것은 비교적 무방비한 사람들한테 사용될 때이다. 그리고 이와 같은 방식으로 의견이 주장되어 부정한 이득을 얻을 수 있다 할지라도, 그것은 거의 모두 일방적으로 세상이 받아들이고 있는 의견 쪽이다. 논쟁자들이 저지를 수 있는 이런 종류의 행위 중에서 최악은 반대 의견을 가진 사람들에게 사악하고 부도덕한 인간이라는 오명(汚名)을 씌우는 일이다. 인기 없는 의견을 가진 사람들은 특히 이런 종류의 중상모략을 많이 받는다. 왜냐하면 그들은 일반적으로 소수이며 영향력을 갖지 못하여 그들 이외에는 아무도 그들이 공평하게 취급되고 있는가에 그리 관심을 가지지 않기 때문이다.

그러나 이 중상모략이라는 무기는 그 성질상 지배적인 의견을 공격하는 사람들에게는 인정되지 않고 있다. 자신의 위험을 초래하지 않고는 그것을 사용할 수 없으며, 또한 무사히 사용했다 하더라도 같은 무기에 의해 보복이 그들 자신에게 다시 되돌아올 뿐이다.

일반적으로 세상이 받아들이고 있는 것과 대립되는 의견은 애써 온순한 말을 사용하며 최대한 주의를 기울여 불필요한 잡음을 피함으로써 비로소 그 발언의 기회를 얻는데, 이것이 조금이라도 빗나가면 그 의견은 그 설 땅(입장)을 잃는다. 이것에 반하여 지배적인 의견 쪽이 사용하는 무제한의 중상모략은 반대 의견을 발표하지 못하게 하며, 반대 의견을 발표하는 사람들에게 귀를 기울일 생각조차 잃게 한다. 따라서 진리와 정의를 위해서는 지배적인 쪽에서 이런 중상모략적인 말의 남용을 억제하는 일이, 반대 의견을 가지고 있는 쪽을 억제하는 일보다 훨씬 중요하다.

만일 어느 쪽이든 선택하지 않으면 안 된다면, 정통적인 종교에 대한 무례한 공격을 억제하는 것보다는 불신앙에 대한 무례한 공격을 억제하는 것이 필요한 일이다. 그러나 그 어느 쪽을 억제하는 일도 법이나 권위의 임무가 아닌 것은 명확하다. 모든 경우에 있어서 여론이 각 사건의 상황을 참작해서 판단을 내려야 할 것이다. 그리고 논쟁하는 둘 중 어느 쪽에 있든지 변호하는 데 있어서 공평성이 결여되거나, 악의(惡意)나 고집불통, 불관용(不寬容)의 감정을 나타내는 사람은 그 누구든 비난받아 마땅하다.

그러나 그 사람이 취한 입장으로 봐서 그게 비록 우리 자신의 입장과 반대된다 할지라도, 앞에서 열거한 악덕 행위에서 나온 것이라고 생각해서는 안 된다. 어떤 의견을 가지고 있든지 자기의 반대자들과 그 의견이 어떤 것인지 냉정히 관찰하여 정직하게 진술하는 사람들과, 또 반대자들이 불리하게 될 것은 아무것도 과장하지 않고, 그들에게 유리하게 되거나 또한 될 것이라고 생각하는 일은 무엇이든 숨기지 않는 그런 사람은 어떤 의견을 품고 있든지 당연히 칭찬받아야 할 것이다. 이것이야말로 공적 토론의 참된 도덕이다. 그리고 이것이 가끔 파괴되는 일이 있기는 해도 이것을 대체로 지키고 있는 많은 토론자들 — 논객(論客) — 이 있으며, 또한 이것을 지키려고 노력하는 사람들이 더 많다고 생각되어, 나는 다행으로 여기는 바이다.

사회 복지의 한 요소로서의 개성에 대하여 3장

인류가 자유롭게 의견을 형성하고, 그 의견을 아무런 거리낌없이 발표하는 것이 필요한 이유는 앞에서 기술한 바와 같다. 이와 같은 자유가 허용되거나 혹은 금지를 무릅쓰고라도 주장되지 않는다면, 인간의 지적 본성과 그것을 통해서 도덕적 본성에 얼마나 유해한 영향을 초래하는지도 앞에서 기술했다.

  그러면 다음에는 이와 같은 이유로서 인간은 자기의 의견을 실행할 수 있는 자유도 가져야 하는 것이 아니냐 하는 문제를 검토해 보기로 하자. 여기서 말하는 자기의 의견을 실행할 수 있는 자유라는 것은 자기 자신의 위험과 책임 아래 행해지는 한, 육체적이든 정신적이든 주위로부터 방해받는 일 없이 생활 속에서 자기의 의견을 자유롭게 실현해 가는 자유를 의미한다.

  '자기 자신의 위험과 책임 아래'라는 이 조건은 두말할 것도 없이 절대적으로 필요하다. 그런데도 어느 누구도 행위가 의견과 마찬가지로 자유로워야 한다고 주장하지는 않는다. 오히려 이와 반대로, 의견까지도 그 발표가 뭔가 유해한 행위를 적극적으로 선동하고 교활하게 남을 속이는 것과 같을 때는 다른 사람으로부터 아무런 간섭을 받지 않을 권리를 잃게 된다.

  곡물 상인이 빈민을 굶주리게 만드는 자라든지, 자유 재산 제도를 약탈이라고 하는 의견은, 그것이 단순히 출판물을 통해서 유포될 뿐이라면 방해받지 말아야 하지만, 곡물 상인의 집 앞에 모인 흥분한 군중에게 입으로 전달한다든지, 플래카드라는 형태로 전해지는 경우에는 당연히 처벌의 대상이 될 수 있을 것이다.

정당한 이유 없이 다른 사람에게 해를 끼치는 그런 행위는 어떤 종류이든, 그것을 반대하는 감정(여론)에 의해서, 그리고 필요하다면 사람들의 적극적인 간섭에 의해서 억제받아야 마땅하며, 더 중요한 몇 가지의 경우에는 억제되는 것이 절대적으로 필요하다.

개인의 자유는 이런 정도까지는 제한되어야 한다. 개인은 다른 사람에게 방해자가 되어서는 안 된다. 만일 개인이 다른 사람의 일에 방해자가 되지 않도록 조심하고, 자기 자신에 관계된 일을 자신의 판단과 성향(性向)에 따라 행동한다면 그는 스스로의 책임 아래 자기의 의견을 방해받지 않고 실행으로 옮기는 것도 용서받을 일이다.

인간은 절대로 오류를 범하지 않는 존재는 아니라는 것, 인간의 진리는 대부분이 반쪽 진리에 불과하다는 것, 의견의 일치는 서로 반대되는 의견과 충분하고 자유로운 비교 대조에서 생성된 것이 아닌 한 바람직한 것은 아니라는 것, 진리의 모든 측면을 인식하는 인류의 능력이 오늘날보다도 훨씬 증대되기까지 다양성은 악이 아니고 선이라는 것, 이와 같은 일들은 인간의 의견에서와 마찬가지로 행동의 양식에서도 역시 적용되는 원리이다.

인류가 불완전한 존재인 한, 서로 다른 의견이 존재하는 것이 유익한 것처럼, 서로 다른 생활을 경험하는 것도 유익하다. 다른 사람에게 해를 끼치지 않는 한, 여러 가지 성격에 대해서 자유로운 활동의 여지를 부여하는 것, 그리고 여러 가지 생활 양식을 시도해 보고 싶다고 생각하는 사람이 있다면, 그것을 실제로 해 보고 그 가치를 밝히는 것이 필요하다. 요컨대 일차적으로, 다른 사람에게 관계되지 않는 일은 개인이 자기를 주장하는 것이 바람직하다. 자기 자신의 개성 없이 다른 사람들의 전통이나 관습이 행위의 규칙으로 되어 있는 곳에서는, 인간 행복의 중요한 구성 요소 중 하나이자 개인적, 사회적 진보의 중요한 구성 요소가 결핍되어 있는 셈이다.

이와 같은 원리를 주장할 때 직면하는 최대의 어려움은 일반에게 널리 인정되고 있는 어떤 목적에 이르기 위한 수단을 올바르게 이해하는 점이 아니라, 목적 그 자체에 대하여 일반 사람들이 무관심하다는 데 있다.

만일 개성의 자유로운 발전이 행복의 가장 본질적인 요소 중 하나라고 느낀다면, 또한 만일 개성이 문명이나 지도(훈련) · 교육 · 교양 등의 말로 표현되는 모든 것과 동등한 하나의 요소일 뿐만 아니라, 그 자체가 이와 같은 모든 것의 필요한 부분이고 조건이라고 느낀다면, 자유가 과소 평가될 위험은 없을 것이며, 자유와 사회적 통제의 경계를 조정하는 일이 그렇게 곤란한 일만도 아닐 것이다.

그러나 불행하게도 일반적인 사고방식으로는 개인의 자발성이 어떤 부문에서는 본질적인 가치를 가지고 있다든지, 그 자체가 존중될 만하다는 것은 거의 인정되고 있지 않다. 대다수의 사람들은 현재 상태의 삶의 방식(관습)에 만족하고 있기 때문에(라고 하는 것은 그들이야말로 그것을 현재의 상태로 만들고 있는 사람들이니까) 이런 삶의 방식이 모든 사람에게 충분히 좋지 못하다는 것을 이해할 수가 없다.

뿐만 아니라 자발성은 도덕적, 사회적인 개혁가들의 대다수가 가진 이상(理想)의 일부가 되지 못한다. 이러한 개혁가들이 최선이라고 독단적으로 생각하는 것을 일반에게 받아들이게 할 때 거추장스런, 그리고 그것을 거역하는 장해물로서 경계되고 있는 것이다.

'석학(savant)'이자 정치가로서 유명한 빌헬름 폰 훔볼트[1]가 어떤 논문의 주제로 삼은 다음과 같은 학설의 의미조차 독일 이외에서는 거의 모든 사람들이 이해하지 못하고 있다.

즉 '인간의 목적은 다시 말하면 이성의 영원 불변한 명령으로 규정되어 있으며, 애매한 일시적 욕구로 시사된 것이 아닌 목적은 인간의 모든 능력을 최고도로, 가장 조화있게 발달시킴으로써 완전하고도 모순이 없는 전체로 만드는 데 있다.' 따라서 '모든 인간은 끊임없이 노력을 해야 하고, 특히 동포에게 영향을 미치려고 하는—교화(敎化)하려고 하는—사람들이 언제나 주의를 기울여야 하는' 목표는 '능력과 발전적인 개성(個性)이다.' 이것을 위해서는 '자유와 상황의 다양성'이라는 두 개의 조건이 필요하다. 이 두 개의 결합으로 인해 '개성의 활력과 풍부한 다양성'이 나타나며, 또한 이것이 결합해서 '독창성(originality)'이 되는 것이다.[2]

그러나 사람들이 아무리 빌헬름 훔볼트의 학설에 익숙하지 않고, 개성에게 높은 가치를 부여하는 일이 놀라운 것이라 할지라도, 우리는 그 문제가 간단한 정도의 문제라고 생각해야 한다. 다른 사람을 모방하는 것 이외에는 아무 일도 하지 않는 것을 행위의 이상(理想)으로 생각하는 사람은 아마도 없을 것이다. 그리고 자기의 생활양식이나 일신상의 문제를 처리하는 데, 자기 자신의 판단이나 자신의 개성을 개입시켜서는 안 된다고 주장하는 사람도 아마 없을 것이다.

---

[1] Karl Wilhelm von Humboldt(1767~1835). 독일의 정치가·언어학자. 철학·미학 등 실로 여러 학문 분야에 걸쳐 연구한 다재다능한 인물. 당시 문학계의 거의 모든 명사들과 문통(文通)을 할 정도로 발이 넓었고, 프러시아의 문화에 공헌한 바가 크다.
[2] 훔볼트의 저서 《정부의 영역과 의무(The Sphrere and Duties of Government)》 영역본 11~13쪽 참조.

인간은, 자기가 태어나기 이전에는 이 세상에 대해서 무엇 하나 아는 것이 없었던 것처럼, 그리고 어떤 생활양식이나 행위의 양식이 다른 어느 것보다도 낫다는 것을 증명하기 위한 경험이 이제껏 한 번도 없었던 것처럼 생활해야 한다고 주장하는 것도 바보 같은 짓일 것이다. 인류가 경험을 통해 확인된 성과를 알고 거기에서 이익을 얻듯이, 사람은 젊었을 때 가르침을 받고 훈련되어야 한다는 것을 아무도 부정하지 않는다.

그러나 종래의 경험을 자기 자신의 방식으로 활용하고 해석하는 일은 여러 능력이 성숙된 인간의 특권이며 정당한 조건이다. 기록으로 남아 있는 경험 중에서 어느 부분이 자신의 환경과 성격에 올바르게 적용될 수 있는지 발견하는 것은 개인의 임무이다. 다른 사람들의 전통과 관습은, 어느 정도까지는 그들의 경험이 무엇을 '그들에게' 가르쳐 왔는지 보여 주는 증거이다. 그것은 추정 증거(推定證據 : presumptive evidence)이기는 하지만, 그러한 증거로서 당연히 우리들의 존경을 요구할 수 있는 것이다.

그러나 첫째로, 그들의 경험은 지나치게 협소한 범위를 지닌 것인지도 모르고, 또한 그들은 그러한 경험을 올바르게 해석하지 못한 것인지도 모른다.

둘째로, 경험에 대한 그들의 해석이 올바른지도 모르지만, 그 해석이 그들 이외에는 적당하지 않을지도 모른다. 원래 습관은 통례(通例)의 — 보통의 — 환경과 통례의 성격에 맞도록 만들어지지만, 그의 환경이나 그의 성격은 통례의 것이 아닌지도 모른다.

그리고 셋째로, 그 습관이 습관으로서 좋으며 그에게 적합한 것이라 해도, 그저 단순히 습관이라는 이유만으로 그것에 동조한다면, 오직 인간에게만 주어진 여러 능력 중 그 어느 것도 자신 속에서 육성시키고 발전시키지 못하게 될 것이다.

지각(知覺)·판단·감정·정신 활동·윤리적 좋고 나쁨까지도 포함하여 인간의 모든 능력은 선택이라는 행위를 통해서만 훈련된다. 무슨 일을 하든 습관이기 때문에 하는 것뿐이라고 말하는 사람은 아무런 선택도 하지 않는 것이 된다. 그런 사람은 최선의 것을 식별하거나 소망하는 연습을 하지 못한다. 육체적 능력과 마찬가지로 정신적, 도덕적 능력도 사용함으로써만 향상된다. 그저 다른 사람들이 하니까 자신도 하는 것이라면, 이같은 능력은 조금도 훈련되지 않는다.

그것은 마치 어떤 사실을 다른 사람들이 믿고 있다는 이유만으로 믿는 것과 같다. 만일 어떤 의견의 근거가 그 자신의 이성을 납득시키지 못한다면 그의 이성은 그 의견을 선택함으로써 강화되는 게 아니라 오히려 약화되기 쉽다. 행위에 대한 동기(動機)가 자신의 감정이나 성격과 일치하는 것이 아니라면(애정이나 다른 사람의 권리가 관계되지 않은 경우), 그것은 그의 감정이나 성격을 활발하고 정열적으로 만들지 못하고 도리어 생기 없고 둔하게 만드는 데 이바지할 뿐이다.

자기의 생활 설계를 스스로 선택하는 대신에 세상이나 자신이 속해 있는 세계의 일부에게 선택권을 맡기는 사람은, 원숭이 같은 모방 능력밖에는 아무런 능력도 필요로 하지 않는다. 자기의 생활 설계를 스스로 선택하는 사람은 자기가 가지고 있는 모든 능력을 활용한다. 그는 무엇인가를 보기 위해서는 관찰력을, 어떤 일에 결단을 예측하기 위해서는 추리력과 판단력을, 결단에 필요한 자료를 모으기 위해서는 활동력을, 무엇을 결단하는 데는 식별력을 사용하지 않으면 안 되고, 그리고 일단 결단을 내리면 숙고(熟考)한 결단을 지키려는 확고한 의지와 자제심을 발휘해야 한다. 자기의 행위 중 스스로의 판단과 감정에 따라 결정하는 부분이 커지면 커질수록 이와 같은 능력을 더욱 필요로 하며,

또한 그것을 실제로 발휘하는 힘도 커진다.

　물론 이러한 능력이 전혀 없더라도, 그가 올바른 길로 인도되어 사악(邪惡)한 길로 떨어지지 않는 일도 있을 것이다. 그러나 그런 경우에 그가 인간으로서 다른 존재와 다른 가치는 무엇인가? 사람이 무엇을 하는지뿐만 아니라, 그것을 하는 사람이 어떤 종류의 사람인지도 역시 참으로 중요하다.

　인간의 일생이 완성과 미화(美化)되기 위해서 정당하게 사용해야 할 인간의 여러 가지 도구 가운데서 가장 중요한 것은 인간 자신이다. 기계에게 ─ 인간의 모습을 한 자동기계(로봇)에게 ─ 집을 세우고, 곡식을 재배하고, 전쟁을 하고, 소송을 재판하고, 심지어 교회를 세워서 기도하는 일까지 모두 가능하다고 가정하자.

　그렇게 가정하더라도, 오늘날 이 세계의 개명(開明)된 시골에 살고 있으나 빈약한 표본에 지나지 않는 ─ 분명히 자연이 낳을 수 있고, 앞으로도 낳을 것이 틀림없는 빈약한 표본에 지나지 않는 ─ 사람들조차도 이와 같은 자동 기계와 바꾼다는 것은 적지 않은 손실이 될 것이다. 인간의 본성은 모형에 따라서 조립되고 자기에게 정해진 일만을 정확하게 하게끔 만들어진 기계는 아니다. 그것은 그 스스로 생명이 있는 것으로 만들고 있는 내면의 힘의 추세에 따라서 모든 방향으로 성장하고 발전하기를 바라는 하나의 수목(樹木)과도 같은 것이다.

　사람들이 자기들의 오성(悟性) ─ 이해력 ─ 을 활동하게 하기를 소망한다는 것, 그리고 습관에 이성적으로 따르며, 때로는 이성적으로 생각하여 습관에서 이탈하는 것도, 맹목적으로, 단지 기계적으로 그것에 따르는 것보다는 낫다는 것은 아마 누구나 인정할 것이다. 우리의 오성(이해력)이 우리들 자신의 것이어야 한다는 것은 어느 정도까지 인정할 것이다.

그러나 우리의 욕망이나 충동도 우리들 자신의 것이 아니면 안 된다는 것과, 우리들 자신이 아무리 강렬한 충동을 가진다 할지라도, 결코 위험도 아니고 유혹에 빠질 함정도 아니라는 것은 그렇게 쉽사리 인정되지 않고 있다.

그러나 욕망이나 충동도 신념이나 자제심과 마찬가지로 완전한 인간을 이루는 한 부분이다. 그리고 강한 충동이 위험한 것은 그것이 올바른 균형 상태를 확보하지 못했을 때, 즉 일련의 목적과 성향이 강력한 힘으로 발전되어 가는데도 그것과 병행해서 나아가야 할 다른 목적과 성향이 약해서 활발하지 못한 채로 있을 때이다. 사람들이 나쁜 행위를 하게 되는 것은 욕망이 강하기 때문이 아니라, 그들의 양심이 약하기 때문이다.

강한 충동과 약한 양심 사이에는 아무런 자연적 연계(連繫) — 필연적인 인과관계 — 도 없다. 자연적인 연계는 그것과는 정반대이다. 어떤 사람의 욕망과 감정이 다른 사람의 것들보다 강하고 변화가 풍부하다 — 다양성 — 는 사실은, 그가 인간성의 소재를 더 많이 가지고 있으며, 따라서 다른 사람들보다 더 악한 일을 많이 할 수도 있겠지만, 확실히 더 많은 선을 행할 수도 있다고 말하는 것과 같다.

강렬한 충동이란 정력(精力)의 별명에 지나지 않는다. 정력은 잘못된 목적에 악용될 수도 있을 것이다. 그러나 정력적인 성격은 나태하고 무감각한 성격보다는 항상 많은 선을 낳을 수 있다. 자연스런 감정을 많이 가진 사람들은 그것을 배양, 갈고 닦으면 강력한 것이 될 수 있다. 개인적 충동을 생생하고 힘차게 만드는 강한 감수성은, 덕(德)에 대하여 가장 열렬한 사랑과 가장 엄격한 자제심을 낳는 원천이 되는 것이다.

이와 같은 감수성을 개발함으로써 사회는 그 의무를 다하며, 그 이익을 지키게 된다. 그러나 영웅을 만드는 방법을 사회가 알지 못한다는 이유로 영웅이 만들어지는 소재(素材)를 포기해서는 안 된다.

　자기 자신의 독자적인 욕망과 충동을 갖고 있는 사람, 자기 자신의 육성을 통해서 발전되고 수정되어 온 본성의 표현이 그 자신의 욕망과 충동으로 되는 사람을 개성(性格 : character)을 가진 사람이라고 부른다. 그러니까 욕망과 충동이 그 자신의 것이 아닌 사람은 개성을 갖지 못한 사람이 된다. 그것은 증기 기관이 개성을 갖지 않은 것과 마찬가지이다. 만일 그의 충동이 자신의 것일 뿐만 아니라 강렬하고, 견고한 의지의 지배 아래 있다면, 그는 정력적인 성격을 가진 사람이다.

　여러 가지 욕망이나 충동을 가진 개성의 개화(開花)는 장려할 것이 못된다고 생각하는 사람이 있다면, 그들은 결국 다음과 같이 주장하고 있는 것이다. '사회는 힘센 본성을 전혀 필요로 하지 않으며—사회는 다양한 성격을 가진 사람들이 많이 있다고 해서 그만큼 좋아지는 것은 아니다—또한 정력의 일반적 평균이 높아진다는 것도 바람직한 일이 아니다.'라고.

　초기의 몇몇 사회 상태에서는, 이와 같은 욕망이나 충동이 당시의 사회가 가지고 있었던 훈련과 통제의 힘을 훨씬 능가하고 있었을지도 모르며, 또한 사실 그러한 경우도 있었다. 자발성과 개성의 요소가 지나치게 강렬하여 사회적 규율이 그것과 사납게 싸운 시대가 있었다.

　그 당시의 어려움은 힘센 육체와 정신을 가진 사람들을 유도해서 그들의 충동을 억제하기 위한 규칙에 복종하게 하는 데 있었다. 이와 같은 어려움을 극복하기 위해서 법과 질서는—마치 황제들과 싸우는 교황들처럼—모든 인격을 지배하는 권력을 주장하였고, 그들의 성격을 제어하기 위해서 그들의 모든 생활을 지배할 것을 요구하였던 것이다. 그 방법 이외는 그들을 통제할 만한 충분한 수단을 사회가 발견하지 못했던 것이다.

그러나 오늘날에 와서 사회는 상당한 정도까지 개성에 대해서 승리를 거두고 있다. 따라서 인간성을 위협하는 위험은 개인적인 충동이나 좋아하는 것이 지나치게 많아서가 아니라 오히려 그것의 부족에 있다.

사회적인 지위나 개인적인 재능에 따라 강자였던 사람들의 정열은 끊임없이 법률이나 명령에 반항을 시도하게 되므로, 그들의 정열이 미치는 범위 내에서 사는 사람들이 조금이라도 안정된 생활을 향유하기 위해서, 그 정열을 엄격하게 묶어둘 필요가 있었던 시대와 비교해서 크게 변화하고 있다.

현대는 사회의 최고 계급에서 최저 계급에 이르기까지 모든 사람들이 적의에 찬 무서운 감시 아래에서 살고 있는 것 같다.

비단 다른 사람에게 관계된 일뿐만이 아니라, 자기 자신에게만 관계된 일이라 해도, 개인이나 가족 모두 다음과 같이 스스로에게 묻지는 않는다. '나는 무엇을 좋아하는가? 무엇이 나의 성격이나 기질에 맞는 것인가? 대체 무엇이 내 속에 있는 최선이며, 최고의 것을 충분히 활동케 하고, 그것이 성장하고 발전하는 것을 가능케 하는 것일까?' 라고.

그들은 스스로에게 이렇게 묻는다. '무엇이 나의 지위에 어울리는 것일까? 나와 같은 신분과 경제 상태에 있는 사람들은 보통 하고 있는 일이 무엇일까? 혹은 (더욱 좋지 않은 일이지만) 나보다 신분이 높고 부유한 경제 상태를 누리는 사람들이 하고 있는 일은 무엇일까?' 라고.

나는 그들이 자신의 성향—기호(嗜好)—에 맞는 것을 버리고 습관적인 것만 선택한다고 말하는 것은 아니다. 그들은 관습화되어 있는 것 이외에는 어떤 것에도 결코 마음을 기울이려 하지 않는다. 그리하여 정신 그 자체가 속박에 짓눌려 있다.

사람들은 심지어 오락까지도 세상의 풍속과 일치하기를 먼저 생각한다. 그들은 일반 대중이 좋아하는 것을 따라서 좋아한다. 그들은 보통 일반이 행하는 일 중에서만 선택한다. 특이한 취미나 행위는 마치 범죄를 저지르는 것처럼 기피한다. 마침내는 자기의 본성을 따르지 않은 결과로, 그들은 스스로 따라야 할 본성조차도 갖지 못하게 된다. 그들의 인간적인 여러 가지 능력은 시들어 말라 버린다.

그들은 강한 욕망이나 소박한 자연스런 즐거움도 이미 가질 수 없게 되고, 그들 자신의 것이라고 할 수 있는 의견이나 감정조차도 잃어버리고 만다. 자, 그러면 이것이 인간 본성의 바람직한 상태일까, 아닐까?

칼뱅 파의 이론에 따르면, 이것은 바람직한 상태이다. 그 이론에 따르면 인간의 최대 죄악은 자기 의지(意志)이다. 인류가 행할 수 있는 모든 선은 복종 속에 있다.

여러분들은 선택의 여지가 없다. 여러분은 명령받은 대로 해야만 하며, 다른 방식으로 해서는 안 된다. '무슨 일이든지 의무가 아닌 것은 모두 죄악이다.' 인간성은 근본에서부터 부패되었기 때문에, 누구나 인간성이 그의 내부에서 사라질 때까지는 구원이 없다.

이와 같은 인생관을 가진 삶에서는 인간의 기능·능력·감수성을 박멸해도 그것은 결코 악이 아니다. 사람은 신의 의지에다 자기를 맡기는 능력 이외에는 아무런 능력도 필요로 하지 않는다. 그가 만일 그 신의 의지로 정해진 것을 한 층 더 효과적으로 수행하는 목적 이외에 다른 목적으로 그가 지닌 여러 기능을 사용한다면, 그것은 아무 일도 안하느니만 못하다.

이상이 칼뱅주의의 이론이다. 그리고 이것이 좀 약화된 형태이기는 하지만, 자신은 칼뱅주의자가 아니라고 생각하는 많은 사람들에 의해서 신봉되고 있다. 약화되었다는 것은, 신의 의지로 정해졌다는 칼뱅주의자들의 해석에 금욕적인 색채를 적게 하여, 인류가 그 성향의 몇 가지를 만족시키는 일 ― 기호(嗜好) ― 도 똑같이 신의 의지라고 주장하는 점에 있다.

물론 이런 경우에도 그들 자신이 좋아하는 방식으로서가 아니라 복종이라는 형태로, 즉 권위에 의해서 규정된 형태로, 따라서 만인에게 똑같이 규정된다는 필연적인 형태로서 만족해야 한다.

이와 같이 오늘날 사람의 눈에 잘 띄지 않는 교활한 형태로서, 이러한 편협한 인생관과 그것이 장려하는 편협한 형태의 성격으로 사람들이 기울어져 가는 경향이 강하다.

많은 사람들은 이처럼 구속되고 위축된 인간이야말로 신이 의도한 본래의 인간상이라고 믿고 있다. 그것은 마치 나무는 가지를 짧게 잘라 주거나 동물의 형태로 잘라 주는 것이 자연이 준 최초의 형태보다도 훨씬 아름답다고 많은 사람들이 생각해 온 것과 같다.

그러나 만일 인간을 선한 존재(a good Being), 즉 신이 창조한 것이라고 믿는 일이 종교의 일부라고 한다면, 다음과 같이 믿는 편이 그 신앙과 일치하고 있다. '이 선한 존재(신)가 모든 인간에게 능력을 준 것은 그것들이 육성되고 개화되기 위해서이지 뿌리째 없어지게 하기 위해서가 아니다. 그리고 신은 자기의 피조물(즉 인간)이 거기에 구현된 이상적 개념에 얼마간이라도 접근할 때마다, 그리고 그들의 이해, 활동의 능력 가운데 어느 것이든 그것이 조금이라도 늘 때마다 기뻐하는 것이다.'라고.

세상에는 다같이 탁월한 인간형이라 하더라도 칼뱅 파와 다른 것도 있다. 인간의 천성은 단순히 그것을 부정하고 포기하기 위해서가 아니라, 다른 여러 가지 목적을 위해서 부여되고 있다고 하는 인간관이 바로 그것이다. '이교도의 자기 주장(self-assertion)'은 '그리스도 교도의 자기 부정(self-denial)'과 마찬가지로 인간의 가치를 구성하는 요소의 하나이다.³ 세상에는 자기 발전이라는 그리스적인 이상(理想)이 있다. 저 플라톤적 및 그리스도교적인 극기(克己)의 이상이 그것과 혼합되어 있기는 하지만, 그 자리를 빼앗아 대신 들어설 수는 없다. 알키비아데스(Alkibiades)⁴ 같은 인물이 되기보다는 존 녹스(John Knox) 같은 인물이 되는 편이 좋을지도 모른다. 그러나 그 어느 쪽보다도 페리클레스(Pericles)⁵ 같은 인물이 되는 게 더 좋다. 만일 현대에도 페리클레스와 같은 사람이 나타난다면, 그는 일찍이 존 녹스가 가지고 있었던 아름다운 점과 비교해서 무엇 하나 빠지는 것이 없을 것이다.

인간이 숭고하고 아름다운 관조(觀照)의 대상이 되는 것은, 그들 자신 속에 있는 개성적인 것을 모조리 마멸시켜 하나처럼 만드는 그런 일로서가 아니라, 다른 사람의 권리와 이해(利害)를 고려해서 맡겨진 제한된 범위 안에서 그 개성들을 육성하고 끌어올리기 때문이다.

그리고 사람이 하는 사업이라는 것은 그것을 하는 사람들의 성격을 어느 정도 반영하는 것이므로 앞에서 말한 과정을 거치면, 인간의 생활도 풍부하고 변화가 많아 생기에 차고, 고상한 사상과 숭고한 감정에 더욱 풍부한 양식을 줄 뿐만 아니라, 인류를 더욱 무한한 가치가 있는 것으로 만듦으로써 모든 개인을 인류에 결부시키는 고삐를 강화하게 될 것이다.

---

3 (원주) 스털링(Jhon Sterling, 1808~1844)의 《논문집(Essays)》 190쪽 참조. 스털링은 영국의 문인. 밀의 친구로서 밀의 사상이나 성격에 많은 영향을 미친 사람 중의 한 명이다.
4 Alkibiades(기원전 450~404). 아테네의 장군이자 정치가. 그는 재능은 뛰어났지만 품행이 너무나 나빠서 민중의 불신을 샀다. 야심가의 본보기로 지칭되고 있다. 존 녹스가 신념의 사람, 덕행의 사람이었는데 비해서 그는 재능은 있지만 이기적인 야심가였다.
5 Perikles(기원전 495~429). 그리스 아테네의 최대의 고결하고 박식한 정치가. 귀족 출신이었지만 민주주의의 신봉자였다. 문학과 미술을 장려한 결과 고대 문화의 최고기라고 불리는 '페리클레스 시대'를 낳게 했다.

각자 그 개성의 발달에 따라 더욱 가치 있는 존재가 되고, 다른 사람에게도 더한층 귀중한 존재가 될 수 있다. 그렇게 되면 그 자신이 살아가는 데 더욱 충실한 활력이 넘치고, 개개의 단위가 더 많은 활력이 넘치면, 그런 각각의 단위로 구성된 전체도 보다 많은 활력이 넘치는 것이다.

남달리 강한 인간성을 가진 사람들이 다른 사람들의 권리를 침해하는 것을 방지하기 위해서는 어느 정도의 억제는 필요하다. 그러나 이것은 인간의 성장, 발전이라는 점에서 충분한 보상이 될 것이다. 다른 사람에게 위해를 가하는 그러한 성향을 만족시키려는 것이 저지당함으로써 개인이 잃게 되는 발전의 수단은, 주로 다른 사람들의 발전을 희생시킴으로써 얻을 수 있는 것이다.

또한 그 자신도 자기 성격의 이기적인 부분에 제약이 가해지면 사회적 부분에 더 큰 발전이 가능하게 될 것이므로, 자기가 잃어버린 것에 필적(匹敵)할 만한 보상이 되는 셈이다. 다른 사람을 위해서 엄중하게 정의의 규칙을 지키는 것은, 다른 사람의 행복을 자기 목적으로 하는 감정이나 능력을 발달시키는 결과를 낳는다.

그러나 다른 사람의 행복에 영향을 미치지 않는, 다시 말해서 단순히 다른 사람을 불쾌하게 만든다는 이유 때문에 억제를 받는다면 ― 그 억제에 대한 반항 가운데서 모습을 보일지도 모르는 성격의 강인함을 빼고는 ― 가치 있는 것을 발달시키지 못한다. 만일 그것에 묵묵히 따른다면, 인간의 본성 전체를 둔하고 흐리멍덩하게 만들어 버린다.

개인의 본성에 충분한 활동의 장(場)을 만들어 주기 위해서는, 여러 사람에게 여러 가지 생활 방식을 허용해야 한다. 이것이 절대로 필요하다. 어느 시대든 이런 자유가 어느 정도 행사되었는가에 따라서, 그 시대가 후세에 주목할 만한 가치 있는 시대인지 결정되어 온 것이다. 전제주의 시대라 해도 개성이 그 안에 존재하고 있는 한 최악의 결과를 초래하지는 않았다. 그리고 개성을 파괴하는 것은, 가령 그것이 어떤 이름으로 불리든 간에, 그것이 신의 의지 혹은 인간의 명령을 실행하는 것이라고 공언을 하더라도 모두 전제주의이다.

개성은 발달한 인간과 동일한 것이며, 그리고 오직 개성의 육성만이 충분히 발달한 인간을 낳게 하는 것이다. 그럼 나는 여기서 논의를 끝내도 좋을 것이다.

왜냐하면 인간 사회의 어떤 상태를 거론함에 있어서, 인간 자신을 가능한 한 최선의 것으로 접근시키는 것이야말로 가장 좋은 것이라는 이상으로 달리 더 할 말이 무엇이며, 또한 그 이상의 찬사가 있을 수 있는 것인가? 그리고 그것을 저해하는 상태야말로 행복(선)에 최악의 방해가 되는 그 이상의 것이라고 달리 무슨 말을 할 수 있을 것인가?

그러나 의심할 것도 없이, 이와 같은 고찰만으로는 철저하게 확신을 갖기 원하는 사람들을 이해시키는 데 충분하지는 않을 것이다. 더 나아가서, 이와 같이 발전한 인간이 발전하지 않은 인간에게 어떤 도움이 되는지를 보여줄 필요가 있다. 즉 자유를 바라지 않고 또한 스스로 자유를 이용하려고도 하지 않는 사람들에게 아무런 방해도 받지 않고, 자유를 사용하도록 다른 사람들에게 허용함으로써, 그들 자신도 어떤 형태로 확실한 보상을 받는 일이 있는지 지적할 필요가 있다.

그래서 내가 맨 먼저 말하고 싶은 것은, 아직 발전하지 못한 사람들은 이미 발전한 사람들(자유를 행사하는 사람들)에게서 아마도 뭔가를 배울 수 있으리라는 사실을 밝히는 것이다.

인간 사회에서 독창성이 가치 있는 요소라는 것은 그 누구도 부정하지 않을 것이다. 이 세상에는 새로운 진리를 발견하여 과거에 진리였던 것이 이미 진리가 아닐 때 그것을 과감히 지적할 뿐만 아니라, 새로운 습관을 위시하여 인간

제3장 사회 복지의 한 요소로서의 개성에 대하여 113

생활에서 한층 계발된 행위와 인생에서 더욱 세련된 취미와 감각의 모범을 보여 주는 사람들이 언제나 존재해야 한다.

이러한 사실은 이 세계가 그 모든 습관이나 관행에서 이미 완성의 경지에 도달했다고 믿지 않는 사람이라면 누구도 이것에 좀처럼 반론하지는 못할 것이다. 물론 누구나 똑같이 이와 같은 은혜를 인류에게 베풀 수는 없다. 자기의 실험이 다른 사람에게 채용되었을 때, 종래의 관행을 어느 정도라도 개선할 수 있는 사람은 인류 전체에서 극히 소수에 불과하다.

그러나 이러한 소수의 사람들이야말로 이 세상의 소금[6]이다. 이들이 없다면 인간의 생활은 침체되어 썩은 웅덩이처럼 되고 말 것이다. 이전에 존재하지 않았던 우수한 것을 도입할 뿐만 아니라 이미 존재하는 것 속에 생명을 지니게 한 것이 그들이다.

만일 이 세상에 새롭게 이루어져야 할 것이 아무것도 없다면, 인간의 지성은 필요 없는 것일까? 새롭게 되어야 할 것이 전혀 없다는 것이, 예부터 내려오는 일을 행하는 사람들이 왜 그렇게 하는 것인가를 망각하고, 인간답지 못하게 그저 소와 말처럼 그것을 행하는 것의 이유로 되는 것일까? 유감스럽게도 가장 훌륭한 신앙이나 관행까지도 기계적인 것으로 타락될 경향이 매우 짙어 보인다.

언제나 새로운 독창성으로, 이와 같은 신앙이나 관행의 근거가 단순히 인습적으로 되는 것을 방지하는 사람들이 계속 나타나지 않는 한, 그처럼 죽어 있는 신앙이나 관행은 참으로 생명력 있는 것으로부터 극히 사소한 충격을 받아

---

[6] 너희는 세상의 소금이다. 그런데 소금이 그 맛을 잃으면 어떻게 다시 짜게 할 수 있겠느냐? 그런 것은 아무 쓸모가 없어 밖에 버려져 사람들에게 짓밟힐 뿐이다(《마태복음》 제5장 제13절 참조).

도 저항하지 못한다. 비잔틴 제국[7]의 예에서 보는 것처럼 문명이 사멸하지 않을 이유는 없다.

확실히 천재는 극소수이며, 또한 항상 그렇게 되는 것이 진리이다. 그러나 그러한 천재를 얻기 위해서는 천재가 자라는 토양의 보존이 필요하다. 원래 천재는 자유로운 '분위기(atmosphere)' 속에서만 자유롭게 호흡할 수가 있다. 천재는 '천재라는 이유로(ex vitermini)' 다른 어떤 사람보다도 더욱 개성적이다. 따라서 사회가 그 성원에게 자기 형성의 노력을 덜어 주기 위해 제공하는 소수의 주형(鑄型) ─틀─ 가운데 특정한 어느 것으로 천재를 적응시키려고 한다면, 다른 사람들보다도 더욱 해로운 억압을 받는다.

그들이 만일 소심해서 이 주형 중 하나에 적응하는 것에 동의하고, 그와 같은 억압 아래서 그들 자신의 소질을 발전시키지 않은 채로 방치해 두는 것에도 동의한다면, 사회는 그 천재에 의해서 아무런 이익도 얻지 못하게 될 것이다.

천재가 강한 성격을 가지고 있어서 그 속박을 타파한다면, 그 천재들을 평범한 사람으로 만드는 데 성공하지 못하여 사회의 요주의 인물이 되고 '난폭한 야만인'이라든지, '별난 사람'이라는 경고의 말로 지탄을 받을 것이다. 그것은 마치 나이아가라 폭포가 네덜란드의 운하처럼 두 기슭 사이를 천천히 흐르지 않는다고 비난하는 것과 같다.

이러한 이유로써 나는 천재의 중요성과 천재를 사상과 실천의 양면에서 자유롭게 개화시켜야 할 필요가 있다고 강조한다. 아무도 이론상으로는 이 주장

---

7 Byzantine Empire. 동로마 제국을 말한다. 395년 로마 제국이 동서로 양분되었을 때 로마를 중심으로 하는 서로마 제국에 대해서 비잔티움을 수도로 하는 이 제국이 창건되었다. 1453년 터키에 의해서 멸망했다. 이 제국은 황제가 교회의 수장을 겸했으며, 중앙 집권적 전제 정치를 단행했다. 모든 면에서 장엄했으나 창의력은 없었다. 그러나 고대 그리스의 문학·언어·철학·사학·과학 등을 보존하는 역할은 잘 수행했다.

을 부정하지 않으리라는 것을 나는 잘 알고 있지만, 실제로는 거의 모든 사람이 이것에 대해서 아주 무관심하다는 것도 잘 알고 있다.

사람들은 천재를 사람의 가슴을 뛰게 하는 시를 쓴다든지, 그림을 그릴 때는 훌륭한 것이라고 생각한다. 그러나 천재의 본래 의미, 즉 사상이나 행동에서의 독창성이라는 의미를 두고서는, 아무도 천재를 극찬할 만한 것이 못 된다고 하지는 않겠지만, 거의 모든 사람의 내심은 천재 없이도 조금도 생활에 지장이 없다고 생각하고 있다.

불행하게도 이러한 태도는 너무나 자연스러워서 아무도 그것을 의심하지 않는다. 독창성이야말로 독창성이 없는 사람들이 그 효용을 감지(感知)할 수 없는 유일한 것이다.

사람들은 천재들이 자기들을 위해서 무엇을 할 수 있는지 모른다. 어떻게 그것을 깨달을 수 있으랴? 만일 독창성이 그들을 위해 무엇을 할 수 있는지 알 수 있다면, 그것은 이미 독창성이 아닐 것이다. 독창성이 없는 사람들을 위해 해야 할 첫번째 봉사는 그들의 눈을 열어 주는 일이다.

만일 이런 일이 완전하게 수행된다면, 그들은 스스로 독창적으로 될 기회를 가질 수 있는 것이다. 그런 시기가 올 때까지는, 무슨 일이든지 누군가가 먼저 솔선한 사람이 있기 때문에 이루어졌다는 것, 그리고 현존하는 모든 좋은 것은 독창성의 소산이라는 것을 겸허한 태도로 상기하여, 앞으로도 독창성은 아직 할 일이 많이 남겨져 있다고 믿어야 할 것이다. 독창성의 결여를 느끼는 일이 적으면 적을수록 그들은 독창성을 필요로 하고 있다는 것을 겸허하게 받아들이지 않으면 안 된다.

있는 그대로 적나라하게 진실을 말하자면, 실제적으로나 가상적인 정신적 탁월성에 대해서 어떠한 경의가 표해진다 해도, 혹은 현재에 그것이 베풀어져 있다 해도, 전세계의 일반적 경향은 보통 사람들을 지배적인 힘으로 만들고 있다. 고대나 중세에 있어서, 정도는 감소되지만, 봉건제에서 오늘에 이르는 긴 과도기를 통해서 개인은 그 자체가 독립된 하나의 힘이었다.

만일 위대한 재능이나 높은 사회적 지위를 가지고 있을 때면, 그것은 결코 무시할 수 없는 힘이었다. 그런데 현대에는 개인이 대중 속에 함몰되어 있다. 정치에 있어서는 여론이 오늘날 세계를 지배하고 있다고 일컬어지는데, 이것은 지극히 당연한 말이다.

그 이름에 어울리는 유일한 힘은 대중의 것이며, 그리고 정부가 스스로 대중의 경향이나 본능을 반영하는 기관으로서 존재할 때는 정부의 힘이기도 하다. 이와 같은 사실은 공적인 업무와 마찬가지로 사생활의 도덕적, 사회적 관계에서도 역시 맞는 말이다.

자기의 의견이 여론(public opinion)이라는 이름으로 통용되고 있는 사람들도 언제나 같은 종류의 공중은 아니다. 미국에서는 그들(여론으로 통하는 사람들)이 모든 백인이며, 영국에서는 주로 중산 계급이다. 그러나 그들은 항상 대중(a mass), 즉 평범한 사람들의 집단이다. 그리고 더욱 신기한 것은, 오늘날 이 대중은 그 의견을 교회나 국가의 높은 지위에 있는 사람들이나, 표면에 나타나 있는 지도자들이나, 혹은 책으로부터도 얻지 않는다는 것이다. 그들의 사고는 그들 자신과 아주 닮은 사람들에 의해서 — 그들을 대신해서 — 이루어지며, 그러한 사람들은 그때마다 경우에 따라서 신문을 통해서 대중에게 의견을 전하거나 대중의 이름으로서 말한다.

물론 나는 이와 같은 모든 사태에 대해서 비난을 하고 있는 것은 아니다. 일반적으로 말해서, 현재와 같은 인간 정신의 저열한 상태와 양립할 수 있는 것으로, 이것보다 뛰어난 것이 있다고 주장하는 것도 아니다. 그러나 이와 같은 상태에서는 평범한 정부가 되는 것을 방지할 수가 없다.

주권을 가진 다수자가 (가장 좋았던 시대에는 항상 그렇게 하였듯이) 그들보다도 우수한 재능과 교양을 가진 '한 사람'이나 '소수자'의 충고와 영향의 지도를 따른 경우를 제외한다면, 민주제나 다수의 귀족제(numerous aristocracy)에 의한 정부는 그 정치 활동에 있어서도, 또한 그것이 가지고 있는 사상이나 자질(資質)이나 정신적 경향에 있어서도 '평범(mediocrity)' 이상의 것으로 된 적은 한 번도 없었으며, 실제로 그렇게 될 수도 없었던 것이다.

현명하고 고상한 모든 일은 개인에 의해서 창시(創始)되며, 또한 개인에 의해서 생기는 것이어야 한다. 그리고 일반적으로 처음에는 누군가 한 사람의 개인에게서 오는 것이다. 평균적인 인간의 명예가 되고 영광이 되기 위해서는 그 창시자를 따라갈 수가 있어야 하고, 현명하고 고상한 일에 대해 마음으로부터 공감할 수가 있어야 하며, 창시자들의 인도를 받을 수 있어야 한다.

나는 천재성을 지닌 강자가 세계의 정치를 힘으로 장악하고, 그의 명령을 무조건 수행하게 하던 그런 시대에 박수갈채를 보내는 식의 '영웅 숭배'[8]를 장려하려는 것은 아니다. 그러한 강자가 요구할 수 있는 것은 진로를 제시하는 자유뿐이다. 다른 사람들에게 강제로 그 길을 가게 하는 권력은, 다만 강자를 제외한 모든 사람들의 지위나 발전과 양립하지 못할 뿐만 아니라, 강자 자신마저도 타락시키는 것이다.

그러나 완전한 평균적 인간(보통 인간)만으로 이뤄진 대중의 의견이 모든 면에서 우세해졌거나 우세해져 가고 있을 때, 이러한 경향에 균형을 잡고 그것을 교정할 수 있는 것은 사상적으로 탁월한 입장에 선 사람들의 지극히 뛰어난 개

---

8 이것은 칼라일(Thoms Carlyle)의 《영웅과 영웅 숭배론》을 가리키는 것으로 보인다.

성일 것이라고 생각한다. 이와 같은 상태에 있을 때야말로 대중과 다른 행동을 취하는, 특히 예외적인 개인이 일반 대중과는 다른 행동을 취하는 것이 방해받는 일 없이 장려되지 않으면 안 되는 것이다. 다른 시대에서는 그들 예외적인 개인이 다만 대중과 다른 행동을 취할 뿐만 아니라, 대중보다도 더 훌륭한 행동을 취하지 않는 한, 그들의 행위는 아무런 이점도 가져오지 않는다.

그러나 현대에서는 사람들에게 동조하지 않는다는 실례만으로서도, 즉 관습에 무릎 꿇지 않는다는 그 자체 하나만으로도 공헌이 된다. 여론의 압제는 보통과는 다른 이례적인 행위(eccentricity)를 비난의 표적으로 삼을 만큼 매우 심한 것이지만, 그런 까닭에 이 압제를 타파하기 위해서는 사람들이 보통과는 다른 이례적인 행위를 하는 것이 바람직하다.

강한 성격의 소유자가 충만했던 시절이나 장소에서는 보통과는 다른 이례적인 행위를 하는 사람들이 많았다. 그리고 어떤 사회가 보통과는 다른 이례적인 행위를 하는 분자(分子)의 양이, 일반적으로 그 사회가 포함하고 있는 천재, 정신적 활력, 도덕적 용기의 양과 비례하는 것이 보통이었다. 그러나 보통과는 다른 이례적인 행위를 하려는 사람들이 적은 것은, 현대의 가장 큰 위험을 말해 주는 것이다.

나는 앞에서 다음과 같이 말해 왔다. 습관적이 아닌 일 중에서 어떤 것이 습관으로 바뀔 만한 것인지를 명확하게 하자면, 습관적이 아닌 일에게 가능한 한 자유로운 활동의 광장(廣場)을 만들어 주는 것이 가장 중요한 것이다.

그러나 행동의 독립과 습관의 무시가 장려할 만한 것임은, 단순히 그것들이 더 좋은 행동 양식과 일반인들이 채용하기에 알맞은 습관을 생각해내는 기회를 주기 때문만은 아니다. 자기의 생각대로, 마음대로 삶을 누릴 수 있는 정당한 권리를 가진 것은 뛰어나게 우수한 정신의 소유자만이 아니다. 모든 인간 존재가 하나의 또는 소수의 틀에 맞춰서 형성되지 않으면 안 된다는 이유는 없는 것이다.

어느 정도의 상식과 경험을 가지고 있다면, 자신의 방식대로 자기의 생활을 전개해 가는 것이 최선이다. 그의 방식 자체가 최선이기 때문이 아니라, 바로 그것이 자신의 것이기 때문이다.

인간은 양과 같은 존재가 아니다. 양이라 할지라도 구별할 수 없을 정도로 닮은 것은 아니다. 양복이나 구두를 고를 때 그의 치수에 맞게 만들어져 있거나 자유롭게 고를 수 있는 물건을 창고 가득 가지고 있지 않다면, 자기에게 맞는 것을 손에 넣을 수는 없다.

그러할진대 사람을 하나의 생활의 틀(형)에 집어넣는 일이 한 벌의 양복을 맞추는 일보다도 쉽단 말인가? 인간은 발의 형태보다도 신체적·정신직 모든 구조가 서로 더 닮았다고 할 수 있을까? 사람들의 기호가 여러 가지로 다르다는 사실밖에 없더라도 그것만으로도 모든 구두나 양복을 하나의 틀에 맞추려고 해서는 안 된다는 충분한 이유가 된다.

사람이 서로 다른 것처럼, 또한 그들의 정신적 발전을 위해서도 다른 조건을 필요로 한다. 그들이 동일한 정신적인 환경과 풍토(風土) 속에서 건전하게 생활할 수 없는 것은, 모든 종류의 식물이 같은 물리적(자연적)인 환경과 풍토 속에서 건전하게 생활할 수 없는 것과 같은 것이다. 어떤 사람한테는 더 고상한 본성을 계발—도야(陶冶)—하는 데 도움이 되는 것이 다른 사람한테는 방해가 될 수도 있다.

하나의 생활 양식이 어떤 사람에게는 그의 모든 행동과 향락의 능력을 최선의 상태로 보전하는 건전한 자극이 되지만, 그와 반대로 다른 사람에게는 그의 모든 내면 생활을 정지시키거나 분쇄하는 당혹스런 것이 되기도 한다. 대체 어떤 원천으로부터 쾌락을 이끌어 내느냐 하는 점에서도, 고통에 대한 감수성이라는 점에서도, 그리고 여러 가지 육체적·정신적 요인이 그들에게 미치는 영향이라는 점에서도, 사람과 사람 사이의 차이는 모두 이처럼 매우 다르기 때문에, 만일 이것에 대응하는 다양성이 없는 한, 사람들은 그들의 정당한 행복의 몫을 차지할 수도 없을 것이며, 또한 그 본성이 허용하는 한 심적·도덕적·미적 능력을 충분히 성장시킬 수도 없을 것이다.

그렇다면 공중의 감정에 관한 한, 지지자가 다수임을 등에 업고 사람에게 침묵과 복종을 강요하는 취미와 생활 양식만을 너그럽게 받아들여야만 하는 것일까? 취미의 다양성이 전혀 인정되지 않는 곳은(몇몇 수도원을 제외하면) 그 어디에도 없다. 뱃놀이·담배·음악·체조·체스·트럼프·연구하는 것 등을 사람들은 아무런 비난도 받지 않고 즐길 수도 있으며 싫어할 수도 있다.

왜냐하면 이러한 것들은 좋아하는 사람이나 싫어하는 사람, 모두 다 너무나 많아서 제어할 수가 없기 때문이다. 그러나 '아무도 하지 않는 일'을 한다고 해서, 혹은 '누구나 하는 일'을 하지 않는다고 해서 비난받는 남성이나 여성은 어떤 중대한 도덕적 과실을 범하기라도 한 것처럼 경멸의 대상이 된다.

자기 자신의 평판을 손상시키는 일 없이 자기가 하고 싶은 대로 사치를 다소 누리기 위해서는, 그럴듯한 높은 직함이나 자기의 신분을 과시하는 훈장(계급장), 또는 신분 있는 사람들의 존경을 받고 있다는 것을 나타내는 어떤 상징을 필요로 한다.

'어느 정도 그러한 사치를 누릴 수 있게 되기 위해서'라고 나는 되풀이해서 말한다. 왜냐하면 누구든 그것을 심하게 탐닉한 사람은 모욕적인 비난의 말보다도 더욱 나쁜 일을 초래할 위험성이 있기 때문이다. 즉 그들은 '정신감정위원회(a commission de lunatico)'에 회부되어 자기의 재산을 몰수당해 친척들에

게 양도하지 않으면 안 될 위험성을 가지고 있기 때문이다.[9]

현대에 있어서 여론의 방향에는 어떤 하나의 특징이 있는데, 그것은 개성을 뚜렷하게 표현하는 것에 대해 여론이 관용을 베풀지 않는다는 점이다. 일반적인 사람들은 지성적인 면에 있어서 그저 보통 평범할 뿐 아니라 그 정신적 경향(성향)도 마찬가지다. 그들은 뭔가 특별한 것을 하고 싶다는 강렬한 취미나 욕망을 가지고 있지 않다. 따라서 그들은 강렬한 취미나 욕망을 가진 사람들을 이해하지 못하고, 그들을 평소에 경멸하고 있는 조잡하고 얌전치 못한 사람들과 같은 부류로 취급한다. 이것은 널리 알려져 있는 일반적인 사실이지만, 이 사실에 덧붙여서 도덕의 개선을 바라는 강력한 운동이 이미 시작되었다고 상상해 보기로 하자. 이렇게 상상해 보는 것만으로 우리가 거기서 무엇을 기대하지 않으면 안 될 것인가는 명백한 일이다.

---

[9] (원주) 이 근년에 이르러 사람이 법적으로 금치산의 선고를 받든가, 또는 소송 비용(이것은 재산 그 자체에 부과되는 것이지만)을 능히 지불할 만한 재산(유산)이 있음에도 불구하고, 사람이 죽은 후 그 재산 처분권이 무시당든지 하는 경우에 증거로서 제출되는 것에는 깜짝 놀랄 만한 그 무엇이 있다. 고인의 일상 생활의 온갖 사소한 일까지 꼬치꼬치 캐내어, 이 세상에서 가장 못난 사람들의 인식 능력과 감식 능력을 통해서 보아 무엇인가 평범한 상투적인 것에 티끌만큼이라도 어긋나는 것 같이 보이는 것이 발견되면, 그것은 모조리 정신 이상의 증거로서 배심원 앞으로 제출되는데, 그것이 가끔 성공을 거두기도 한다. 그 까닭은 배심원이라는 사람들은 물론 이러한 증인들처럼 저급하고 무지하지는 않다 하더라도, 요컨대 대동소이한 사람들에 지나지 않기 때문이다. 또한 판사들이란 것도 인간 본성과 인간 생활에 관한 지식이 너무나 놀랄 정도로 결여되어 있어, 가끔 배심원들의 오해를 촉진시켜 주기 때문이다. 이와 같은 재판은 인간의 자유에 관해서 일반인들이 어떠한 감정과 의견을 가지고 있는가를 여실히 보여 주고 있다. 판사들이나 배심원들도 좀처럼 개성을 존중하려 하지 않는다. 심지어 그들은 건전한 정신 상태에 있는 사람은 능히 이러한 자유를 바랄 수 있다는 것을 생각할 수조차 없는 것이다. 옛날에는 무신론자들을 화형에 처하자는 제의가 나왔을 경우에, 자비심이 많은 사람들이 그를 화형에 처하는 대신에 정신 병원으로 보내도록 제의하는 것이 보통이었다. 오늘날에도 이것과 동일한 일이 행해지는 것을 보더라도 조금도 이상하게 여길 사람은 없을 것이다. 또한 이와 같이 행한 사람들이 종교 때문에 이들 불행한 사람들에게 박해를 가하는 대신에 극히 인도적이며 그리스도교적인 방법으로 그들을 대우했다고 자만하는 것과, 그리고 그와 같이 해서 그들이 응분의 벌을 받았다는 것에 무언의 만족을 나타내고 있는 것을 본다고 해도 조금도 놀라운 일은 아닐 것이다.

오늘날 그와 같은 운동은 이미 실제로 시작되고 있다. 그리고 행위에 규칙성을 더하고 과격함을 억제한다는 점에서 실제로 많은 효과를 거두고 있다. 또한 박애 정신도 널리 퍼져 있는데, 이런 정신을 발휘하기 위해서는 동포들의 도덕과 조심성 있는 분별성을 개선시키는 일만큼이나 유혹적인 영역은 없는 것이다.

이와 같은 시대의 경향 때문에 공중은 과거의 어떤 시대보다도 열렬히 행위의 일반적인 규칙을 정하여 일정한 기준에 모든 사람을 복종하게 하려 한다.

그 기준은 명시적이든 묵시적이든 아무것도 강력하게 바라지 않는다. 그것이 이상적인 성격으로 하는 것은, 전혀 눈에 띄는 성격을 갖지 않는다는 것이다. 즉 남달리 뛰어나 그 인간을 보통 평범한 인간하고는 매우 윤곽이 다른 것으로 만들 수 있는 인간 본성의 모든 부분을, 마치 중국 부인의 발처럼 옥죄어 불구로 만드는 것이다.

바람직한 것의 전부가 아니라 그 절반을 배제하고 있는 이상(理想)의 경우에는 보통 흔히 있는 일이지만, 오늘날 옳다고 인정하는 기준은 다른 절반의 것보다 못한 모방을 낳을 뿐이다. 그러한 모방의 결과는 활발한 이성의 작용에 의해서 인도되는 위대한 정력과 양심적인 의지에 따라 강력하게 억압되는 강한 감정 대신에, 의지나 이성의 힘에 의하지 않고 단지 규칙에 외관상으로만 순응하는 데 그치는 약한 감정과 약한 정력이 조성될 뿐이다. 이리하여 다소나마 규모(scale)가 큰 정력적인 성격은 이미 단순한 전설적인 것이 되어 가고 있다.

지금 우리 나라에서는 실업계 이외에는 정력을 쏟을 배설구(排泄口)란 거의 없다. 이 실업계에 사용되는 정력은, 어쨌든 상당한 것이라고 해도 무방할 것이다. 여기에 쓰이고 남은 적은 정력은 모두 어떤 취미를 위해서 배당되고 있다. 그것은 유익하며 박애적인 도락(道樂)일 수도 있을 테지만, 그것은 언제나 어떤 하나의 도락이며, 대개는 규모가 적은 도락이다.

오늘날 영국의 위대성은 모두 집단적인 것이다. 한 사람 한 사람은 약소하며, 다만 결합의 힘에 의해서 뭔가 위대한 일을 할 수 있을 것같이 보이는 데 지나지 않는다. 우리 나라(영국)의 도덕적·종교적 박애주의자들은 이것에 완전히 만족하고 있다. 그러나 오늘날까지 영국의 형성에 참여해 온 것은 이와는 다른 형(型)의 사람들이었다. 그리고 영국의 쇠퇴를 막기 위해서는 바로 이와 같은 다른 형의 사람들이 필요할 것이다.

습관의 전제(專制)는 모든 곳에서 인간의 진보를 끊임없이 방해하고 있고, 습관적인 것보다 훌륭한 것을 지향하려는 성향에 대해 적대하고 있다. 이 성향은 개개의 경우에 따라서 자유의 정신(the spirit of liberty)이나, 진보 혹은 개선의 정신(the spirit of progress or improvement)이라고 불리고 있다. 개선의 정신은 반드시 자유의 정신과 동일하지는 않다.

왜냐하면 개선의 정신은 마음이 내키지 않는 사람들에게 개선의 강요를 목적으로 할 수도 있기 때문이다. 따라서 자유의 정신은 그와 같은 시도에 저항하는 한, 개선에 반대하는 사람들과 국부적(局部的)으로나 일시적으로 손을 잡을 수도 있다. 그러나 개선을 낳는 유일하고도 확실한 영속적인 원천은 자유이다. 왜냐하면 자유가 존재하고 있으면 그곳에는 개인의 수와 같은 정도로 많은 개선의 중추적인 힘이 되는 존재가 생겨질 수 있기 때문이다.

그러나 진보적 원리는 그것이 자유에 대한 사랑이든, 개선에 대한 사랑이든, 어느 형태를 취하든 간에, 그것은 언제나 습관의 지배에는 반대하는 것이며, 적어도 그 습관의 구속으로부터 해방을 요구하고 있다. 그리고 이 양자—진보의 원리와 습관—의 다툼이 인류 역사의 주된 관심의 표적이 되어 있다. 그러나 정확히 말한다면 세계의 대부분은 역사를 가지고 있지 않다고 할 것이다.

왜냐하면 습관에 의한 전제적인 지배가 너무나 완벽하기 때문이다. 이것은 동양 전체가 놓여 있는 상태이다. 동양에서는 무슨 일이든지 습관이야말로 최후의 전거(典據) ― 궁극적인 규범 ― 가 되고 있다. 공정(公正)이나 정의(正義)는 습관에 일치하는 것을 의미한다. 권력의 맛에 도취된 폭군이 아닌 이상 아무도 습관이 주장하는 것에 반항하려고 하지 않는다. 그리고 그 결과는 우리가 보는 바 그대로이다. 그러한 국민도 이전에는 독창성을 가지고 있었음이 틀림없다.

그들은 처음부터 인구가 많고, 학문이 번영하고, 많은 생활 기술이 정통한 곳에서 태어난 것은 아니다. 그들은 이러한 모든 것을 스스로의 손으로 만들어 낸 것이다. 그리고 그 당시는 세계에서 최대 최강의 국민이었다. 그런데 그들은 오늘날 어떻게 되어 있는 것일까? 그들(동양인)은 다음과 같은 가련한 상태에 떨어져 있다. 그들의 조상이 웅장한 궁전이나 호화로운 사원을 가지고 있었을 때, 우리들의 조상은 아직도 삼림 속을 유랑하고 있었다. 그러나 습관에 전적으로 지배되지 않고, 자유와 진보를 아울러 향수하고 있던 사람들을 조상으로 가진 종족에게 동양인들은 종속자(從屬者)나 예종자(隷從者)로 전락해 버린 것이다.

어떤 국민은 어느 일정한 기간 동안은 진보하지만, 그 뒤에는 진보가 멈추어 버리는 것 같다. 언제 진보가 멈추는 것일까? 그 국민이 개성을 잃을 때이다. 만약에 동양에서와 똑같은 변화가 유럽의 여러 국민을 엄습한다 해도 그것은 아주 똑같은 형태를 취하지는 않을 것이다. 이들 유럽의 여러 국민을 위협하고 있는 습관의 압제는 모두 부동하고 불변(不動不變)적인 것이 아니기 때문이다. 그것은 특이성, 즉 이상한 것은 배척하지만 모든 것이 동시에 변화하는 한, 변화를 배척하지는 않는다. 우리는 이미 우리 조상들이 대대로 입어 오던 복장을 버린 바 있다. 물론 오늘날에도 모든 사람은 다른 사람들과 같은 복장을 해야 하지만, 그 유행은 1년에 한두 번은 변할지도 모른다.

이렇게 해서 변화가 일어날 경우, 그것은 변화를 위한 변화일 뿐이지, 그것이 아름다움이나 편리에 대한 어떠한 생각에서 생긴 변화가 아님을 유의한다. 왜냐하면 아름다움이나 편리에 대한 동일한 생각이 동일한 순간에 전세계의 모든 사람들에게 떠오르는 일은 없을 것이고, 또한 순간에 전세계의 사람들에 의해서 똑같이 포기되는 일도 없는 것이다.

그러나 우리는 변화적인 동시에 진보적인 국민이다. 우리는 기계에 관한 부분에서는 언제나 새로운 발명을 하여 유지하지만, 그러한 것들도 머지않아 더 좋은 것으로 대치되어 간다. 우리들은 정치나 교육의 개선은 물론, 심지어 도덕의 개선까지도 열심이다. 도덕의 경우, 우리들이 생각하는 개선은 주로 다른 사람에게 우리들 자신과 마찬가지로 선량하게 되라고 설득하고 강제하는 데 있지만, 어쨌든 그러한 것의 개선에도 열성적이다.

우리가 반대하는 것은 진보에 대해서가 아니다. 오히려 우리는 우리들이야 말로 지금까지 존재해 온 국민들 중에서 가장 진보적인 국민이라고 자부하고 있다.

우리가 맞서 싸우려는 것은 개성에 대해서다. 만일 우리들 자신을 모두 하나같이 닮은꼴로 만들 수 있었다면 기적을 이룬 것이라고 생각할 것이 틀림없다. 이 경우 우리는 다음과 같은 것을 잊어버리고 있다.

즉 일반적으로 개개인이 서로 닮지 않았다는 것이야말로 각자 자기의 것의 불완전성에 주의를 기울이게 하며, 상대방의 우월성에 대해서, 혹은 양자의 장점을 결합시켜서, 그 어느 쪽보다도 뛰어난 것을 낳을 가능성에 대해서 주의를 하는 것이 무엇보다도 중요하다는 것을 잊어버리고 있는 것이다.

우리는 중국에서 경고성(警告性)이 짙은 실례를 찾아볼 수 있다. 그들은 다음과 같은 행운으로 풍부한 재능과 몇 가지 점에서는 지혜까지도 풍부한 국민이다. 이 국민은 가장 진보한 유럽인까지 — 물론 어떤 한정된 아래서는 — 현자나 철학자의 이름을 붙이지 않을 수 없는 사람들에 의해서 만들어진, 일련의 대단히 우수한 관습을 어느 정도 초기 시대에 누리고 있었던 것이다.

또한 중국인들은 자기들이 소유하는 최고의 지혜를 모든 사람들 마음속에 심어 주고, 그 지혜 중 가장 많은 것을 소유한 사람들에게 명예와 권세와 지위를 보장하는 탁월한 제도를 가지고 있었다는 점에서 주목할 만하다.

분명히 이와 같은 일을 성취한 국민은 인류의 진보의 비밀을 발견한 것이며, 끊임없이 세계의 움직임에서 선두의 위치를 유지할 수 있었던 사람들이었다. 그러나 사실은 그 반대로 그들은 정체하고 말았는데, 수천 년 동안이나 그러한 정체 상태는 변함없이 줄곧 계속되었던 것이다.

만일 그들이 좀더 개선할 수 있었다면 그것은 외국인에 의해서 이루어진 것이다. 그들은 영국의 박애주의자들이 그토록 열심히 분투하고 있는 일에서, 즉 모든 국민을 하나같이 만들고, 모든 사람이 자기의 사상과 행동을 동일한 격언이나 규칙에 의해서 통제하도록 만드는 일에서 모든 희망했던 것 이상으로 성공을 거두었다. 그리고 그 결과는 앞에서 말한 바와 같다.

여론이라는 현대의 통치 제도(modern regime of public opinion)는 중국의 교육 및 정치 제도가 조직적인 형태로 하고 있던 것을 비조직적인 형태로 바꾸는 것에 지나지 않는다. 따라서 개성이 이와 같은 속박에 대항해서 자기를 주장하는 일에 성공을 거두지 못한다면, 유럽은 그 고귀한 조상과 널리 공인된 그리스도교를 가지고 있음에도 불구하고 장차 제2의 중국의 길을 걸을 것이다.

오늘날까지 유럽을 이런 운명에 빠지지 않도록 지켜온 것은 대체 무엇일까? 유럽의 여러 국민들을 인류 가운데서 정체된 부분이 아니라 진보하는 부분으로 만든 것은 대체 무엇일까? 그들에게 탁월한 우수성이 있기 때문만은 아니다. 만일 우수성이 있다고 해도 그것은 원인으로서가 아니라 결과로서 존재하는 것이다. 그들이 갖고 있는 성격이나 교양의 놀라운 다양성이야말로 그 원인이다.

개인·계급·국민은 전혀 서로 닮지 않았다. 그들은 실로 다종 다양한 길을 개척했는데, 그것은 어느 것이나 어떤 가치 있는 것과 통해 있었다. 그리고 어느 시대에 있어서도 서로 다른 길을 걷는 사람들은 서로 관용의 정신을 잃어버리고, 자기 이외의 모든 사람들을 자기와 같은 길을 걷도록 강제할 수가 있다면 얼마나 좋을까 하고 생각했을지도 모른다.

그러나 상호간의 발전을 방해하려는 그들의 기도는 결코 영구적인 성공을 거두지는 못했다. 따라서 각자는 결국 다른 사람이 제공한 선(이익)을 받아들이게 되었던 것이다. 내 판단에 따르면 유럽의 그 전진적이고 다면적인 발전은 오로지 이와 같은 진로의 다양성 덕택이라 하겠다.

그러나 오늘날 유럽은 이와 같은 이점을 이미 상당할 정도로 상실하기 시작하고 있다. 유럽은 분명히 모든 사람들을 하나같이 동일하게 만들어 보려는 중국의 이상을 향해서 확실하게 전진하고 있다. 토크빌[10]은 그 최후의 주요한 저작 가운데서 현대의 프랑스 인들을 바로 앞 세대의 사람들과 비교해 보면, 얼

---

[10] Alexis Charles Henri Maurice Tocqueville(1805~1859). 프랑스의 저술가·경제학자·정치가. 그의 저서 《미국의 민주주의(De la Démocratie en Amérique, 1835)》와 《앙시앵 레짐(구체제)과 대혁명 (De L' Ancien Régime et la révolution, 1856)》 등은 유명하다. 여기서 말하는 '최후의 주요한 저작' 이라는 것은 위의 두 저서 중 후자를 말한다.

마나 서로 유사한가를 잘 알 수 있다고 말하고 있다. 이와 똑같은 논평을 영국인에게는 훨씬 더 강하게 말할 수 있을 것이다.

앞에서 인용한 빌헬름 폰 훔볼트의 말 가운데서 그는 사람들을 서로 닮지 않게 하기 위해서 두 가지 요건이 필요하다고 했는데, 그것은 인간 발전을 위한 필요 조건으로 자유 및 경우의 다양성을 가리킨다. 이 두 가지 조건 가운데 제2의 것이 이 나라에서는 날이 갈수록 적어지고 있다. 서로 다른 계급이나 개인을 둘러싸고 그들의 성격을 형성하는 환경은 날이 갈수록 더욱 동화되고 있다. 이전에는 신분을 달리하는 사람들, 사교를 달리하는 사람들, 업무나 직업을 달리하는 사람들이 저마다 다른 세계라고 불릴 수 있는 속에서 생활하고 있었다.

그러나 오늘날에는 그들 대부분이 거의 동일한 세계에서 살고 있다. 상대적으로 말한다면, 오늘날 그들은 같은 것을 읽고, 같은 것을 듣고, 같은 것을 보고, 같은 장소에 가고, 같은 대상에 희망과 불안을 품고, 같은 권리와 자유를 가지고, 그것을 주장하는 같은 수단을 가지고 있다. 아직 남아 있는 지위의 차이는 크지만, 그것은 사라진 것에 비하면 없는 것과 같다. 그리고 이런 동화(同化)는 지금도 여전히 진행되고 있다.

오늘날의 모든 정치적 변화는 낮은 것을 높이고 높은 것을 낮게 하는 경향을 가짐으로써 이런 동화를 촉진시킨다. 그리고 모든 교육의 확장으로 동화를 촉진시킨다. 왜냐하면 교육은 사람들을 공통의 영향 아래 두고, 사실과 감정의 일반적 축적에 그들을 접근케 하기 때문이다. 교통 기관의 발달은 멀리 떨어진 장소에 사는 사람들을 개인적으로 접촉시킴으로써, 한 장소에서 다른 장소로 주거의 급속한 이동을 끊임없이 가능하게 함으로써 동화를 촉진시킨다.

상공업의 증진이 안락한 생활의 편의를 더욱 넓게 미치게 하고, 아무리 원대한 소망이라도 야심(野心)의 대상이 되어 모두 일반 사람들이 경쟁하도록 공개하고, 향상(向上)의 욕구는 이미 어떤 특별한 계급의 특색이 아니라, 모든 계급의 특색으로 만듦으로써 동화를 촉진시킨다.

　이상을 비추어 보더라도 인류의 일반적 유사성을 초래하는 데 가장 강력한 작용을 하는 것은, 우리 나라뿐만 아니라 그밖의 모든 자유 제국을 살펴보아도, 국가에서의 여론의 우위, 그것의 완전한 확립이란 것을 알 수 있다.

　종전에는 여러 가지 사회적 높은 지위에 앉아 그 특권으로 자신을 지키고 대중의 의견을 무시할 수도 있었지만, 그런 높은 지위도 점차 평균화되어 가고 있다. 따라서 공중이 어떤 의지를 가지고 있다는 것을 확실하게 알고 있을 때 그 의지에 반대하려는 생각 자체가 실제 정치가의 마음에서 점점 사라져 버리고, 여론에 동조하지 않으면 아무런 사회적 지지도 받지 못한다는, 즉 다수자의 우위—수(數)의 지배—에도 반대하면서 공중과는 다른 의견이나 경향을 보호하는 일에 관심을 가지는 그와 같은 실질적 힘이 사회에 존재하지 않게 되는 것이다.

　이상과 같은 모든 원인이 전부 결합해서 개성에 적대하는 대단히 큰 하나의 세력을 형성하고 있기 때문에, 개성이 어떻게 그 입장을 지킬 수 있는가 알아보기란 쉬운 일이 아니다. 공중(公衆) 속의 지적(知的)인 부분에 개성의 가치를 느끼게 하지 못하는 한—가령 그것이 좋은 방향의 것이 아닐지라도, 그리고 그들이 그렇게 생각하고 있듯이 그 일부가 만일 나쁜 방향의 것이라 할지라도, 서로 다르게 존재하는 것이 좋은 일이라는 것을 그들로 하여금 이해하게 하지 못한다면—개성은 그 입장을 지키는 일이 더욱 곤란하게 될 것이다.

　만일 개성의 권리가 주장되지 않으면 안 될 때가 있다면, 지금이야말로 바로 그 때이다. 지금은 강제적으로 동화(同化)를 완성시키기 위해서는 필요한 것들이 많이 결핍되어 있다.

  이러한 침해에 대해서 반항이 성공을 거둘 수 있는 때는 비교적 초기 단계에서뿐이다. 다른 모든 사람들을 자기들과 비슷하게 닮게 하려는 요구는 그 요구가 충족되면 충족될수록 더한층 커지는 것이다. 만일 하나의 획일적인 형태의 생활이 거의 익숙해질 때까지 저항을 연기한다면, 그 형태에서 일탈하는 것은 모두 부도덕, 경건치 못한 것, 그리고 기괴한 인간 본성에 어긋나는 것이라고까지 생각할 것이다.

  인간은 잠시 동안이라도 사람들 사이의 다양성을 보는 눈이 흐려지게 되면, 금방 그런 다양성을 생각할 수조차 없게 되는 것이다.

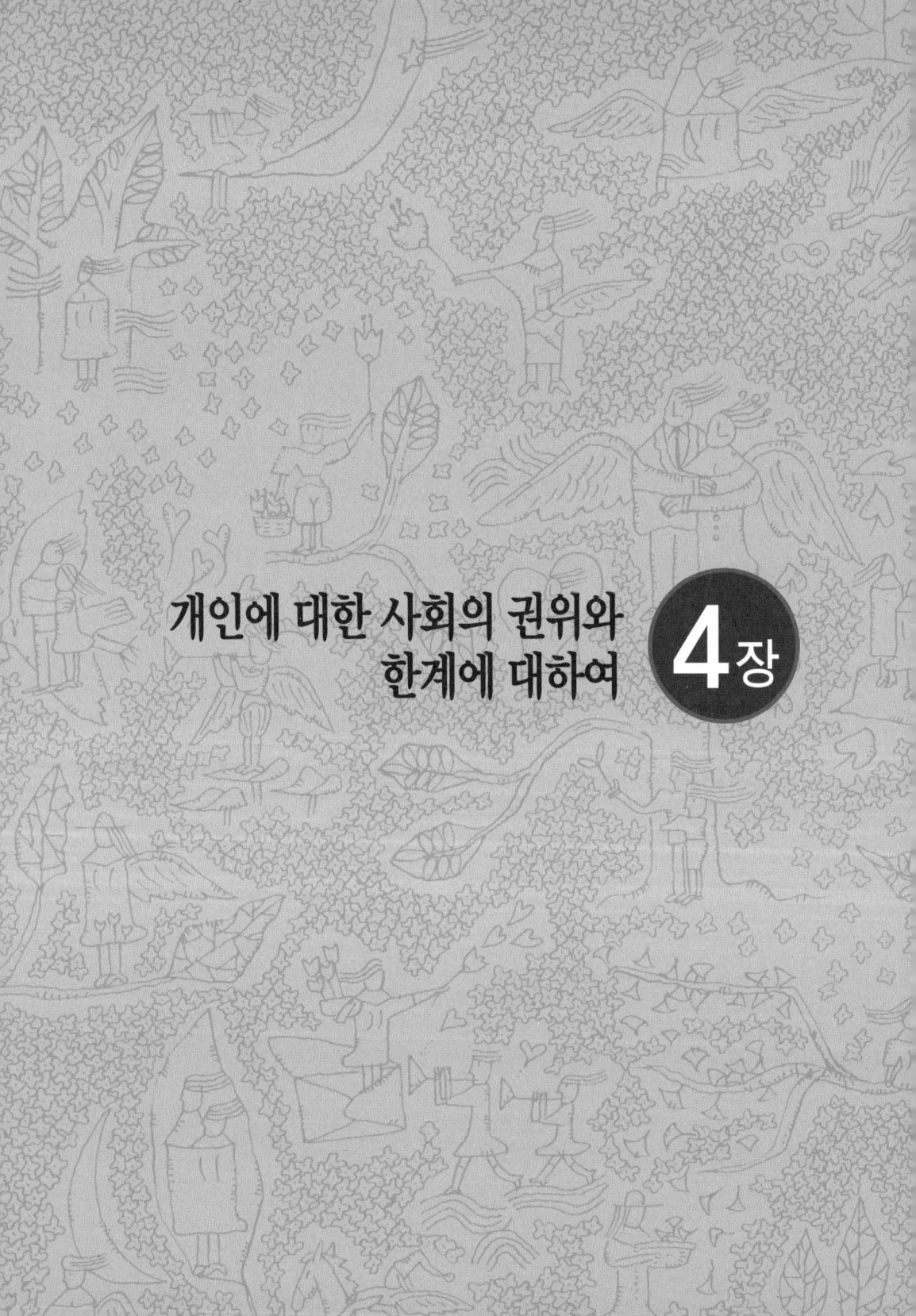

개인에 대한 사회의 권위와 한계에 대하여 4장

그러면 개인이 자기를 지배하는 주권의 정당한 한계는 대체 어디까지일까? 사회의 권위는 어디에서 시작되는 것일까? 인간의 생활 가운데서 얼마만큼이 개인에 귀속되고, 얼마만큼이 사회에 귀속되어야 하는 것일까?

만일 개인과 사회가 제각기 오직 자기와 특별히 관계되어 있는 부분만을 취득한다고 하면, 양자는 다 같이 자기의 정당한 몫을 받게 될 것이다. 인간 생활 속에서 이해관계자가 주로 개인으로 되어 있는 부분은 마땅히 개인에게 귀속해야 할 것이며, 그것이 주로 사회가 관계하는 부분은 사회에 귀속해야만 할 것이다.

사회는 계약 위에 구축되어 있는 것이 아니다. 그러므로 사회적 의무의 발생을 설명하기 위해서 하나의 계약 이론을 창안해 낸다 해도 아무런 쓸모가 없는 것이다. 하지만 사회의 보호를 받고 있는 모든 사람은 그 은혜에 당연히 보답해야 하며, 사회 속에서 생활하고 있다는 사실은 개개인마다 다른 사람들에게 어떤 일정한 행위의 원칙을 지켜야 한다는 것을 불가피하게 만든다.

이러한 행위의 첫째는 상호의 이익을 해치지 않는 것이다. 바꾸어 말하면, 법률의 명문(明文)이나 암묵적인 양해에 의해서 당연히 권리로 인정되는 어떤 종류의 이익을 침해하지 않는 행위이다. 둘째는 사회 또는 그 사회 성원을 위해(危害)나 간섭으로부터 지키기 위해서 필요한 노동과 희생을 각자의 몫만큼 (그것은 어떤 공평의 원칙에 의해서 정해져야 하지만) 각자가 떠맡는 일이다. 사회는 당연히 이러한 조건을 이행치 않고 거부하는 사람들에게는 어떠한 희생을 무릅쓰고서도 강제할 필요가 있다.

이것만 사회가 수행한다고 해서 다 되는 것은 아니다. 개인의 행위는 법으로 정해진 다른 사람의 권리 가운데 어떤 것을 직접적으로 침해하지는 않는다고 해도 다른 사람에게 유해하거나, 혹은 그들의 행복에 대하여 정당한 생각이 결여되는 경우도 있을지 모른다. 그러한 경우에 그 행위자―그러한 반칙을 한 자―는 법이 아니더라도 여론에 따라 당연히 벌을 받아야 마땅할 것이다. 어떤 사람의 행위 가운데 어느 부분이 다른 사람의 이익에 유해한 영향을 끼치자마자 사회는 이것을 가늠하고 다스릴 권리를 가지며, 이러한 행위에 간섭함으로써 전체의 복지가 증진하느냐 하지 않느냐 하는 문제가 논의의 대상이 되는 것이다.

그러나 어떤 사람의 행위가 그 자신 이외에 다른 사람들의 이익에는 아무런 영향도 미치지 않을 경우나, 혹은 다른 사람들이 바라지 않아서 영향을 미칠 필요가 없는 경우에는(이 경우, 그 관계자는 모두 성년에 이르러 있으며, 보통 정도의 이해력을 갖추고 있는 것으로 본다) 이와 같은 문제가 개입할 여지가 없다. 그와 같은 모든 경우에는 그런 행위를 행하고, 그 행위의 결과에 책임을 지는 완전한 자유가 법적으로나 사회적으로나 존재해야 한다.

이 이론을 다음과 같이 주장하는, 즉 '인간은 서로의 생활 행위에 아무런 관계도 가지지 않으며, 자기의 이해와 관계가 없는 한 다른 사람의 선행(善行)이나 복지에 관여해서는 안 된다.'라고 주장하는 것을 이기적인 무관심의 일례라고 생각한다면, 그것은 이 이론에 대한 커다란 오해이다. 다른 사람의 행복(이익)을 증진시키기 위하여 자신의 이득을 포기하는 노력은 감소시킬 것이 아니라 크게 증가시킬 필요가 있다. 그리고 자기 이득을 버린 선의(善意)는 사람들을 설득해서 그들을 행복으로 향하게 하는 데 회초리나 채찍(문자 그대로이든 비유적이든 간에) 이상의 수단이 되기도 한다.

나는 오직 자기만을 사랑하는 일신상의 덕성(德性)을 결코 과소 평가하자는 것이 아니다. 그것은 그 중요성에 있어서 비록 사회적인 덕성보다 뒤떨어진다고 해도—제2차적 중요성밖에 갖고 있지 않다 할지라도—아주 약간만 뒤떨어질 뿐이다. 이와 같은 두 종류의 덕을 다 같이 육성하는 것이 교육의 임무이다. 그러나 교육조차도 강제적으로 할 뿐만 아니라, 또한 확신과 설득을 하여 그 효과를 올리는 것인데, 이런 교육의 시기가 지난 뒤에 일신상의 덕성이 양성되는 길은 설득에 의한 것뿐이다. 인간은 상호간의 도움과 격려를 통해서 좋은 것과 나쁜 것을 구별할 수가 있으며, 좋은 것을 고르고 나쁜 것을 피할 수도 있다.

사람들은 끊임없이 서로에게 자극을 줌으로써 자기들이 지닌 고도의 능력을 더욱 발휘해야 하고, 자기들의 감정과 목표를 어리석지 않고 현명하게, 타락적이 아니라 향상적인 대상과 기획으로 계속 향하게 해야 한다.

그러나 한 사람이는 다수이든 누구에게나 성년이 된 다른 사람에게, '당신의 생활을 당신의 이익을 위해서 당신이 선택한 방식으로 처리해서는 안 된다.'고 말할 자격은 없다. 자신의 행복에 가장 큰 관심을 가진 사람은 바로 그 자신이다. 뜨거운 개인적 애착으로 결합되어 있는 경우를 제외한다면, 다른 어떤 인간이 그의 행복에 대해서 가질 수 있는 관심은, 그 자신이 갖는 관심과 비교한다면 하찮은 것이다. 사회가 개인 한 사람에게 가지는 관심은(그가 다른 사람에게 한 행위를 제외한다면) 미미한 것(단편적)이자, 또한 완전히 간접적이다. 이에 비해서 가장 보편적인 남녀라 할지라도, 자기의 감정과 환경에 대해서는 다른 어떤 사람이 가질 수 있는 이해의 수단보다도 훨씬 헤아릴 수 없을 정도의 뛰어난 이해의 수단을 가지고 있다.

오직 그 자신에게만 관계된 사항에 대해서 그의 판단이나 목적을 지배하려고 하는 사회의 간섭은 일반적인 추정(推定)에 의지하지 않을 수 없다. 그런데 그와 같은 추정이 완전히 잘못된 것인지도 모른다. 가령 그 추정이 옳다고 하더라도 개개의 경우에 이러한 추정을 적용하는 데 있어서는, 다만 외부에서 방관하고 있는 사람들과 같은 정도의 지식밖에 그 사정을 알고 있지 못한 사람들에 의해서 잘못 적용될 수도 있을 것이다. 따라서 인간 관계의 이와 같은 영역은 개성이 그 고유한 활동의 자리(무대)를 가져야 하는 것이다.

인간 상호간의 행위에 있어서는 무엇을 예상해야 할 것인지 다른 사람들이 알 수 있도록 일반적인 규칙이 대체로 준수되어야 할 필요가 있다. 그러나 자기 자신에 관한 사항은 개인적 자발성(自發性)이 자유롭게 활동할 권리를 가지고 있다. 그의 판단을 돕기 위한 배려나 그의 의지를 견고히 하기 위한 여러 가지 충고는 다른 사람들이 제공해도 좋으며 강하게 주장되어도 좋다. 그렇지만 언제나 최종 결정자는 자기 자신이어야 한다. 충고나 경고에도 불구하고 그가 귀를 기울이지 않아 잘못을 범할지도 모르지만, 다른 사람이 그의 행복이라고 생각하는 것을 그에게 강제로 시킬 때 생기는 해악에 비하면 훨씬 가벼운 것이다.

다른 사람들이 볼 때, 어떤 사람에 대해 품는 감정이 그 사람의 일신상의 덕성이나 결함에 의해서 좌우되어서는 절대로 안 된다고 말하는 것은 아니다. 원래 이것은 있을 수 있는 일도, 바람직한 일도 아니다. 만일 그가 자기 자신의 행복에 도움이 되는 어떤 자질이 뛰어나다면, 그의 그런 점은 당연히 칭찬받을 만하다. 그는 그만큼 이상적 완성에 가까운 인간성을 지녔기 때문이다. 그러나 만일 그가 이러한 자질이 몹시 부족한 상태라면, 칭찬과는 정반대의 감정이 일어날 것이다.

세상에는 어리석은 행위도 적지 않으며, 저열하거나 타락적(이 말에는 이의가 있을지 모르지만)이라고 불릴 만한 취미도 적지 않다. 그런데 그런 잡다한 취미를 보여 준다고 해서 그런 사람에게 위해(危害)를 가해도 좋은 것은 아니지만, 혐오의 대상이 되거나 극단적인 경우에는 경멸의 대상이 되는 것은 어쩔 수 없는 일이며, 또한 당연한 일이기도 하다. 이것과 정반대의 자질을 가진 사람이라면, 위와 같은 자질에 대해 혐오와 경멸의 감정을 품지 않을 수 없을 것이다.

어느 누구에게 나쁜 짓을 하지 않더라도, 그 사람의 행동으로 미루어 보아, 우리는 그 사람을 바보나 열등한 인간이라고 판단하고 느낄 때가 있다. 그리고 이같은 판단이나 감정은 그 사람 자신도 피하기를 바라는 것이기 때문에, 미리 그에게 경고하는 것은 그 사람이 그밖의 일에서 받을 불쾌한 결과를 미리 경고하는 것과 마찬가지이므로, 그에 대한 친절이다. 만일 이와 같은 친절함이 오늘날 일반적인 관념이 허용하는 정도보다도 훨씬 자유롭게 베풀어질 수 있다면, 그리고 다른 사람이 잘못되었다고 생각하는 점을 정직하게 지적해도 예의가 없다거나 건방지나고 생각하지 않는다면, 그것은 확실히 매우 좋은 일인 것이다.

우리는 호의적이 아닌 의견을 누군가에게 가질 수 있으며, 그 의견에 따라서 여러 가지 모양으로 행동할 수 있는 권리를 가지고 있지만, 그것은 그의 개성을 억압하려는 것이 아니라, 우리들 자신의 개성을 활동하게 하기 위해서다. 예를 들면, 우리는 그 사람과 사귀어야 할 의무는 없다. 오히려 그것을 피할 권리가 있다(하기는 교제를 피하는 것을 과시할 권리는 없지만). 왜냐하면 우리는 자신이 좋아하는 교제를 선택할 권리가 있기 때문이다. 그 사람의 실례나 대화가 그와 교제하는 사람들에게 좋지 않은 영향을 미친다고 생각한다면, 우리는 다른 사람들에게 이를 경계하도록 주의시킬 권리를 가지며, 또한 그것이 의무이기도 할 때가 있다. 자발적으로 친절을 베풀 때도 그의 향상에 도움이 되는 경우 이외에는, 그 사람보다도 다른 사람들을 우선적으로 생각해도 좋을 것이다.

이와 같이 여러 가지 방식으로 사람은, 직접적으로는 자기 자신에게만 관계되는 결점(과오) 때문에 다른 사람들에게 매우 준엄한 벌을 받는 일이 있다. 그러나 그가 이와 같은 벌을 받는 것은 그것이(그러한 벌이) 그의 결점 자체에서 생겨지는 자연적인, 자발적인 결과—스스로 초래한 결과—인 때에만 한해서일 뿐 처벌을 위해 의도적으로 그에게 가해진 것은 아니다. 경솔하고 완고하며 자만심 있는 사람, 절도 있는 생활을 하지 못하는 사람, 해로운 방탕에 빠져 사기를 억제하지 못하는 사람, 감정과 지성의 쾌락을 희생시켜 동물적 쾌락을 추구하는 사람들은, 다른 사람한테 경멸을 당하고 호감은 받지 못할 것이라고 예기치 않으면 안 된다. 그는 이것에 대해서 불평을 토로할 권리가 없다. 그가 사회 관계에서 특히 뛰어나 호의를 받을 만하고, 그렇게 하여 다른 사람의 친절을 받을 만한 자격을 확보하고, 오직 그 자신에게만 관계된 결점에 의해서는 그런 그들의 친절이 영향을 받지 않을 경우 이외에는, 그는 불만을 토로할 권리가 없는 것이다.

요컨대 내가 힘주어 주장하는 것은 다음과 같은 일이다. 사람은 생활 속에서 행위와 성격으로 자신의 행복에는 관계하지만, 그와 다른 사람들의 관계에서는 다른 사람의 이익에 조금도 영향을 끼치지 않는 부분 때문에 받지 않으면 안 되는 불편(inconve-niences)은—그것이 만일 있다면—다른 사람의 호의적이지 않은 판단과 긴밀하게 결부되어 있음직한 불편뿐이다.

다른 사람에게 해를 입히는 행위는 이것과 전혀 다르게 취급해야 한다. 다른 사람의 권리를 침해하는 행위, 행위자 자신의 권리로서는 좀처럼 정당화시킬 수 없는 손실이나 손상을 다른 사람에게 입히는 행위, 다른 사람들과 거래하는 중 사기나 배신 행위, 다른 사람의 약점을 잡아 무자비하게 물고 늘어지는 행위, 심지어 이기심 때문에 다른 사람이 받게 될 위해를 막아주려 하지 않고 본체만체하는 행위, 이러한 모든 행위는 도덕적 비난의 정당한 대상이며, 또한 중대한 경우에는 도덕적 보복이나 형벌의 정당한 대상이 된다.

비단 이와 같은 행위뿐만 아니라, 이런 행위를 낳게 하는 성향(性向)도 역시 부도덕한 것이라서 당연히 비난을 받아야 할 것이며, 또한 증오의 감정을 불러일으키는 일도 있을 것이다. 잔인한 기질, 악의와 교활한 성미, 모든 감정 가운데서 가장 반사회적이며 가장 역겨운 실투, 위선과 불성실, 충분한 이유 없이 화내거나 자극에 어울리지 않게 격분하는 일, 다른 사람을 지배하기 좋아하는 일, 지나친 이익을 독차지하려는 욕구(그리스 인의 탐욕), 다른 사람의 실추를 보고 만족을 느끼는 오만, 자기와 자기에게 관계 있는 것만 무엇보다도 소중하게 생각하고 모든 의심스런 문제를 자기에게 유리하게 결정하는 자기 중심주의(egotism) — 이러한 것들은 모두 도덕적 결함이자 옳지 못한 가증스러운 도덕적 성격을 구성하는 것이다. 이것들은 앞에서 이야기한 일신상의 결점과는 다른 것이다. 일신상의 결점은 본래가 부도덕한 것은 아니고, 아무리 극단적으로 몰아부쳐도 사악한 것이 되지는 않는다.

이와 같은 일신상의 결점은 어느 정도의 어리석은 행위나, 인격적인 위엄이나, 자존심의 결여를 입증하는 것인지도 모른다. 그러나 개인 스스로 배려해 주어야 할 의무를 지니고 있는 사람들에게 의무 이행을 하지 않을 때 도덕적인 비난의 대상이 된다. 자기 자신에 대한 의무라고 불리는 것은, 그때그때 발생하는 사정에 의해서 그것이 동시에 다른 사람에 대한 의무로도 되지 않는 한 사회적으로 의무적인 것은 아니다. 자기 자신에 대한 의무라는 말은 그것이 단순한 사려 분별(prudence) 이상의 것을 의미할 때는 자존(自存 : selfexitence)이나 자기 발전을 의미한다. 그리고 자존이나 자기 발전은 그 어느 것에 대해서도 그의 동포에게 개인은 책임이 없는 것이다. 왜냐하면 그의 동포에 대해서 책임을 지지 않는 편이 인류의 행복을 위하는 길이 되기 때문이다.

어떤 사람이 사려 분별이나 인격의 결여 때문에 입게 될지 모를 모욕(존경의 상실)과, 다른 사람의 권리를 침해했기 때문에 당연히 받아야만 하는 비난 사이의 차이는 단순히 명목상의 차이가 아니다. 우리가 그를 능히 강제할 수 있는 권리를 가지고 있다고 생각하는 경우에 그가 우리들을 불쾌하게 만드느냐, 아니면 그러한 권리가 우리들에게는 없다는 것을 알고 있는 경우에 그가 우리들을 불쾌하게 만드느냐에 따라서 그에 대한 우리들의 감정이나 행위에는 커다란 차이가 생긴다.

만일 그가 우리를 불쾌하게 만든다면 우리는 그 불쾌감을, 즉 싫다는 감정을 나타내도 좋고, 우리는 마음에 들지 않는 물건을 가까이하지 않듯이 그러한 사람들을 가까이하지 않아도 좋다. 그러나 우리는 그의 생활까지 반드시 불쾌하게 만들어야 한다고 생각지는 않을 것이다. 우리는 그가 잘못에 대한 충분한 형벌을 이미 받고 있다는 것, 또는 앞으로 받게 되리라는 것 등을 한번 생각해 보지 않으면 안 된다. 처신을 잘못해서 자기 생활을 망쳐 버리고 있다고 하더라도, 그의 생애를 더욱 망치려고 생각해서는 안 될 것이다. 그를 벌하고 싶다고 생각하는 대신 오히려 그의 행위가 그에게 초래할 해악을 어떻게 하면 피할 수 있는지, 또는 바로잡을 수 있는지를 그에게 가르쳐서 그의 벌을 경감해 주도록 노력해야 할 것이다.

그는 우리에게 불쌍하고 가련한 대상일 수도, 혐오의 대상일지도 모르지만, 노여움이나 원한의 대상은 아니다. 우리는 그를 사회의 적으로 취급해서는 안 될 것이다. 만일 우리가 그에게 애정을 가지고 우려나 관심을 보이지는 못하더라도, 우리가 당연히 행하여도 좋다고 생각하는 가장 가혹한 처사는, 그가 좋아하는 대로 내버려 두는 일이다.

그러나 만일 동포를 개인적 혹은 집단적으로 보호하기 위해서 만들어진 여러 규칙을 그가 짓밟았다면, 사정은 아주 달라지게 된다. 이런 경우에는 그의 행위가 만든 유해한 영향이 그 자신에게가 아니라 다른 사람들에게 미친다. 따라서 사회는 모든 성원의 보호자로서 그에게 보복하지 않으면 안 된다. 처벌이라는 명백한 목적을 가지고 그에게 고통을 줄 뿐만 아니라, 또한 그것이 충분히 엄한 것이 되도록 주의하지 않으면 안 된다. 이런 경우에 그는 우리의 법정에 서게 되는 범죄자이며, 그를 재판할 의무가 우리에게 있을 뿐만 아니라, 어떠한 형태로든 우리들이 내린 판결을 집행할 의무가 있다. 앞의 경우에는(그가 단지 그 자신에 관한 결점을 보이고 있는 경우), 그에게 어떤 고통을 주는 것은 우리가 할 일이 아니다. 그러나 우리들이 자기 자신의 문제를 처리할 때에 허용하고 있는 것과 같은 동일한 자유를 우리가 그에게 행사함으로써 부수적으로 생길지도 모르는 그의 고통만은 제외해 놓고 하는 말이다.

앞에서 지적한 것처럼 사람의 생활 가운데서 자기 자신에게만 관계되는 부분과 다른 사람에게 관계되는 부분을, 이렇게 구별하는 것을 많은 사람들은 인정하지 않으려고 할 것이다. 사회의 한 구성원인 사람의 행위 중 어떠한 부분이(당연히 다음과 같은 의문이 생길 것이다) 다른 성원들에게 무관심의 대상이 될 수 있을까? 어느 누구도 완전하게 고립해서 살아갈 수 있는 존재는 아니다. 어떤 사람이 자기 자신에게 중대하거나 또는 영구적인 해를 줄 수 있는 행위를 한다면, 그 해악은 그의 친척이나 혹은 더욱 광범위하게 미칠 것이다.

만일 그가 자기의 재산에 손해를 입힌다면, 그는 직간접으로 거기에서 생활의 밑천을 얻고 있는 사람들에게 해를 주게 되는 것이며, 또한 일반적으로 사회 전체의 재산(부)을 감소시키게 될 것이다. 만일 그가 자기의 신체적 또는 정신적 능력을 저하시킨다면, 그는 그의 도움으로 행복의 일부를 얻고 있는 모든 사람들에게 해악을 초래할 뿐만 아니라, 또한 일반 동포에게 지고 있는 의무를 다할 수 없게 된다. 아마도 그는 동포들의 애정이나 자비심에 의지하는 귀찮은 존재가 될 것이다. 그와 같은 행위가 매우 빈번하게 되풀이된다면, 그것은 어떠한 범행에 못지않게 사회 전체의 행복의 양(量)을 감소시키게 될 것이다.

마지막으로, 어떤 사람이 자기의 악덕이나 어리석은 행위로 인해 다른 사람에게 직접 해를 끼치지는 않더라도, 그와 같은 나쁜 실례를 보임으로써 세상에 해독을 끼치게 된다(고 할 수도 있을 것이다). 그의 행위를 보거나 들으면, 그것이 계기가 되어 타락하거나 길을 잘못 들게 될지도 모르는 사람들을 보호하기 위해서 그의 자제를 강요하는 것이 당연하다고 할 것이다.

악행의 영향을 받는 것이 행실이 좋지 않은 개인이나 몰지각한 개인에게만 한정될 수 있는 것이라 하더라도, 사회는 명백히 그 자격(자신을 올바르게 인도해 갈 수 있는 사회의 일원으로서의 자격)을 갖지 못하고 있는 사람들을 제멋대로 방임해도 좋은 일일까? 어린이나 미성년자의 경우에 그들이 스스로 보호되어야 한다는 것이 분명히 당연한 일이라면, 그들과 마찬가지로 자제 능력이 없는 성년자에 대해서도 사회는 똑같이 보호를 해 줄 의무가 있는 것이 아닐까?

만일 도박·무절제(음란)·태만·주정·불결 등 법으로 금지되어 있는 행위의 대부분과 마찬가지로 행복에 유해하며 진보에도 큰 방해물이라면(다음과 같은 질문을 받을 것이다), 그것이 실행 가능하며 사회적 편의와 서로 충돌하지 않는 한, 법은 이들의 행위까지도 억제하려고 노력해야 하는 것이 아닐까? 그리고 피치 못할 법률의 결함을 보완하는 방법으로서 이들의 악덕에 대해 적어도 여론은, 강력한 단속 기관을 만들어 이러한 악덕을 일삼는 사람들을 사회적인 제재로서 엄하게 벌해야 하지 않을까? 여기에는 개성을 제한한다든지, 새로운 독창적인 생활의 실험을 방해한다든지 하는 문제는 아무것도 없다(라고 이야기 될 것이다).

하지 못하도록 저지되기를 바라는 것은, 이 세계가 열린 이래 오늘날까지 시도했다가 비난을 받아온 것들, 즉 지금까지의 경험으로 보아 어떤 사람의 개성에도 쓸모가 없고 부적당하다는 것이 명백해진 것들뿐이다. 도덕상의 진리나 처세상 사리를 분별해 주는 진리가 확실한 것이라고 인정받을 수 있을 때까지는 상당히 긴 시간과 상당한 정도의 경험이 필요하다. 그리고 바라는 것은, 앞으로 이어갈 세대가 일찍이 조상들이 파멸해 온 것과 같은 동일한 절벽으로 떨어지지 않도록 해 주는 일뿐이다.

어떤 사람이 스스로 행한 해악이 자기와 친한 사람들의 공감과 이해나 관심을 통해서 그들에게 중대한 영향을 미치며, 또한 이보다 미약하지만, 사회 전체에도 영향을 미치는 일이 있다는 사실을 나도 충분히 인정한다. 어떤 사람이 이런 종류의 행위로 다른 사람들이나, 또는 다른 사람들에 대한 특정한 의무를 이행하지 않게 된다면, 이런 경우에는 일신상에 관한 사항의 범위를 벗어나게 되며, 도덕적 비난을 받아야 한다.

예를 들면, 혹시 어떤 사람이 무절제나 낭비로 채무를 변제하지 못하게 된다든지, 가족에 대한 도덕적 책임을 맡고 있으면서도 역시 똑같은 이유로 그들을 부양, 교육할 수 없게 된다면, 그가 비난받는 것은 당연한 일이며, 또한 처벌을 받아도 마땅한 것인지 모른다. 그러나 그것은 그의 가족이나 채권자에 대한 의무의 불이행 탓이지 낭비의 탓은 아니다. 그들에게(그의 가족이나 채권자에게) 주려고 한 돈이 가장 현명한 투자에 전용되었다 하더라도 역시 도덕적인 죄악이라는 점에 있어서는 마찬가지다.

조지 반웰(George Barnwell)[1]은 그의 정부(情婦)에게 줄 돈을 마련하기 위해 삼촌을 살해했지만, 그가 사업으로 성공하기 위해 그랬다 하여도 교수형을 받았을 것이다.

또한 흔히 있는 일이지만, 악습에 빠져 가족을 슬프게 만드는 사람은 그 박정스러움이나 은혜를 모르는 일 때문에 당연히 비난을 받아야 할 것이다. 그 자체로서는 그다지 악덕이 아닌 습관일지라도, 그것이 그와 함께 살고 있는 사람들이나 혈육의 관계로 그에게 의존하고 있는 사람들에게 고통을 준다면, 그는 당연히 비난을 받아야 할 것이다. 뭔가 더욱 긴박한 의무 때문에 부득이 하게 되거나, 자기 자신의 일을 우선적으로 해결하는 것이 허용되는 경우가 아닌데도 불구하고, 다른 사람의 이해나 감정에 당연히 베풀어야 할 배려를 태만히 하는 사람은 누구나 그 태만 때문에 비난의 대상이 된다.

그러나 이와 같은 비난의 대상이 되는 것은 그러한 행위를 하게 만든 원인 때문은 아니며, 이러한 행위의 원인이 되었을지도 모르는, 오직 그 자신에게만 관계된 과오 때문도 아니다.

이와 마찬가지로 만일 어떤 사람이 순전히 자기 자신에게만 관계되는 행위 때문에 그에게 부과된 공중에 대한 어떤 명확한 의무를 다할 수 없게 되면, 그

---

[1] 릴로(George Lillo, 1693~1739)의 희곡 《런던 상인(The London Merchant, or The History of George Barnwell, 1731)》의 주인공이 조지 반웰이다. 이 극은 창녀 밀우드에게 유혹받아 타락하게 되고, 마지막에는 살인까지 하게 되는 어떤 도제의 생애를 그린 작품이다. 상인의 일상 생활을 다룬 최초의 비극으로 호평을 받았다고 한다.

는 하나의 사회적인 범죄를 저지른 것이 된다. 단순히 술에 취했다고 해서 아무나 벌을 주어야 하는 것은 아니다. 그러나 군인이나 경찰관이 근무 중에 취해 있다면 처벌을 받아야 마땅하다. 요컨대 개인 또는 공중에 대해서 명백한 손해를 입히거나 손해를 입힐 위험이 있을 때는 그 문제는 자유의 영역을 넘어서 도덕이나 법의 영역에 놓이게 된다.

그러나 대중에 대한 특정한 의무를 이행하지 않은 것도 아니고, 자기 이외의 누군가 특정한 개인에게 명백한 해를 미치는 일도 아닌 행위로, 어떤 사람이 사회에 대해 일으키는 단순히 우발적(contingent)인 — 또는 추정적 위해(推定的危害 : constructive injury) — 위해에 대해 말한다면, 이 경우의 불편(부자유)은 인간의 자유라고 하는 더 큰 선(善)을 위해 사회가 능히 견디어 낼 수 있는 것이다.

만일 성인이 자기를 적절하게 돌보지 않은 탓으로, 즉 자기 자신을 소중히 여기지 않았다고 해서 벌을 받아야만 한다면, 나는 오히려 그 벌이 그들 자신을 위해서 그렇게 되기를 바라며, 즉 사회 자체가 요구할 권리가 있다고 주장하지도 않는 복리, 그 복리를 사회에 부여할 수 있는 그들의 능력이 만의 하나라도 손상되어서는 안 된다는 구실로 벌을 받는 것이 아니기를 바라고 싶다.

그러나 나는 이 문제에 관해서 다음과 같이 논하는 것은 좀처럼 찬성할 수가 없다. 사회가 그 우둔한 구성원을 교육시켜 이성적인 행위를 할 수 있는 보통 수준까지 이끌어 올리기 위해서는, 그들이 뭔가 불합리한 일을 저지를 때까지 기다렸다가 법적 또는 도덕적으로 벌할 수밖에 없다는 투로 논하는 것 말이다. 사회는 그들의 유년 시절과 미성년기 전부를 지배하고 있었기 때문에, 그 기간에 그들이 세상에서 합리적인 행위를 할 수 있는가 어떤가를 시험할 수가 있었을 것이다.

현세대의 사람들은 앞으로 다가올 세대의 훈련과 모든 환경을 뜻대로 할 수 있는 주인공이기도 하다. 물론 현세대의 사람들이 다가올 세대를 현명하게, 또한 선량하게 만들 수가 없는 것도 분명한 사실이다. 왜냐하면 현세대의 사람들이 감탄할 정도로 현명하지도 선량하지도 못하기 때문이다. 더구나 그 최선의 노력까지도 개개의 경우에는 언제나 반드시 성공을 거두는 것도 아니다. 그러나 현세대의 사람들은 다가올 세대를 전체적으로 자기네와 비슷할 정도로 선량하게, 혹은 자기네들보다도 어느 정도 좀 더 선량하게 할 수가 있는 것이다.

만일 사회가 많은 구성원을, 직접적이 아닌 원대한 동기를 합리적으로 생각하여 자기 자신을 규율할 수가 없는 쓸모 없는 어린이로 성장하게 한다면, 이 결과에 대해서 사회는 스스로 책임을 져야 할 것이다. 사회는 교육의 전권(全權)을 위임받고 있을 뿐만 아니라, 자기 스스로 판단을 내릴 수 있는 능력이 부족한 사람들 위에 언제나 군림하는 권위적이며 지배적인 여론의 힘까지도 가지고 있다. 또한 사회는 잘 아는 사람들의 혐오나 경멸의 대상이 되고 있는 사람들 위에 떨어지기 마련인 '자연적 형벌(natural penalties)'까지도 지원받고 있다.

그러므로 사회로 하여금 이 모든 것 외에 개인의 일신상의 문제까지도 명령을 내리거나, 복종을 강제할 권리가 필요하다는 주장을 하게 해서는 안 된다. 개인의 일신상의 문제는 정의와 정책의 모든 원칙에서 바라볼 때, 그 결정권은 그 결과를 달게 받아야 할 당사자들에게 맡길 일이다. 또한 행위에 영향을 미치는 나쁜 수단은, 일단 그것이 사용되면 좋은 수단을 실추시키고, 좌절시키는 것도 없다.

만일 신중한 태도나 자제심을 갖도록 강제당하는 사람들 가운데 강건하고 독립적인 성격을 형성할 자질이 조금이라도 있다면, 그들은 틀림없이 이와 같은 속박에 반항할 것이다. 그 사람들은 다른 사람들이 일신상의 문제에 그들이 위해를 가하는 것을 방지할 권리가 있는 것과 마찬가지로, 그들의 일신상의 문제도 다른 사람들이 지배할 권리가 있다고는 결코 느끼지 않을 것이다. 그리고 이와 같이 잠식당한 권리에 정면으로 반항하여 그것이 명하는 것과 정반대의 일을, 이것 보라는 듯이 하는 것을 활기와 용기의 표시라고 쉽게 생각할 것이다. 찰스 Ⅱ세[2]의 시대에 청교도는 매우 편협한 광적인 태도를 보였는데, 이 뒤를 이어 나타난 야비한 도덕적 문란의 유행이 그 실례이다.

품행이 나쁜 사람이나 방종한 사람이 다른 사람들에게 나쁜 본보기를 보이는 일이 없도록 사회를 보호할 필요성이 있다는 논의에 대해서 말한다면, 확실히 나쁜 본보기가 유해한 영향을 다른 사람에게 미칠 수 있다는 것은 사실이다. 특히 다른 사람에게 위해를 가해도 가해자가 벌을 받지 않는 실례는 특히 그러하다.

그러나 우리는 지금 다른 사람에게는 아무런 해도 없지만, 행위자 자신이 큰 해를 입는다고 생각되는 행위를 문제삼고 있다. 그런데 이상과 같은 일을 믿는 사람들이, 어떻게 이와 같은 예가 유해하다기보다는 오히려 유익할 것이 틀림없다는 사고방식을 가질 수 없는지 나는 모르겠다. 왜냐하면 그러한 실례가 사람들에게 악행을 보이기도 하겠지만, 동시에 고통스럽거나 불명예스러운 결과도 세상 사람들에게 보여 줄 것이기 때문이다. 그런데 이와 같은 고통과 불명예의 결과는 적어도 나쁜 행실에 대해서 정당한 비난이 가해지는 한, 모든 경우에 반드시 따르는 것으로 생각되어야 할 것이다.

그러나 순수하게 개인적인 행위에 사회가 간섭하는 것을 반대하는 논의 가

---

2 Chales Ⅱ(1630~1685). 잉글랜드의 국왕. 찰스Ⅰ세의 아들로, 청교도 혁명 중에 프랑스·네덜란드로 망명했다가 크롬웰이 죽은 뒤인 1660년의 왕정 복고로 즉위하여 스튜어트 왕조를 부활시켰다. 그러나 그는 정사를 돌보지 않고 너무나 방탕한 생활을 즐겼다.

운데서 가장 유력한 것은, 사회가 감히 간섭을 하게 될 경우에는 아마 그것은 잘못된 방식이나, 또는 전혀 간섭해서는 안 될 일에 간섭할 공산이 크다는 것이다.

사회적 도덕이나 다른 사람에 대한 의무의 문제로서 사회의 의견, 즉 지배적 다수자의 의견은 잘못되는 경우도 가끔 있기는 하지만 옳은 경우가 오히려 더 많은 것 같다. 왜냐하면 그와 같은 문제에 대해서 그들은 자기 자신의 이해(利害)를 판단하기만 하면 되며, 어떤 행동의 양식이 만일 실행에 옮겼을 때 그들 자신에게 어떤 영향을 주는가를 판단하기만 하면 되는 것이니까 말이다.

그러나 같은 다수자의 의견이 일신상의 행위라는 문제에 대해서 소수자에게 하나의 법으로서 부과되면, 그것은 옳을 수도 있겠지만 전혀 잘못될 수도 있는 것이다. 왜냐하면 이와 같은 경우에 여론이 뜻하는 것은 고작 무엇이 좋은 것이고 무엇이 나쁜 것인가에 대한 일부 사람들의 의견에 지나지 않는 것이며, 더욱이 그것마저도 의미하지 않는 수가 지극히 많기 때문이다.

그리고 공중(사회)은 철저히 무관심한 태도로 사회가 비난하는 행위를 저지르는 사람들의 쾌락이나 편의는 전혀 고려하지 않고 주로 자기 자신의 취향만을 생각하는 것이다. 세상에는 자기 마음에 들지 않으면 그것이 어떤 행위이든 자기에게 해를 미치는 것이라고 생각하고, 자기의 감정에 대한 모욕이라고 분개하는 사람이 많다. 마치 완고한 종교 신자가 다른 사람들에게 자기의 종교적 감정을 무시한다는 비난을 당하면, 상대야말로 저주받을 신앙이나 신조를 고집하여 자기 감정을 유린하는 것이라고 반박하는 것과 마찬가지이다.

그러나 어떤 사람이 자기의 의견에 대해서 품는 감정과 그가 그러한 의견을 가지고 있는 것에 분개하는 다른 사람과의 사이에는 아무런 유사점도 없다. 그것은 지갑을 훔치고자 하는 도둑의 욕망과 지갑을 빼앗기지 않으려고 하는 정당한 소유자의 소망의 관계와 같다. 사람의 취향은 그의 의견이나 지갑과 마찬가지로 그 사람 자신의 개인적인 관심사인 것이다.

불확실한 모든 사항에 대해서는 개인의 자유와 선택에 맡겨 이를 방해하지 않고, 다만 뭇사람들의 보편적인 경험에 의해서 부당한 것으로 단정된 행위는 삼갈 것을 요구하는, 그런 이상적인 사회를 상상하는 것을 누구에게나 간단한 일이다. 그러나 자기의 감독권에다 이와 같은 제한을 둔 사회를 과연 어디서 찾을 수 있단 말인가? 또한 사회는 도대체 어느 때가 되면 뭇사람들의 경험을 알기 위해 노력을 기울일 것인가?

각 개인의 행위에 간섭할 때, 사회는 그 사회 자체와 다르게 행동하거나 느끼는 것을 건방지기 이를 데 없는 일이라고 생각할 뿐, 그 이외의 것을 생각하는 일은 거의 없다. 이와 같은 판단의 기준을 다소 위장하여 모든 도덕가, 사색가의 90%에 이르는 사람들이 종교 및 철학의 명령으로서 인류에게 제시하고 있는 것이다. 이러한 사람들은 "사물이 바르기 때문에 바른 것이며, 우리가 바르다고 느끼기 때문에 바른 것이다."라고 가르치고 있다. 그들은 우리에게 "정신과 심정의 밑바닥을 파헤쳐서 우리 자신과 다른 모든 사람들에게 의무로서 부과된 행위의 규칙을 찾아라."고 한다. 불쌍한 대중은 이러한 가르침에 적응하여 선악에 대한 그들의 개인적 감정이 상당한 정도로 일치하고 있다면, 그 가르침을 전세계에 의무로서 밀어붙이는 것 이외에 도대체 무엇을 할 수 있단 말인가?

여기서 지적한 해악은, 이론 위에서만 존재하는 것이 아니다. 여기에서 아마 여러분들은 현재 우리 나라의 대중이 자기가 좋아하는 것에 부당하게 도덕률의 성격을 띠게 하는 여러 가지 실례를 내가 열거해 주기를 기대할지도 모른다. 그러나 나는 지금 현재의 도덕적 감정의 정도(正道)를 벗어난 일탈에 대한 논문을 쓰고 있는 것은 아니다. 그것은 덧붙여서 얘기하거나 또한 예증(例證)으로서 논의하기에는 너무나도 중대한 문제이다.

그렇지만, 내가 주장하는 원리가 참으로 중요성을 가진 것이며, 또한 내가 단순한 해악에 대해서 가상(假想)으로 장벽을 구축하려는 것이 아님을 명확히 하기 위해서라도 실례가 필요하다. 도덕적 경찰권(moral police) — 도덕적 단속 기관—이라고 불릴 만한 것의 범위를 넓혀서, 조금도 의심의 여지가 없을 정도의 정당한 자유를 침해하게 되는 것이야말로 인간에게 가장 보편적인 성향의 하나라는 것을 풍부한 실례로 나타내기는 그다지 어려운 일이 아니다.

우선 첫번째 실례로, 자기들과는 다른 종교적 의견을 가진 사람들이 종교상 엄수해야 할 것, 그 가운데서도 특히 종교적 금기(禁忌)를 지키지 않는다는 이유만으로 사람들이 품게 되는 반감에 대해서 생각해 보자. 좀더 자세한 예를 든다면, 그리스도 교도의 신조와 관습 가운데서 그들이 돼지고기를 먹는다는 사실만큼 회교도의 증오심을 불지르는 것도 없다. 배고픔을 채우는 이 특유한 방법(돼지고기를 먹는 풍습)을 볼 때 회교도가 품는 혐오감을, 그리스도 교도나 유럽인들은 좀처럼 느끼지 못할 것이다. 돼지고기를 먹는다는 것은 우선 무엇보다도 그들의 종교(회교) 교리를 배반하는 일이다. 그러나 이 사정만으로는 어째서 그들의 증오가 그렇게까지 강한 것인지 결코 설명할 수가 없다. 왜냐하면 포도주도 그들의 종교에서는 금지되어 있으나, 포도주를 마시는 것은 모든 회교도들은 나쁜 일이라고는 생각하지만, 혐오할 만한 것이라고는 생각지 않기 때문이다.

그 '불결한 짐승'에 대한 그들의 혐오는 포도주의 경우와는 반대로 본능적인 반감과도 같은 독특하고도 특수한 성질을 가지고 있다. 그것은 불결하다는 관념이 일단 감정 속에 침투해 버리면 일상적인 생활이 청결하다고는 도저히 말할 수 없는, 사람들의 마음속에서 언제나 솟아나는 종류의 혐오인 것이다. 힌두교도가 가지는 특별한 종교적 불결감은 그러한 특징적인 하나의 실례이다.

그러면 대부분이 회교도로 이루어진 어느 국민 속에서 대다수가 그 나라의 영토 안에서는 돼지고기를 먹지 않아야 한다고 주장하는 경우를 상상해 보자. 이러한 경우, 회교 국가에서는 결코 신기한 일이 아닐 것이다.[3] 과연 이것을 여론의 도덕적 권위의 정당한 행사라고 할 수 있을까? 만일 그렇지 않다면 그것은 무엇 때문일까?

사실 돼지고기를 먹는다는 이런 습관은 대중에게는 사실 몸서리칠 정도로 흉칙스런 것이다. 그들은 이 습관을 신(神)이 금하고 혐오하고 있다고 진심으로 믿고 있다. 따라서 돼지고기 먹는 것을 금지하는 것을 종교적 박해라고 비난할 수도 없을 것이다. 그것은 기원이 종교적이었는지 모르지만, 어떤 종교든 돼지고기를 먹는 것을 의무로서 정하고 있지는 않으니까, 종교적인 박해라고 말할 수는 없을 것이다. 이와 같은 금지를 옳지 않다고 비난하는 유일한 근거는, 개인의 취미나 개인의 일신상에 관한 사항은 사회가 간섭할 권리가 없다는 것일 뿐이다.

좀더 가까운 화제로 실례를 옮겨 보기로 하자. 스페인 사람들의 대부분은 로마 카톨릭 이외의 방법으로 신을 예배하는 것은, 신에 대하여 엄청난 불경(不

---

3 (원주) 봄베이의 파르시 족(parsees)의 경우는 매우 흥미 있는 적절한 실례이다. 배화 교도의 후손인 파르시 족은 부지런하고 진취적인 종족인 칼리프(Caliph)의 지배를 피해 고국을 떠나 서부 인도에 도착했다. 그들은 쇠고기를 먹지 않는다는 조건부로 힌두 교도의 왕들로부터 신앙의 자유를 허락받았다. 그런데 그후, 이 지역이 회교도인 정복자들의 지배를 받게 되었을 때 이 파르시 족은 이번에는 돼지고기를 먹지 않는다는 조건부로 그들로부터 계속 신앙의 자유를 허락받았다. 처음에는 권력자에 대한 복종으로 되었던 것이 어느덧 제2의 천성이 되어서 이 파르시 족은 오늘날에 이르기까지도 쇠고기와 돼지고기 모두를 먹지 않는다. 자기들의 종교에 의해서 생긴 것은 아닌데도 이러한 이중의 금제는 오랜 기간 동안 지속되었기 때문에 마침내 파르시 족의 관습으로 되어 버린 것이다. 그리고 동양에서는 이처럼 관습이 하나의 종교로 되어 있는 경우가 많다.

敬)이며 최대의 모독이라고 생각하고 있다. 그래서 다른 형식의 모든 공적인 예배는 스페인 국토 내에서는 비합법적이다. 대부분의 남부 유럽 인들은 아내를 둔 사제를 경건하지 못한 자일 뿐만 아니라, 부정하고 불건전하며 외설적이어서 혐오스런 자들이라고 여긴다. 이와 같이 진심에서 우러나오는 그들의 감정이나, 또한 카톨릭 교도 이외의 사람들에 대해서도 자기들과 같은 반감을 가지게 하려는 기도(企圖)에 대해서 프로테스탄트(신교도)는 과연 어떻게 생각할 것인가?

그러나 인류가 다른 사람의 권리에 관계하지 않는 일에 대해서 상호간 개인의 자유에 간섭하는 것이 정당화된다면, 대체 어떠한 원리에 의해서 모순 없이 이같은 경우를 제외시킬 수 있을까? 또한 사람들이 신과 인간의 눈으로 보아 치욕적 행위(scandal)라고 할 만한 것을 억압하려 할 때, 과연 누가 감히 비난할 수 있을 것인가? 개인적인 부도덕이라고 평가되는 것을 금지하기 위해 제기되는 주장 중에서, 앞에서 말한 신에 대한 여러 가지 경건하지 못한 행위[4] 때문에 금지한다고 말하는 사람들의 주장처럼 강한 것은 없다.

따라서 우리가 자진해서 박해자의 논리를 채용하지 않는 한, 그리고 우리들은 올바르니까 다른 사람들을 박해해도 좋지만, 다른 사람들은 잘못되어 있기 때문에 우리들을 박해해서는 안 된다는 주장을 원하지 않는 한, 우리들은 우리 자신에게 적용하면 너무 심한 부정이라고 분개하게 될 그런 원리를 인정하는 일이 없도록 조심하지 않으면 안 된다.

앞의 여러 가지 예를 보고, 우리 나라에서는 좀처럼 있을 수 없는 우연적인

---

[4] 돼지고기를 먹는 일, 로마 카톨릭 교회가 시인하는 이외의 방식으로 예배를 보는 일, 성직자가 결혼하는 일 등을 가리킨다.

경우에서 뽑아낸 인용이라고—다소 불합리한 것이지만—반론을 제기할지도 모른다. 우리 나라의 여론은 짐승의 고기를 먹지 말라고 강제하는 일이 없으며, 사람들이 자기의 신조나 취향에 따라서 예배하고, 또한 결혼하거나 결혼하지 않는 일에 대해서(독신을 지키는 일에 대해서) 간섭을 하지 않기 때문이다. 그렇지만 다음의 예는 우리가 그 위험을 이미 완전히 벗어난 것이라고 결코 말할 수 없는 자유에 대한 간섭이니까 한번 들어 보기로 하자.

미국의 뉴잉글랜드[5]나 공화정 시대[6]의 영국처럼 청교도가 완전한 권력을 잡고 있었던 곳 어디서나, 그들은 모든 대중적인 오락, 그리고 거의 모든 개인적인 오락을 금지하려고 노력한 결과 상당한 성공을 거두었다. 그중에서도 특히 음악·춤·공개적인 경기나 오락을 목적으로 하는 집회, 그리고 연극이 금지되었다.

아직도 우리 나라에는 이같은 오락을 부정하는 도덕적 관념과 종교적 의견을 가진 사람들의 대집단이 있다. 그러한 사람들은 주로 중산 계급에 속해 있으며, 이 중산 계급은 영국의 현재 사회적, 정치적 상황 아래에서는 지배적 세력이어서 이와 같은 감정을 가진 사람들이 언젠가 의회에서 다수를 점하게 되는 일이 결코 있을 수 없는 일은 아닐 것이다. 그렇게 되면 사회의 나머지 계층 사람들은 당연히 자기들에게 허용되어야 할 오락을 이같은 엄격한 칼뱅파 교도나 메서디스트 교도[7]의 종교적, 도덕적 감정에 의해서 규제되는 것을 과연

---

[5] New England. 미국의 동북부 지방. 메인, 뉴햄프셔, 버몬트, 메사추세츠, 로드아일랜드, 코네티컷의 여섯 개 주를 포함하고 있다.
[6] 영국의 공화정 시대(Great Britain at the time of the Commonwealth)라고 하는 것은 1649년 국왕 찰스 I세의 처형으로부터 1660년의 왕정 복고까지를 말한다. 그러나 크롬웰이 호국경으로 추대된 1653년 이후부터는 사실상 독재 정치였다.
[7] Methodists. 1739년 영국 옥스퍼드 대학에서 웨슬리(John Wesley) 형제와 조지 화이트필드(George Whitefield) 등이 중심이 되어 일으킨 영국 국교의 개혁 운동의 일파. 감리교회.

좋아할 수 있을까? 그들은 이같이 간섭하기를 좋아하는 신앙심 강한 사람들에게 다른 사람 일에 신경쓰지 말고 네 자신의 일이나 신경 쓰라고 강력히 요구하게 될 것이 아닐까?

자기들이 좋지 않다고 생각하는 쾌락은 어느 누구도 즐겨서는 안 된다고 건방지게 주장하는 모든 정부와 모든 사회(공중)를 향해서 이와 똑같은 말을 해도 좋을 것이다. 그러나 만일 이와 같은 건방진 주장의 원리가 인정된다면, 또한 나라의 다수자나 다른 지배적 세력의 판단에 따라서 이 원리가 실제로 적용된다면, 아무도 그것에 합리적인 반박을 할 수는 없을 것이다. 그리고 쇠퇴해 있다고 생각되었던 종교가 가끔 그렇게 되듯이(그런 일은 얼마든지 있으니까), 만일 뉴잉글랜드의 초기 식민자(개척자)들의 종교와 유사한 종교적 신앙이 그 실지(失地)를 회복하는 데 성공을 한다면, 모든 사람들은 당시의 식민자들이 이해하고 있었던 것과 같은 그리스도교 공화국에 즉각 동조할 생각을 갖지 않으면 안 되는 것이다.

다음에는 지금 말한 것보다 더욱 현실적으로 일어날 것 같은 경우를 상상해 보자. 현대의 세계는 민주적인 정치 제도를 동반하든 안하든 간에, 민주적인 사회 체계(사회 조직)로 향하는 강한 경향이 명백하게 존재하고 있다. 이 경향이 가장 완전하게 실현되어 있는 나라─사회나 정부가 다 같이 가장 민주적인 나라─미합중국에서는 자기네가 상대할 수 없을 것 같은 사치스런 생활 양식이 나타나면 다수의 사람들은 그것을 불쾌하게 느끼는데, 그런 다수자의 감정이 사치 금지법(sumptuary laws)을 낳았고, 합중국의 많은 지방에서는 거액의 소득을 얻고 있는 사람이 민중의 비난을 사지 않을 수 있는 소득의 소비 방법을 발견하기가 참으로 어렵다는 게 사실로 알려져 있다.

이와 같은 이야기는 현존하는 사실을 설명하는 데는 의심할 바도 없이 크게 과장되어 있지만, 여기서 이야기되고 있는 사태는 민주적 감정이 다음과 같은 생각과 결부된 경우에, 즉 민주적 감정이 사회는 개개인의 소득의 소비 방법까지 부인할 권리를 가진다는 생각과 결부된 경우에 상상할 수 있는 결과일 뿐만 아니라, 쉽게 일어날 수 있는 결과이기도 하다.

우리는 한 걸음 더 나아가서 사회주의적 의견이 널리 보급된 경우를 상상해 보기로 하자. 그때는 매우 소액 이상의 재산을 갖는 것이나 육체 노동으로 얻어진 것이 아닌 어떤 불로 소득을 얻는 것은, 다수자의 눈에는 불명예스런 일로 비치게 되는지도 모른다.

이와 유사한 의견은 이미 직공 계급(artisan class) 사이에 널리 보급되어 있고, 주로 그 계급의 의견에 따르지 않으면 안 되는 사람들, 즉 그 계급의 구성원들을 압도적으로 지배하고 있다. 산업의 많은 부문에서 직공의 대다수인 미숙련공들은 다음과 같은 강경한 의견을 가지고 있다고 알려져 있다. 미숙련공도 숙련공과 동일한 임금을 받아야 하며, 어느 누구도 일한 양대로 지급받거나(piecework), 우수한 기술과 근면에 의해서 그렇지 못한 사람들보다 더 많은 소득을 허용해서는 안 된다는 것이다. 그리고 그들은 도덕적 제재를 구사하여 ― 때로는 폭력적 제재까지 사용하여 ― 더 유용한 일을 하는 숙련공이 더 많은 보수를 받는 것을, 또한 고용주가 그것을 지불하는 것을 저지하려고 한다. 만일 사회(공중)가 사적인 일을 간섭할 권리를 갖는다면, 이 미숙련공들이 잘못되었다고 생각할 수 없으며, 또한 일반적 사회가 일반 대중에게 주장하는 것과 같은 권위를 어떤 특정한 사회가 개인의 행위에 대해서 주장하는 것을 비난할 수도 없다고 생각한다.

그러나 가상의 경우를 상상할 것도 없이 오늘날 개인 생활의 자유에 대한 부당한 침범이 현실적으로 나타나고 있으며, 앞으로 더욱 심한 침범이 예상되는 두려움마저 있다. 더구나 사회는 자신이 잘못되었다고 생각하는 것 모두를 법으로서 금지할 수 있을 뿐만 아니라, 사회가 잘못되었다고 생각하는 것을 단속하기 위해서는, 할 수 없이 사회 자신이 별로 해롭지 않다고 인정하는 많은 것까지도 얼마든지 금지시킬 수 있는 무제한의 권리가 있다고 주장하는 의견도 나오고 있다.

폭음(暴飮)을 방지한다는 구실로 영국의 어떤 식민지 사람들과 미합중국의 과반수는 의학적인 목적 이외에는 발효성 음료의 사용도 법률로 금지하고 있다. 왜냐하면 이들 음료의 판매 금지는 실제로 그들이 본래 의도하고 있는 것처럼 발효성 음료의 사용 금지, 바로 그것인 것이다. 이러한 법률의 실시가 실제로는 불가능하기 때문에 이 법률의 발상지였던 주[8]를 포함하여, 그 법률을 채택했던 몇 개의 주에서는 이미 이 법률이 폐지되었음에도 불구하고, 우리 나라에서는 이것과 같은 법률을 만들려는 운동이 시작되어 스스로 박애주의자를 자처하는 많은 사람들에 의해서 상당히 열성적으로 추진되고 있다.

이 목적을 위해서 만들어진 협회, 또는 그 협회 스스로 자칭하는 '동맹(Alliance)'[9]의 간사와 '정치가의 의견은 모름지기 원리 원칙에 입각해야 한다.'고 생각하고 있는 극소수의 영국 공인(公人)들 사이에 교환된 서신이 공개됨으로써 세상 사람들의 비판의 대상이 되어 왔다. 즉 스탠리 경(Lord Stanley)[10]은 일찍부터 그의 공적 태도에서 명백히 나타나고 있는 것과 같은 자질이, 불행하게도 정계에서 크게 명성을 떨치고 있는 거물급 속에는 극히 드물다는 것을 알

---

8 미국의 메인(Maine) 주를 가리킨다. 그래서 이 금주법(1846년 제정)을 메인 법(Maine Laws)이라고 불렀다.
9 1853년에 창립된 영연방 금주 동맹(Prohibition Alliance of the United Kingdom)을 가리킨다.
10 Lord Stanley(1826~1893). 영국의 온건한 자유주의적 정치가. 박학다식하여 이름이 높았으며, 여러 차례 행정부의 장관을 지냈음.

고 사람들은 그를 신망해 왔는데, 이번의 서신 공개를 통해서 그런 신망을 더욱 강하게 만든 것이다.

　동맹의 대변자인 간사는 이미 '편협(완고한 신앙)과 박해를 정당화하기 위해 악용될 수 있는 어떠한 원리를 승인하는 일을 깊이 유감스럽게 생각해 온' 사람이지만, 바로 이 사람이 그와 같은 원리와 협회의 원리 사이에는 '넓고도 좀처럼 뛰어넘을 수 없는 장벽'이 놓여 있다는 것을 지적하려고 시도한 것이다. 그는 다음과 같이 말했다. "사상이나, 의견이나, 양심에 관한 모든 사항은 입법의 범위 밖에 있는 것이라고 나는 생각한다. 이에 대해서 사회적인 행위나, 습관이나, 인간 관계에 속하는 모든 일은 개인에게가 아니라, 국가 자신에게 허용된 자유 재량의 권력에만 복종해야 할 사항이므로 모두 입법의 범위 내에 속하는 것이다."라고.

　이 어느 것에도 속하지 않는 제3의 종류라고 할 수 있는, 즉 사회적이 아니라 개인적인 행위와 습관에 대해서는 아무런 언급도 없다. 그런데 발효성 음료를 마시는 행위(음주 행위)는 분명히 이 제3의 종류에 속하는 것이다. 확실히 발효성 음료를 판다는 것은 장사이며, 장사는 사회적인 행위이다. 그러나 스탠리 경에 의해서 비난되고 있는 자유의 침해는 파는 사람의 자유에 관한 것이 아니라, 사는 사람인 소비자의 자유에 관한 것이다. 왜냐하면 국가가 의도적으로 술을 사지 못하게 하는 것은, 술을 마시는 것을 금하는 것과 완전히 같은 일이기 때문이다.

　그러나 이 간사는 다음과 같이 말하고 있다.

　"나는 한 시민으로서 나의 사회적 권리가 다른 사람의 사회적 행위에 의해서 침해될 때는 언제나 입법의 권리를 요구한다."라고.

　그러면 소위 이 '사회적 권리(social right)'의 정의가 대체 어떤 것인지 그에게

들어 보도록 하자. "만일 무엇인가가 나의 사회적 권리를 침해하는 것이 있다면 술의 판매야말로 바로 그것이다. 주류 판매는 사회적 무질서를 끊임없이 일으키고 자극시킴으로써 나의 기본권인 안전의 권리를 파괴한다. 그것은 술로써 패가망신한 빈곤한 계층을 — 나의 세금은 이러한 계층의 구제를 위해서 사용되어야 할 것이지만 — 만들어 내는 데서 이익을 얻는 행위인데, 이렇게 함으로써 나의 평등의 권리를 침범당하게 된다. 그것은 나의 앞길(진로)을 온갖 위험으로 둘러싸 내가 당연히 상호의 부조와 교제를 요구할 수 있는 권리를 가지고 있는 사회를 약체화시키고 타락시킴으로써 나의 자유로운 도덕적 · 지적 발전의 권리를 방해하는 것이다."라고.

이것이 그가 설명하는 '사회적 권리'의 이론인데, 이런 종류의 이론이 분명한 언어로 표현된 것은 아마도 이것이 처음일 것이다. 이것은 또한 다음과 같이 말하는 것과 같다. 즉 '다른 모든 사람들로 하여금 모든 것에서 자기가 행동해야 할 것과 똑같은 행동을 하게 하는 것은 각 개인의 절대적인 사회적 권리이다. 이에 관해서 조금이라도 실수를 저지르는 자는 누구라도 나의 사회적 권리를 침해하고 있는 것이며, 이럴 경우에는 입법부에게 이러한 불평의 씨를 제거해 주도록 요구할 권리를 갖는다.'라고.

이와 같은 기괴하기 짝이 없는 원리는 자유에 대한 개개의 어떤 간섭보다도 훨씬 위험한 것이다. 자유에 대한 어떤 침해도 이러한 원리에 의해서 정당화되지 않는 것은 없다. 또한 이 원리는 자기의 의견을 가슴속 깊이 간직한 채 결코 발표하지 않을 자유만을 제외하고는 어떠한 자유의 권리도 인정하지 않는다. 왜냐하면 내가 유해하다고 보는 의견이 누군가의 입에서 발설되자마자 그 의견은 앞에서 언급한 '동맹'이 나에게 있다고 인정한 '사회적 권리'의 전부를 침해하는 것이 되기 때문이다.

이 학설에 따르면 모든 인간은 상호간의 도덕적 지적 완성 및 육체적 완성까지 관여하는 기득권(既得權)을 가지며, 그것은 각 권리자에 따라서 그들 자신의 기준에 맞추어서 규정되는 것이다. 개인의 정당한 자유에 대한 부당한 간섭 중 또 하나의 중대한 실례로, 그것도 단순히 실현될 우려가 있다는 데 그칠 뿐만 아니라, 훨씬 오래 전부터 성공리에 행해지고 있는 것이 안식일 준수법(Sabbatarian legislation)이다.

생활상의 긴급한 사태가 아닌 한, 일주일에 하루씩 노동을 쉬는 것은 유태인 이외의 어느 누구도 종교적으로 구속하는 일은 아니지만, 의심할 것도 없이 매우 유익한 습관이다. 그리고 이러한 습관은 근로자 계급 사이에서 일주일에 하루는 휴업을 하자는 일반적 동의가 없이는 지켜지지 않는 것이니까, 어떤 사람이 휴일에도 일하게 되면, 다른 사람들도 똑같이 일을 하지 않을 수 없게 만드는 것과 같은 사정 아래 있는 한, 법이 어떤 특정한 날에 산업의 대규모적인 조업을 정지시킴으로써 각자에게 다른 사람들의 공휴일 준수의 습관을 보장해 주는 것은 허용할 수 있는 일일 뿐만 아니라 또한 정당한 일일 것이다.

그러나 이 정당화는 각자 이러한 습관을 지키느냐, 안 지키느냐가 다른 사람들의 이해관계에 직접적인 영향을 미친다는 것을 근거로 하고 있으므로, 어떤 개인이 자신의 여가를 보내기에 적당하다고 생각하여 스스로 선택한 날에도 적용시킬 수 있는 것은 아니다. 또한 이것은 휴일에 오락을 법적으로 금지하는 일에 대해서는 조금도 맞지 않는다. 분명히 어떤 사람들의 오락은 다른 사람들에게는 하루의 노동이다(A가 즐겁게 논다는 것은 B는 힘들게 일한다는 뜻이 되니까). 그러나 그 일이 자유로이 선택할 수도 그만둘 수도 있는 한, 다수의 사람들에게 즐거움을 주는 것은—유익한 휴양(useful recreation)이라고까지는 할 수 없을지라도—소수의 사람들이 그것을 위해서 노동할 만한 가치가 있는 일이다.

　만일 모든 사람이 일요일에도 일을 한다면, 6일간의 임금을 받고 7일간의 노동을 제공하는 것과 같다고 직공들이 생각하는 것은 참으로 옳다. 그러나 대부분의 업무가 정지되어 있는 한, 다른 사람들의 즐거움을 위해서 여전히 일하지 않으면 안 되는 소수의 사람들은 그것에 상응하는 소득의 증가를 얻게 된다. 또한 그들도 보수보다는 여가가 필요하다면 굳이 이러한 일에 종사할 의무가 있는 것도 아니다. 만일 이밖에도 이것을 시정하는 방법을 찾는다면, 그것은 이러한 특정 부류의 사람들을 위해서 일요일 이외의 다른 날을 휴일로 하는 관습을 정하는 일일 것이다.

　따라서 일요일의 오락 금지를 변호할 수 있는 유일한 근거는 일요일의 오락은 종교적으로 보아 잘못이라는 것에 귀착될 것임에 틀림이 없다. 그러나 그와 같은 것을 법률 제정의 동기로 삼는 것은 아무리 강력하게 항의해도 지나치지 않을 정도로 불합리한 것이다. '사람들의 신에 대한 불의는 신에게 있어서는 걱정거리이다. 신을 해치면 신이 이것에 보응하리라(Deorum injuriae Diis curae).' 전지전능한 신에 대해서는 죄를 범한 것으로 추정되어도 우리들의 동포에 대해서는 해가 되지 않는 행위에 대해서 보복할 수 있는 사명을, 사회나 또는 그 사회의 일꾼들 중의 누군가가 하늘로부터 받았느냐의 여부는 아직 증명되지 않은 채로 남겨져 있는 것이다.

　다른 사람을 종교적으로 만드는 것이, 즉 다른 사람들로 하여금 종교적 신앙을 갖도록 하는 것이 인간의 의무라고 보는 관념이야말로 지금껏 행해져 온 모든 종교적 박해의 근거였으며, 따라서 만일 이러한 관념이 시인된다면 그것은 이러한 박해를 충분히 정당화시키게 될 것이다. 일요일에 철도 여행을 금지시키려는 여러 차례의 기도나, 일요일에 박물관을 공개하는 것을 반대하는 등의 운동 가운데 나타나는 감정에는, 옛날의 박해자들이 보여준 것과 같은 잔혹성은 없지만, 그 감정이 나타내 보이고 있는 정신 상태는 근본적으로 그런 박해자들과 동일한 것이다. 그것은 다른 사람들이 자신들의 종교에서는 허용하는 것을 행하는 것을 ― 박해자들의 종교에서는 허용하지 않는다는 이유 때문에 ― 관대하게 용서하지 않겠다는 결의이기도 하다. 신은 단지 그릇된 신앙을 가진 자의 행위를 싫어할 뿐만 아니라, 만일 우리가 그러한 그릇된 신앙을 가진 자를 그가 하는 대로 무사하게 내버려 둔다면, 도리어 우리들까지도 죄가 없다고 생각지 않을 것이라는 신앙이다.

이상은 일반적으로 인간의 자유가 얼마나 경시되고 있는가를 기술한 실례들이지만, 나는 여기에 다음과 같은 실례 하나를 더 첨가해서 설명해 보려고 한다. 우리 나라의 신문이 모르몬교(Mormonism)[11]라는 보통 종교와는 색다른 이상한 현상에 주의를 환기시킬 필요를 느낄 때마다, 언제나 폭발시키고 있는 노골적인 박해의 말에 대해서 이야기하지 않을 수가 없다.

소위 새로운 계시라고 칭하는 것과 그것에 기반을 두었다는 한 종교 ― 명백한 기만의 소산이며, 그 창시자(개조)가 이렇다 할 비범한 자질의 '위력'을 갖추고 있지 않은 하나의 종교 ― 가 신문과 철도와 전신의 이 시대에 수십만이라

---

11 '말일 성도(末日聖徒) 예수 그리스도 교회(Church of Jesus Christ of Latterday Saints)'의 통칭. 이 교의 창설자로서는 세 사람(Solomon Spalding, Sidney Rigdon, Joseph Smith)을 보통 들지만, 그 중에서도 조셉 스미스(1805~1844)를 그 개조로 보고 있다. 스미스는 소년 시절 뉴욕에서 살았는데, 1820년 하늘로부터 계시를 받아 새로운 종파를 개설하려고 했다. 1830년 새로운 교회를 조직했지만 박해를 받아 여러 주를 전전하다가 마침내 일리노이 주에서 폭도들에게 살해되었다. 이 종교는 성서 이외에 스미스가 계시에 의해서 기록했다는 《The Book of Mormon》을 경전으로 삼고 있다. Mormon은 more good이라는 뜻이라고 한다. 스미스는 1843년 '성령에 의한 결혼'이라는 하늘의 계시를 받아 일부 다처제를 주장하는 근거로 삼았다. 창립자인 스미스가 죽은 뒤 영(Brigham Young, 1801~1877)의 지도하에 교세가 확장되었다. 그후 일부 다처제를 폐지하고 정부의 승인을 얻어 유타 주 솔트레이크 시를 중심으로 각지에 널리 전파되었다.

는 사람들에 의해서 신앙되고, 한 사회의 기초가 되고 있다는 좀처럼 믿을 수 없는 교훈적인 사실에 대해서 많은 것이 이야기될 수 있을 것이다.

그러나 여기서 우리가 관심을 갖게 되는 것은 이 종교도 다른 우수한 종교와 마찬가지로 순교자가 있다는 사실이다. 즉 이 종교의 예언자이며 창시자인 인물이 자기의 가르침 때문에 폭도들에게 살해당했으며, 그밖의 신도들도 똑같은 무법의 폭력자들에게 생명을 잃었고, 그들이 최초에 태어나서 자란 고향에서 신도 전원이 강제적으로 추방당했다는 것이다. 그리고 그들이 사막 한가운데 있는 쓸쓸한 벽지로 쫓겨가자, 우리 나라의 많은 사람들이 그들에게 원정군을 보내서 다른 사람들의 의견에 따르도록 힘으로 강제하는 것이(손쉬운 일은 아니지만) 정당한 일이라고 공언하고 있는 사실이다.

모르몬교의 교의 가운데서 특히 이와 같은 일반적 종교적 관용의 자제를 파괴하여 반감을 솟구치게 하는 주된 요인은 일부다처제를 시인하는 조항이다. 이것은 회교도와 힌두교도, 그리고 중국인에게는 허용되어 있지만, 영어를 사용하고, 일종의 그리스도 교도라고 자칭하는 사람들은 이 제도를 실행할 때 좀처럼 억제하기 어려운 증오감을 일으키는 것 같다.

모르몬교의 이런 제도를 부당하다고 비난하는 점에서는 나도 그 누구에게도 뒤지지 않는다. 그것은 여러 가지 이유가 있지만, 이 제도는 자유의 원리에 의해서 어떤 형태든 시인되기는커녕, 오히려 자유의 원리를 직접 침해하는 것이기 때문이다. 이 제도는 사회의 절반을 차지하는 인간(여성)을 쇠사슬로 묶어 놓고, 이 사람들에 대한 상호적인 의무로부터 나머지 절반의 인간(남성)을 해방시킴으로써 자유의 원리를 정면에서 배반하고 있기 때문이다.

그러나 여기서 잊어선 안 되는 것은 이러한 일부다처의 교의가 그 당사자이며, 그 피해자라고 생각되는 여성들의 자유 의지에 의해서 만들어진 것이며,

그것은 다른 어떤 형태의 결혼 제도와 마찬가지라는 점이다. 그리고 이러한 사실은 언뜻 보아서는 아무리 놀라운 것으로 보인다고 하더라도, 세상의 일반적인 사고방식이나 습관으로 설명이 가능하다. 즉 세상 일반의 사고방식이나 습관은 결혼이야말로 필요하고도 유일한 길이라고 여성들에게 가르침으로써, 많은 여성들이 남의 아내가 안 되느니보다는 여러 사람의 아내 가운데 한 사람으로라도 되는 편이 오히려 낫다고 여기고 있는 것이다.

다른 여러 나라에서는 그와 같은 부부 관계를 인정하도록 요구되고 있지도 않으며, 국민의 일부분이 모르몬교의 사상을 지니고 있다고 해서 그들에 대해 자국(自國)의 법 적용을 면제해 주도록 요구되고 있는 것도 아니다.

그러나 이처럼 세상 일반과 다른 의견을 가진 사람들(모르몬 교도)이 다른 사람들의 적의에 찬 감정에 대해서 상대방이 정당하게 요구하는 이상으로 양보하고, 그들의 교의가 받아들여지지 않는 나라들을 떠나서 먼 지구의 한 구석에 정착하여 비로소 인류가 거주하기에 적합하도록 개척해 놓았을 때, 그들이 다른 여러 국민에 대해서 침략도 하지 않고, 그들의 생활 방식에 불만인 사람들에게는 완전한 퇴거의 자유를 허용하고 있는 한, 그들이 자기네들이 원하는 법률 밑에서 생활하는 것을 금지할 수 있는 원리가 과연 있을까? 만일 있다고 하면 그것은 압제(전제)의 원리뿐일 것이다.

최근 어떤 방면에서 상당히 공적이 많은 한 저술가가 이 일부다처제의 사회에 대해서 (그 자신의 말을 빌린다면) '십자군(crusade)'이 아닌 '문명 원정군(civillizade)'을 보낼 것을 제안하고 있다. 그에게는 문명의 퇴보로밖에는 생각되지 않는 일부다처제를 폐지시키기 위해서라고 한다. 나도 그것은 문명의 퇴보라고 생각한다.

그러나 나는 어떤 사회도 다른 사회에 대해서 문명화를 강제할 권리가 있다고는 생각하지 않는다. 악법 때문에 고통받는 사람들이 다른 사회로부터의 원조를 간절히 바라지도 않는데 그들과 전혀 관계가 없는 사람들이 뛰어들어, 악법과 직접 관계를 가진 모든 사람들이 만족하고 있다고 생각하는 환경을, 아무런 관련도 없는 수천 마일이나 떨어진 장소에 사는 사람들이 자기들에게 스캔들(scandal)이 된다는 이유로 폐지해야만 한다고 요구하는 것은 나로서도 승인할 수가 없다. 만일 바란다면 선교사를 보내서 그것에 반대되는 설교를 시키면 좋을 것이다. 또한 어떤 공정한 수단(모르몬교의 선교사를 강제로 침묵하게 하는 것은 공정한 수단이 아니다)을 사용하여 모르몬교의 교의가 자기들의 국민 속에 퍼지는 것을 저지하는 것이 좋을 것이다.

　만일 야만스런 세력이 세계를 지배하고 있었을 때 문명이 야만과 싸워서 이겼는데, 야만이 완전히 진압된 뒤에도 다시 소생해서 문명을 정복하지 않을까 우려한다면 이것은 한낱 기우에 지나지 않는다. 일단 정복한 적에게 그와 같이 굴복할 수 있는 문명이라면 그 문명은 우선 타락해 있을 것이며, 그 결과 그 문명이 임명한 사제나 선교사도, 그리고 그밖의 어느 누구도 그 문명을 옹호할 능력을 상실했거나 옹호하려고 힘쓰지도 않고 있는 것이 분명하기 때문이다. 만일 그렇다면 그와 같은 문명은 퇴거 통고를 받는 것이 빠르면 빠를수록 좋다. 왜냐하면 이와 같은 문명은 더욱 악화일로를 달려 마침내는 (서로마 제국처럼) 정력이 왕성한 야만인들에 의해 멸망당하여 재생이나 바랄 수밖에 다른 도리가 없을 것이기 때문이다.

응용 **5**장

이상의 여러 장(章)에서 주장한 여러 원리들은 세부 사항을 논하는 기초로서 더욱 널리 일반에게 인정받지 않으면 안 된다. 그런 뒤에야 비로소 정치나 도덕의 여러 부문에 이 원리를 모순 없이 일관되게 적용할 수 있으며, 어느 정도의 효과도 기대할 수가 있는 것이다.

이제부터 나는 세부적인 문제를 몇 가지 고찰해 보려고 하는데, 이런 원리가 미치는 결과를 확인하기보다는 오히려 원리를 예증하는 것을 목적으로 하고 있다. 나는 수많은 적용보다는 적용의 견본(본보기)을 보여 주려고 한다. 그렇게 하는 편이 이 논문의 전체적인 요지를 구성하는 두 개의 공리(公理 : maxim)의 의의와 한계를 더한층 명백히 하는 데 도움이 될 것이며, 또한 그것은 어느 쪽의 공리를 당면한 사례에 적용할 수 있는가가 의문스러울 때, 어느 한쪽을 결정하는 경우 판단을 돕는 데도 유익할 것이다.

그 두 개의 공리라는 것은 다음과 같다.

첫째, 개인은 자기의 행위가 자기 이외의 다른 사람의 이해(利害)에 관계되지 않는 한 사회에 대해서 책임을 질 필요는 없다는 것이다. 충고하는 것, 지시하는 것, 설득하는 것, 또는 다른 사람들이 자신들의 행복을 위해서 필요하다고 생각할 때는 그 행위를 회피하는 것, 이와 같은 것이야말로 사람의 행위에 대해서 사회가 혐오감이나 비난을 표명하기 위하여 정당하게 사용해도 좋은 유일한 수단이다.

둘째, 다른 사람의 이익을 해치는 행위는 개인에게 책임이 있으며, 사회가 자기 방위를 위해서 사회적이나 법적 형벌을 필요로 한다고 생각하면, 개인은 그 형벌 가운데 어떤 처벌받아도 마땅하다고 하는 것이다.

그러나 먼저, 다른 사람의 이익에 손해를 끼친다거나, 손해를 끼칠 염려가 있을 경우에만 사회의 간섭이 정당화된다는 이유로 언제든지 그와 같은 간섭을 실제로 정당화시키는 것이라고 결코 생각해서는 안 된다. 많은 경우에 있어서 개인은 어떤 하나의 정당한 목적을 추구할 때 필연적으로 — 합법적으로 — 다른 사람에게 고통이나 손실을 입게 하거나, 다른 사람이 정당한 이유에 근거하여 획득하려는 이익(행복)을 도중에 빼앗는 일이 있다.

이와 같은 개인 사이의 이해의 대립은 흔히 나쁜 사회 제도에서 생기는 것인데, 그것은 이와 같은 제도가 존속하는 한 피하기 어렵다. 그중 어떤 이해의 대립은 어떠한 제도 아래에서도 피하기 어려울 것이다.

동업자들이 지나치게 많은 직업이나 경쟁 시험에서 성공하는 사람, 또는 두 사람이 동일한 목표를 향해 경쟁할 때 상대방을 물리치고 선택받은 사람은 누구라도 다른 사람에게 손실을 끼치며, 다른 사람의 노력을 헛되게 하며, 다른 사람을 실망시킴으로써 이익을 얻는다. 그러나 이와 같은 결과에 구애받지 않고 자기의 목적을 추구하는 것이 인류 전체의 이익이 된다고 일반에게는 인정되어 있다.

바꾸어 말하면, 사회는 경쟁에서 패하여 실의에 차 있는 경쟁자에게 법적이나 도덕적으로 이런 종류의 고통에서 빠져나갈 수 있는 권리 — 그와 같은 비참한 결과에 빠지지 않도록 보장해 줄 것을 요구하는 권리 — 를 절대로 인정해 주지 않는다. 사회는 다만 성공을 위한 수단으로서 일반의 이익에 위배되는 것과 같은 수단, 예를 들면, 사기·배반·폭력처럼 그것을 허용하면, 일반의 이익에 위배되는 수단이 사용될 경우에 한해서 간섭의 필요를 느끼는 것이다.

다시 말하거니와 상거래는 하나의 사회적 행위이다. 공중에게 어떤 종류의 물건을 팔려고 하는 사람은 누구나 다른 사람들과 일반의 이익에 영향을 미치는 행위를 하는 것이므로 그런 행위는 원칙으로 사회의 관할하에 들어가게 된다. 따라서 과거에는 중요하다고 생각되는 모든 경우에 가격을 결정하고 제조 과정을 통제하는 것이 정부의 의무라고 생각하고 있었다. 그러나 오늘날에는—물론 기나긴 투쟁의 결과이기는 하지만—생산자와 판매자에게 완전한 자유를 허용하는 동시에 고객들에게도 아무 곳에서나 자유롭게 상품을 구입할 수 있게 함으로써 값싸고 품질 좋은 물품이 가장 효과적으로 공급되리라는 것이다.

이것이 소위 '자유 교역론'인데, 이것은 본 논문에서 주장하고 있는 개인의 자유의 원리와 마찬가지로 견실하다는 점에서는 같지만, 그것과는 다른 근거에 기초하고 있다. 교역에 대한 제한이나 교역을 목적으로 하는 생산에 대한 제한은 분명히 속박이다. 모든 제한은 구속인 이상 하나의 해악이다. 그러나 여기서 문제로 하는 제한은 인간 행위 가운데서 사회가 당연히 제한할 수 있는 부분에만 가해지는 것이며, 그러한 제한은 그것에 의해서 얻으려 하는 성과가 실제로 얻어지지 못하는 경우에만 잘못된 것이다.

개인의 자유의 원리가 자유 교역설 속에 포함되지 않는 것과 마찬가지로 자유 교역설의 한계에서 발생되는 대부분의 문제 속에도 포함되지 않는다. 그 문제란 가령 조악품(粗惡品)을 섞어서 품질을 저하시키는 것과 같은 사기 행위를 방지하기 위해서 어느 정도까지 사회적 통제를 허용할 것인가, 위험한 작업에 종사하는 노동자를 보호하기 위한 위생상의 예방책이나 설비를 어느 정도까지 고용자에게 강제할 것인가 하는 따위의 문제이다.

 이와 같은 여러 문제는 사람들을 통제하기보다도 그들 자신에게 맡겨두는 편이─다른 조건이 같다면─언제나 더 좋은 결과를 낳는다는 확신이 있는 데서만 자유에 대한 고찰을 할 수 있다. 그러나 앞에서 말한 것과 같은 목적을 위해서 사람들을 합법적으로 통제할 수 있다는 것은 원칙적으로 부정할 수는 없다.

 한편 교역에 대한 간섭과 관계가 있는 문제이면서도 본질적으로 자유에 대한 문제에 속하는 것이 있다. 이미 제4장에서 언급한 바 있는 메인 법(금주법 : Maine Laws), 중국에 대한 아편의 수입 금지, 독약 판매의 제한 등, 요컨대 어떤 특정 품목의 입수(入手)를 불가능하게 하는 것이 간섭의 복적이 되어 있는 모든 경우가 그것이다. 이러한 간섭은 생산자나 판매자의 자유를 침해한다는 문제로서가 아니라, 구매자의 자유를 침해한다는 의미에서 반대의 여지가 있다.

 위에 든 실례의 하나인 독약 판매는 하나의 새로운 문제를 제기한다. 경찰의 권능이라고 말할 수 있는 것의 정당한 한계의 문제, 즉 '범죄나 우발 사고의 예방을 위해서 과연 자유가 어느 정도까지 합법적으로 침해당할 수 있는가'라는 문제이다. 범죄가 일어나기 전에 그 예방책을 강구하는 것은 범죄가 행해진 후에 그것을 탐지하고 벌하는 것과 마찬가지로 명백하게 정부의 직무 중 하나이다. 그러나 정부의 예방적인 권능은 처벌 권능 이상으로 훨씬 더 남용되어서 자유를 침해하기 쉽다. 왜냐하면 인간의 정당한 자유 행위의 어떤 부분을 보더라도, 그것이 어떠한 형태의 범죄를 유발하게 할 가능성을 증대시켜 줄 것으로 보이지 않는 것은 없으며, 그렇게 보이는 것이 당연하기 때문이다.

그럼에도 불구하고 당국자는 물론, 하나의 개인적인 사람까지도 누군가 명백히 범죄를 범하려는 것을 발견한다면, 범죄가 저질러질 때까지 아무 일도 하지 않고 방관하고 있을 필요는 없으며, 즉시 그것을 저지시키기 위해 간섭해도 좋은 것이다.

만일 독약이 살인 이외에 어떤 다른 목적을 위해서 팔리거나 사용되는 일이 없다면, 그 제조와 판매를 금지하는 것은 옳은 일일 것이다. 그러나 독약은 무익한 목적뿐만 아니라 유익한 목적을 위해 요구되는 일도 있으므로 전자에 제한을 가한다면 그것이 후자에까지 미치지 않을 수 없다.

또한 우발 사고를 방지하는 것도 당국자(공적 권위)의 정당한 직무이다. 어떤 관리나 다른 누군가가 확실하게 위험하다고 인정하고 있는 다리를 건너려는 사람을 보았을 경우, 그 사람에게 다리가 위험하다는 신호를 보낼 겨를이 없었을 경우, 그를 붙잡아 꼼짝하지 못하게 했다면, 이때는 그의 자유를 실제로 침해한 것이 되지는 않을 것이다. 왜냐하면 자유란 자기가 원하는 것을 행하는 것인데, 그 사람은 강물 속에 빠지기를 원하지는 않기 때문이다.

그러나 재해가 있을지 확실하지는 않고, 다만 위험성만 있을 뿐이라면, 감히 그가 그런 위험을 저지를 만한 동기가 있는지의 여부를 판단할 수 있는 사람은 당사자 이외에는 아무도 없다. 그러므로 이런 경우에는 (그가 어린이도 정신착란자도 아니고, 또한 사고력을 충분히 행사할 수 없을 정도의 흥분 상태나 방심 상태에 있는 것이 아닌 한) 그 당사자에게 위험을 경고하는 데 그쳐야 할 뿐, 그가 위험 앞에 나서는 것을 강제적으로 저지시켜서는 안 된다고 나는 생각한다.

독약 판매와 같은 문제도 이와 같은 고찰을 적용한다면, 우리는 가능한 여러 가지 통제 방법 가운데 어느 것이 자유의 원리에 위배되고, 어느 것이 위배되지 않는가를 결정할 수가 있을 것이다. 예를 들면 위험한 성질이 있다는 사실을 명시하는 말을 약품에 첨부하는 예방책은 자유를 침해하지 않고 강제할 수가 있을 것이다. 그 약품을 사는 사람이 자기가 소유하고 있는 것이 유독 성질이 있다는 것을 모르고자 할 이유가 없기 때문이다. 그러나 모든 경우에 의사의 증명서가 필요하다면, 정당한 사용을 위해서 그 물건을 입수하기란 때로는 불가능하게 되거나 비용이 비싸게 먹힐 것이다.

독약을 사용하는 범죄의 수행에는 장해가 되겠지만, 그 이외의 목적을 위해서 독약을 원하는 사람들의 자유에 대해서는 우려할 정도로까지 침해를 주지는 않는다. 내가 생각할 수 있는 유일한 묘안은 벤담(Bentham)의 적절한 말로서 '미리 지정되어 있는 증거', 즉 '예정적 증거(preappointed evidence)'라고 불리는 것을 미리 규정해 놓는 일이다. 이러한 방법은 계약을 체결할 경우에 누구나 잘 알고 있는 것이다.

계약을 체결할 때는 법률이 그 계약의 이행을 강제하기 위한 조건으로서 서명이나 입회한 증인의 증명 등의 일정한 형식을 갖추기를 요구하는 것이 보통이며, 또한 당연한 일이다. 그것은 나중에 분쟁이 일어났을 경우에 계약이 실제로 체결되었다는 것과 계약을 법적으로 무효로 만들 아무런 사정도 존재하지 않았다는 것을 나타내는 증거로 삼기 위해서이다. 이것에 의해서 허위 계약이나, 또는 만일 폭로되는 날이면 그 계약을 무효화시키게 될 것과 같은 사정하에서 체결되는 계약의 성립을 매우 곤란하게 만들 수가 있는 것이다.

이것과 같은 성질의 예방책은 범죄의 수단으로 사용되기에 적합한 물건의 판매에서도 강제하는 것이 마땅할 것이다. 가령 판매자에게 매매의 정확한 시간, 사는 사람의 성명, 판매한 물건의 정확한 양과 질을 기록하고, 또한 그 물품을 사는 목적을 묻고 그 대답도 아울러 기록할 것을 요구해도 좋을 것이다. 구매자가 의사의 처방을 가지고 있지 않고, 나중에 그 물건이 범죄의 목적을 위해서 사용되었다고 믿을 만한 이유가 생겼을 경우에, 그 물품을 구입했다는 사실을 산 사람에게 승복시키기 위해 제3자의 입회를 요구해도 좋을 것이다. 이와 같은 통제는 일반인이 그와 같은 물품을 입수하는 데 실질적으로 방해되는 것은 아니지만, 남의 눈을 속여 부정하게 사용하려는 사람에게는 매우 큰 방해가 될 것이다.

사회는 그 사회에 대한 범죄를 미리 방지할 수 있는 권리를 본래부터 가지고 있는데, 이러한 사회 고유의 권리는 순전히 자기에게만 관계된 개인의 나쁜 행위를 금지나 처벌로 간섭하는 것은 정당한 것이 아니라는 저 공리에 명백한 한계가 있다는 것을 암시한다.

가령 술주정은 보통의 경우 법이 간섭해야만 하는 것은 아니다. 그러나 과거에 술에 취해 다른 사람에게 폭력을 썼던 일로 유죄 선고를 받은 일이 있는 사람이, 오직 그 자신에게만 개인적으로 적용되는 특별한 법적 제약 아래에 놓인다는 것은 아주 당연한 일이라고 나는 생각한다. 따라서 그 뒤에 또다시 주정을 부린다면 그는 형벌을 받아야 하고, 그 뒤에 또다시 같은 상태로서 한 가지 죄를 더 늘린다면, 그 죄 때문에 그가 받아야 할 벌은 더욱 엄한 것이 되어야 하는 것도 당연한 일이다. 술에 취하기만 하면, 다른 사람에게 위해를 가하는 사람의 경우는, 술주정도 다른 사람에게는 범죄가 되는 것이다.

이것과 마찬가지로 아무리 사람이 게으르다 할지라도 그 사람이 사회의 도움(부조)을 받고 있다든지, 그 게으름 때문에 어떤 계약이 파기되지 않는 한, 그에게 법적 제재를 가하는 것은 압제가 될 수밖에 없을 것이다. 그러나 만일 게으름이나 그밖에 피할 수 있는 어떤 원인 때문에(좀처럼 사람들을 납득시킬 수 없는 원인 때문에) 다른 사람에 대한 법적 의무, 가령 어린이를 부양하는 의무 등을 다하지 않을 때는, 달리 적당한 방법이 없다면 강제 노동으로 그 의무 수행을 강제하는 일은 결코 압제가 아니다.

　직접적으로는 오직 행위자 자신에게만 해를 주는 것이기 때문에 법적으로 금지될 성질의 것은 아니지만, 공중의 앞에서 공공연히 행해지면 미풍양속을 해치게 되며, 따라서 다른 사람에 대한 범죄의 범주 속에 들어가는 까닭에 당연히 금지해도 좋은 행위는 무수히 많다.

　풍기를 어지럽히는 범죄도 이런 종류의 하나이다. 이것에 대해서는 여기서 상세하게 말할 필요가 없을 것이다. 이런 종류의 행위는 우리의 주제와는 간접적으로밖에 관계하지 않는 것이기에 더욱 그럴 필요가 없다. 그리고 그 자체는 하등 비난받아야 할 것도 아니고, 또한 비난받아야 할 성질의 것이라고 생각되지 않는 행위라도 그것이 공중의 앞에서 행해지게 되면 마찬가지로 강한 반대가 일어나는 예는 적지 않다.

　지금까지 기술해 온 여러 원칙과 모순되지 않는 해답을 발견하지 않으면 안 될 또 하나의 문제가 있다.

　어떤 사람이 응당 비난을 받아야 할 행위를 했는데도, 직접 그 행위로부터 생기는 해악이 오직 행위자 자신에게만 미친다는 이유로, 자유를 존중한 나머지 사회가 그 행위를 금지하지도 처벌하지도 않는다고 하자. 이럴 경우에 그 행위자가 자유롭게 할 수 있는 이와 같은 행위를 다른 사람들이 똑같이 자유롭게 권장하거나 선동을 해도 좋을 것인가?

　이런 문제는 간단하지 않다. 다른 사람을 권유해서 어떤 행위를 하게 하는 것은 엄밀히 말하면 자기에게만 관계하는 행위는 아니다. 누군가에게 충고를 하거나 권유를 하는 행위는 하나의 사회적 행위이며, 다른 사람에게 영향을 미치는 행위 일반과 마찬가지로 사회적 통제를 받아야 한다고 생각될지도 모른다.

그러나 조금만 더 생각해 보면 이 최초의 생각은 정정하게 된다. 이런 행위는 엄밀하게 말해서 개인적 자유의 범위에는 속하지 않는다 하더라도 역시 개인적 자유의 원리가 의거하는 여러 가지 이유가 이와 같은 행위에도 적용될 수 있다는 것은 명백하기 때문이다. 만일 사람들이 오직 자기 자신에게만 관계되는 일을 자기의 위험 부담 아래, 그들 자신이 최선이라고 생각하는 것에 따라서 행동하는 것이 마땅히 허용되어야 한다면, 그들은 스스로의 위험 속에서 행해질 만한 행위가 대체 어떤 것인가를 상담하는 일, 즉 의견을 교환하거나 암시를 주고받는 일도 자유롭지 않으면 안 된다. 어떠한 행위이든 간에 그것을 행하는 것이 허용되는 행위라면 그것을 행하도록 충고하는 것도 또한 허용되지 않으면 안 된다.

그런데 이러한 문제에 의문이 생기는 것은 선동자, 즉 교사자(敎唆者)가 그의 충고에 따라서 사적 이익을 얻을 경우, 그가 생계 혹은 돈벌이를 위해서 사회와 국가가 해악으로 간주하고 있는 행위를 장려하는 것을 직업으로 삼고 있을 경우뿐이다. 실제로 이런 경우에는 사태를 복잡하게 하는 하나의 새로운 요소가 개입하게 된다. 즉 사회 복지라고 생각하는 것과는 서로 모순되는 이해관계를 가지며, 이러한 사회 복지와는 정반대되는 것에 생활의 기초를 두고 있는 것과 같은 종류의 사람들이다. 이와 같은 생활양식은 마땅히 사회의 간섭을 받아야 할 일인가, 아니면 그렇지 않은 일인가?

가령 사통(私通 : 간음, fornication)이나 도박을 너그럽게 보아 준다면, 사람들은 자유롭게 포주가 되기도 하고 도박장을 경영해도 좋을 것인가? 이 문제는 '개인의 자유'와 '사회의 복지'라는 두 원리의 경계선상에 있는 문제의 하나로서 정당하게 어느 쪽에 속해 있느냐 하는 것은 금방 판단되지 않는다. 이것에 관해서는 어느 쪽이나 각각 주장이 있다.

너그럽게 보아 주자는 쪽에서는 이렇게 주장할 것이다. '어떤 일이든지 하나의 직업으로 허용할 수가 있다면, 직업으로서 그것에 종사하고 생활하고 혹은 이익을 얻었다고 해서 그 일을 하는 것이 범죄가 될 수는 없다. 그런 행위는 허용하려면 철저하게 허용을 하든가, 아니면 철저하게 금지하지 않으면 안 된다. 만일 우리가 지금껏 변호해 온 원리가 올바르다면 사회는 오직 개인에게만 관계되는 어떤 일에 대해서도 그것이 잘못되었다고 결정할 권리는 가지고 있지 못하다. 사회는 그런 생각을 버리도록 권고하는 이상의 일은 할 수가 없다. 어떤 사람이 남을 설득해서 단념하게 할 수 있는 자유를 가지는 것과 마찬가지로 다른 사람은 그런 일을 행하도록 권유할 수 있는 자유를 가져야 한다.' 라고 주장할 것이다.

이것에 대해서는 다음과 같은 반론이 제기될 것이다.

'사회나 국가는 억압이나 처벌을 목적으로 하여 개인의 이해에만 관계하는 이와 같은 행위들이 좋다거나 혹은 나쁘다고 권위적으로 결정할 자격은 없지만, 만일 그 행위를 나쁘다고 생각한다면 그것이 정말로 나쁜가 아닌가는 적어도 논의해 보아야 할 문제라고 사회나 국가가 판정하는 것은 전적으로 옳은 일이다. 이와 같이 가정한다면, 사회나 국가가 도저히 공평무사할 수 없는 교사자의 이기심이 내포된 권유의 영향을 배제하려고 노력하는 것은 결코 잘못된 행동이라고 말할 수 없다. 왜냐하면 이러한 교사자들은 한쪽 편에, 그것도 국가가 나쁘다고 믿고 있는 편에 직접적으로 개인적 이해관계를 가지고 있는데, 그들은 분명히 오직 개인적 목적을 위해서만 그것을 추진시키고 있기 때문이다.'

또한 다음과 같이 주장할 수도 있을 것이다.

'사람들이 사적 이익의 목적을 위해서 다른 사람들의 성향을 자극하려는 사람들의 술책에서 가능한 한 자유로운 상태로 자기가 원하는대로 무엇인가를 선택할 수 있도록—그 선택이 현명하든, 어리석든 간에—한다면 분명 아무 것도 잃지 않을 것이며, 어떠한 행복도 희생되는 일이 없을 것이다.'라고.

이렇게 해서(라고 말이 이어질 것이다) '불법적인 도박을 단속하는 법령에는 전연 변호할 여지가 없더라도—모든 사람은 자기의 집이나 서로의 집에서, 또는 그들이 모은 돈으로 건립한, 회원이나 회원을 찾는 자만이 들어갈 수 있는 집회소에서 도박을 하는 것이 자유이지만—그러나 공공연한 도박장은 허용되어서는 안 된다.

이와 같은 금지령이 충분한 효과를 가지지 못한다는 것은 사실이며, 또한 경찰에게 아무리 많은 전제적인 권력을 부여한다 하더라도 도박장은 언제나 다른 구실 아래(교묘한 가장 아래) 계속 존재할 것이라는 사실은 분명하다. 그러나 이러한 금지령으로 말미암아 도박장에서 어느 정도까지는 사람들의 눈을 피해서 비밀리에 하지 않을 수 없게 된다. 그 결과 도박을 유달리 좋아하는 자 이외에는 아무도 그것에 대해서는 알지 못할 것이다. 사회는 이 이상의 것을 목표로 해서는 안 된다.'라고.

이상 두 가지의 주장에는 상당한 힘(호소력)이 있다. 이와 같은 주장이 주범자(主犯者)는 자유롭게 방임되고 있는데도 불구하고 (그것이 당연한 것으로 되어 있을 때) 오직 종범자(從犯者)만을 처벌한다는 도덕적 변칙, 즉 사통(私通)—정식 결혼을 하지 않은 남녀간의 밀통—을 중개해 주는 뚜쟁이는 벌금형이나 금고형에 처하면서도 사통자를 처벌하지 않는 것과, 도박장을 경영하는 자를 처벌하면서도 실제로 도박을 하는 자는 처벌을 하지 않는 것과 같은 도덕적 변칙, 그것이 정당화될 수 있는 것인가 어떤가를 나는 여기서 감히 단정하려고 하지는 않는다.

하물며 매매라는 보통의 행위가 이것과 같은 근거로 해서 간섭을 받을 이유는 극히 희박한 것이다. 무릇 매매되는 물건은 거의 모두가 과도하게 사용(소비)될 수 있으며, 파는 사람은 그와 같은 과도한 사용(소비)를 장려함으로써 금전적 이익을 얻는다.

그러나 이러한 사실에 입각해서, 가령 메인 법을 옹호하는 논의가 성립할 수는 결코 없을 것이다. 왜냐하면 주류의 판매업자는 주류가 마구 남용되는 것을 기뻐할 것이지만, 주류의 적절한 사용을 위해서 없어서는 안 될 사람들이기 때문이다. 그렇지만 이들 주류 판매업자들이 폭음을 장려함으로써 이익을 얻는다는 것은 참으로 옳지 않은 일이다. 따라서 국가가 제한을 가하고 보증(서약)을 요구하는 것은 정당한 일이다. 과도한 음주를 장려하려는 일이 없는데도 불구하고 그와 같은 제한을 가하게 되면, 말할 필요도 없이 그것은 개인의 자유에 대한 침해가 될 것이다.

또 하나의 문제가 되는 것은, 국가는 한편으로는 행위자의 최선의 이익에 위배되는 것으로 생각되는 행위를 허용해 두면서 간접적으로는 그것을 억제토록 해야 할 것인가 하는 문제이다. 가령 국가는 술을 마시는 데 더욱 많은 값을 지불하게 하는 방법을 강구하거나, 술을 파는 장소의 수를 제한함으로써 술의 구입을 더욱 어렵게 만들 것인가 하는 문제이다. 이런 문제에 대해서는 그밖의 실제적 문제와 거의 마찬가지로 여러 가지 경우를 서로 구별해서 생각하지 않으면 안 된다.

주류의 구입을 어렵게 만들려는 유일한 목적을 위해서 주류에 부과하는 과세는, 주류의 전면적 금지와는 정도만을 달리하는 것에 지나지 않는 것이다. 따라서 주류의 전면적 금지가 정당한 경우에 한해서만 비로소 정당하다고 말할 수가 있는 것이다.

주류의 가격이 인상된다는 것은, 그 소득이 인상된 가격을 따르지 못하는 사람들에게는 하나의 금지령이나 다름없다. 인상된 가격을 능히 지불할 정도의 수입이 있는 사람들에게는 그것이 술을 마신다는 특별한 취미(기호)를 만족시켜 주는 대가로 그들에게 부과되는 벌금이다. 국가와 개인에 대한 법률상의 의무나 도덕상의 의무를 다한 뒤에 어떠한 쾌락을 선택하며, 또한 어떠한 방법으로 소득을 사용하느냐 하는 것을 스스로 선택하는 것은 순전히 각자의 개인적 문제이며, 이것은 각자 자신의 판단에 맡겨지지 않으면 안 된다.

이와 같은 사고방식은 언뜻 보면 세입(歲入)의 목적으로 주류를 과세의 특별한 대상으로 선택하는 것을 비난하고 있는 것처럼 생각될는지도 모른다.

그러나 다음과 같은 일을 상기하지 않으면 안 된다. 재정상의 목적을 위한 과세는 절대로 필요하다는 것, 거의 모든 나라에서는 그 과세의 상당한 부분이 간접적인 것이 아니면 안 된다는 것, 따라서 국가는 어떤 사람들에게는 금지와 같은 조치가 될는지도 모르지만, 약간의 소비재의 사용에 대해서 벌금을 부과하지 않을 수 없다는 것이다. 때문에 세금을 부과할 때는 소비자가 그것 없이도 지내기가 가장 쉬운 상품은 무엇인가를 생각하고, 또한 조금이라도 적당한 분량을 초과해서 사용하면 명백히 유해하다고 생각되는 상품을 특별히 선택하는 것이 국가의 의무이다. 따라서 주류에 대하여 최대의 세입(국가 수입)을 올리는 한도까지 과세하는 것은 (과세에서 생기는 모든 수입을 국가가 필요로 하고 있다고 가정하고) 허용되어야 할 뿐만 아니라 찬성되어야 할 일이기도 하다.

이러한 상품(주류)의 판매를 다소나마 독점적인 것으로 특권화해야 할 것인가의 문제는, 그 판매 제한이 어떤 목적에 도움이 되도록 의도하고 있는가에 따라서 여러 가지 대답을 얻을 것이 틀림없다. 사람들이 많이 드나드는 장소는 모두 경찰의 단속이 필요한데, 이런 종류의 장소(술집과 같은)는 사회에 대한 범죄가 특히 발생하기 쉬우므로 더욱 그렇다. 따라서 이같은 물건을 (적어도 그 장소에서 소비하기 위해서) 판매하는 권한은 품행이 단정하다고 널리 정평이 나 있거나, 신용이 보장되어 있는 사람들에게만 주는 것이 적당하다. 그리고 공공의 감시를 위해 필요한 개점, 폐점 시간에 대한 규정 등을 둘 것과, 술집 경영자의 묵인이나 무능으로 말미암아 치안을 문란하게 하는 행위가 되풀이해서 일어나거나, 그 장소가 법에 위배되는 범죄를 계획하고 준비하기 위한 집회 장소가 되면 그 허가를 취소하는 것이 마땅하다.

이 이상의 어떠한 제한도 원칙적으로 나는 정당하다고는 생각하지 않는다. 가령 맥주나 알코올 종류를 파는 집(비어홀이나 일반 술집)에 드나드는 것을 더욱 어렵게 하여 유혹의 기회를 되도록 적게 한다는 명백한 목적에서 이러한 영업 장소의 수를 제한한다는 것은, 그러한 술집 출입을 남용하는 몇몇 사람들 때문에 모든 사람들을 불편(부자유)을 끼치는 것이다.

그것은 노동 계급이 명백히 어린이나 야만인들처럼 취급을 받는 사회 상태에, 그리고 그들이 장차 언젠가 자유의 특권을 향유할 자격을 인정받기 위해서 현재로서는 속박의 교육을 받고 있는 그러한 사회의 상태에서만 어울리는 것이다.

어떠한 자유 국가라도 공공연히 그와 같은 원칙에 의거해서 노동자들이 다스려지고 있지는 않다. 자유의 정당한 가치가 무엇인지를 올바르게 평가하고 있는 사람이라면 누구나 노동자가 이와 같이 다스려지는 것에 찬성하지는 않을 것이다. 노동자들을 그렇게 취급하는 것은, 그들을 교육시켜 자유를 누릴 수 있도록, 그리고 그들이 하나의 자유인으로서 대접받을 수 있도록 만들기 위한 온갖 노력이 경주된 뒤에도 그들을 어린이처럼 다스릴 수밖에는 별 도리가 없다는 것이 분명히 증명되지 않는 한 있을 수 없는 일이다.

이상의 두 가지 견해 가운데 어느 쪽을 택하느냐 하는 것을 그저 단순하게 기술해 보아도, 여기에서 고찰할 필요가 있는 어떠한 경우에도, 앞에서 이야기한 바와 같은 노력이 이미 행해진 것이라는 가정이 얼마나 어리석은 짓인가 하는 것이 명백해진다.

한편으로는 전제 정치나 또는 이른바 부권 정치(父權政治) 체제에 속하는 사항이 우리 나라의 관행 속에 들어와 있으면서도, 다른 한편으로는 우리 나라의 여러 가지 제도에는 일반적으로 자유가 허용되어 있기 때문에, 함부로 구속적인 방법을 사용하여 도덕적 교육으로서의 어떤 참된 실효를 거두기 위해서 필요로 하는 정도의 통제력의 행사까지도 방해하고 있지만, 이것은 오로지 우리 나라의 여러 제도가 모순 덩어리로 되어 있기 때문이라고 할 수 있다.

이 논문의 첫 부분에서 지적한 것이지만, 개인에게만 관계되는 일에 있어서는 개인이 자유롭다는 것은, 개인이 집합해 있는 경우에도 역시 이에 상응해서 다음과 같은 자유, 즉 오직 그들 모두에게만 관계되고 그들 이외의 어떤 다른 사람들에게는 관계되지 않는 것을 상호간의 합의에 의해서 원하는 대로 조치할 수 있는 자유가 있다는 것을 의미한다. 이와 같은 문제는 이것에 관계되는 모든 사람의 의사가 변하지 않는 한 아무런 어려움도 생기지 않는다. 그러나 그 관계되는 사람의 의사가 변할지도 모르는 일이니까 그들만이 관계하는 일조차도 그들 상호간에 계약을 체결하는 것은 가끔 필요하게 된다. 일단 계약이 체결된 이상 일반적인 규칙으로서 그 계약이 이행되어야 하는 것은 너무나 당연하다.

그러나 법률에서는 ― 아마도 모든 나라의 법률에서는 ― 이와 같은 일반적 규칙에 몇 가지 예외가 있다. 제삼자의 권리를 침해하는 것과 같은 계약을 지킬 의무는 없을 뿐만 아니라, 때로는 어떤 계약이 계약자 자신에게 유해하다는 것이 그들로 하여금 그 계약을 해제(解除)하게 할 충분한 이유로 생각하는 경우가 가끔 있다. 우리 나라나 그밖의 대부분의 문명국에서는 자기를 노예로 팔거나 팔리는 것을 인정하는 계약을 체결한다면 그것은 무효이며, 법이나 여론으로도 그 이행이 강요되지는 않을 것이다.

　인생을 살아가는 데 있어서 자기 일신의 운명을 자유롭게 처리할 수 있는 개인의 권리를 이와 같이 제한하는 근거는 명백한 것이며, 이러한 극단적인 실례에서 지극히 명료하게 이해된다. 다른 사람들을 위하는 것이 아닌 한 개인의 자유로운 행위에 간섭하지 않는다는 것은 그의 자유를 존중하기 때문이다. 그가 자유롭게 선택했다는 것은 그가 선택한 것이 그 자신에게 바람직한 것이거나 적어도 그가 이겨 낼 수 있다는 증거이기도 하다. 대체로 개인의 행복은 이것을 추구하는 자유로운 행동이 허용될 때 비로소 충분히 획득되는 것이다.

　그러나 자기 자신을 노예로 팔아 버린다는 것은 자기 자신의 자유를 포기하는 일이다. 그는 오직 이 한 가지 행위로 말미암아 장래의 자유의 행사를 포기해 버린 것이 된다. 따라서 그는 자신의 처신을 그 자신에게 맡겨 두는 것을 정당화시키는 바로 그 목적 자체를 스스로 파괴하고 있는 것이다. 그의 몸은 이미 자유롭지 못하며, 앞으로는 그 스스로 자발적인 의사에 따라서 그러한 처지(위치)에 머물러 있는 것이라는 만족감을 좀처럼 느낄 수 없게 된다. 자유의 원리는 자유를 포기해 버리는 것도 역시 자유로워야 한다는 것을 요구하는 것은 아니다. 자기의 자유를 포기하는 것이 허용된다는 것은, 실은 자유가 아니다.

　이같은 이유는 이러한 특수한 경우에 그 설득력이 매우 두드러지게 나타나지만, 더욱 넓은 범위에 걸쳐서 적용될 수 있는 것이다. 그렇지만 모든 곳에서 온갖 생활상의 필요가 이같은 이유에 제한을 가하고 있다. 그리고 생활상의 필요는, 분명 우리들에게 자유를 포기해 버리라고 요구하지는 않지만, 자유에 대한 이러저러한 제한을 수락할 것을 끊임없이 요구하고 있다.

오직 행위자 자신에게만 관계되는 모든 일에서는 아무런 제한도 받지 않는 행위의 자유가 있지 않으면 안 된다는 원리는 다음과 같이 요구된다. '계약으로 상호 관계를 가지게 된 사람들은, 제삼자에게 관계되지 않는 일에 있어서 합의에 따라서 서로를 자유롭게 그 계약으로부터 해제할 수 있어야 하는 것'이라고. 이와 같은 합의에 따라 해제가 행해지지 않는 경우라도, 금전이나 금전적 가치에 관한 계약 이외에는, 해약(解約)의 자유를 절대로 부여해서는 안 된다고 할 수 있는 계약이나 약정은 아마 없을 것이다.

빌헬름 폰 훔볼트 남작은 내가 이미 인용한 그의 뛰어난 논문 속에서 그의 확신을 다음과 같이 이야기하고 있다. "개인적인 관계나 노무를 포함한 계약은 어떤 한정된 기간을 넘어서까지 결코 법적으로 구속되어서는 안 된다. 또한 이런 종류의 계약 가운데서 가장 중요한 계약인 결혼은 당사자 쌍방의 감정이 이것에 조화된 것이 아니면 그 목적은 달성될 수 없다는 특수성을 가지고 있기 때문에, 그 계약을 해소하기 위해서는 어느 한쪽의 명확한 의사 표명 이외에 아무것도 필요로 하지 않는다."고.

이런 문제는 여기에 곁들여서 논의하기에는 너무나도 중요하고 복잡한 문제라서 나는 예증에 필요한 한도 내에서만 언급하기로 한다. 훔볼트 남작의 논문은 간결한 개론적인 것이었기 때문에 할 수 없이 전제(前提)를 논하지 않고 곧장 결론을 선언할 수밖에 없었겠지만, 만일 그렇지 않았더라면 그는 의심할 바 없이 이러한 단순한 근거로서는 결정될 수 있는 것이 아니라는 것을 인정했을 것이다.

만일 어떤 사람이 확실한 약속이나 행위에 의해서 앞으로 그가 어떤 일정한 방식으로 계속 행위를 하게 될 것이라는 사실을 다른 사람에게 믿게 할 경우에는—다른 사람에게 기대와 예측을 갖게 하고, 그리고 그 사람의 일생의 계획 가운데 어떤 부분을 그 가정에 걸게 하는 경우에는—그에게 다른 사람에 대한 일련의 도덕적 의무가 새롭게 생기게 된다. 그런데 그것은 다른 의무 때문에 지배되는 일은 있을 수 있지만, 무시될 수는 없는 것이다.

또한 양 계약자간의 관계가 다른 사람에게도 영향을 미치는 결과가 생겼다고 하면, 즉 만일 그것이 제삼자를 어떤 특수한 입장에 놓이게 하거나, 또한 결혼의 경우에서처럼 새롭게 제삼자의 존재(자식)를 낳게 되었다고 하면, 계약자 쌍방은 모두 이 같은 제삼자에 대하여 의무를 지니지 않으면 안 된다. 그런데 이와 같은 의무의 이행 내지는 그 이행의 방법은 본래의 계약자들의 계약 관계가 계속되느냐 단질되느냐에 따라서 크게 영향을 받을 것이 틀림없다.

그렇다고 해서 이러한 의무가, 계약 당사자의 의사에 반하여, 또는 그 계약자의 행복 전부를 희생시키면서까지 계약의 이행을 요구할 정도의 것이 되는 것은 아니며, 또한 나도 그것을 인정할 수는 없다. 그러나 이러한 의무는 이 문제에 있어서 불가결한 한 요소이다. 이같은 의무는 폰 훔볼트가 주장하고 있는 것처럼 계약 당사자들이 임의로 그 계약에서 벗어나는 것을 허용하는 '법률적' 자유에는 아무런 영향도 미치게 해서는 안 된다고 하더라도 (또한 나 자신도 커다란 영향을 미치게 해서는 안 된다고 생각하지만) '도덕적' 자유에는 필연적으로 대단히 커다란 영향을 미치게 되는 것이다.

사람은 이와 같이 다른 사람의 이해(利害)에 영향을 줄지도 모르는 조치를 결정하기 전에 모든 사정을 고려하지 않으면 안 된다. 만일 그가 다른 사람의 이해를 고려하지 않는다면, 그는 그 잘못에 대해서 도덕적인 책임을 갖지 않으면 안 된다. 내가 이와 같은 명백한 사실을 말한 것은 자유의 일반적 원리를 보다 잘 예증하기 위해서이지, 결코 (결혼이라는) 특수한 문제에 대해서 뭔가 이야기할 필요가 있었기 때문은 아니다. 오히려 그와 반대로 이 문제는 마치 어린이의 이익(제삼자인 어린이의 이익)이 전부이며, 어른들의 이익(계약 당사자인 어른의 이익)은 없는 것처럼 이야기되는 것이 보통이다.
　앞에서 이야기한 바와 같이, 널리 공인된 일반적 원칙이 없기 때문에 자유는 흔히 허용되어야 할 곳에서는 억제를 당하고, 억제를 당해야 할 곳에서는 허용되고 있다. 그리고 내가 보는 바로는 근대 유럽의 세계에 있어서 자유의 감정이 가장 강한 경우의 하나는, 자유가 전혀 엉뚱하게 허용되고 있는 경우이다.
　사람은 자기 자신에게 관계된 것이면 자기가 좋은 대로 자유롭게 행동할 수 있는 자유를 갖지 않으면 안 된다. 그러나 다른 사람을 대신해서 행동할 경우에는, 그 사람의 일이 또한 자기 자신의 일이기도 하다는 구실 아래 그가 좋은 대로 행동하는 자유를 허용해서는 안 된다. 국가는 한편에서는, 특히 개인에게만 관계되는 일에 있어서는 개인의 자유를 존중하지만, 다른 한편으로는 만일 그에게 다른 사람을 지배하는 어떤 권력을 허용할 경우에는 그의 권력 행사에 대해서 충분히 감독할 의무가 있다.
　이와 같은 의무가 가족 관계의 문제에서는 거의 완전하게 무시되고 있지만, 이것이야말로 인류의 행복에 직접적인 영향을 미친다는 점에서는 다른 어떤 경우를 합친 것보다도 훨씬 더 중요한 문제이다. 아내에 대한 남편의 전제적인 권력에 대해서는 여기서 상세하게 말할 필요가 없을 것이다. 왜냐하면 이러한 해악을 완전히 제거하기 위해서는 아내도 다른 모든 사람들과 동일한 권리를 갖게 하는 한편, 다른 모든 사람들과 동일한 방식으로 법의 보호를 받도록 하는 것으로 충분하기 때문이다. 이러한 문제에 관해서는, 오래 전부터 보여 온 권리침해(아내에 대한 남편의 전제적인 권력 행사)를 옹호하는 사람들은 자유의 호소를 이용하지 않고(자유의 항변에 귀를 기울이려고 하지 않고), 도리어 권력의 옹호자로서 공공연히 나타나기 때문이다.

국가가 그 의무를 수행하는 데 있어서, 잘못된 자유의 관념이 실제상의 장애가 되는 것은 어린이의 경우이다. 세상 사람들은 어린이들을 비유적이 아니라 문자 그대로 어버이의 일부분인 것처럼 생각한다. 따라서 어린이들에 대한 어버이의 절대적이며 배타적인 지배권에 대해서 법률이 조금이라도 간섭을 가하려고 하면 여론이 대단히 강하게 반발한다. 그 자신의 행동의 자유에 대한 거의 어떠한 간섭에 대해서보다도 더욱 세게 반발한다. 그만큼 인류의 대다수는 권력보다도 자유를 낮게 평가하고 있는 것이다.

가령 교육의 경우를 한번 생각해 보도록 하자. 국가가 국민으로 태어난 모든 사람의 교육을 어떤 일정한 수준까지 요구하고 이를 강제해야만 한다는 것은 거의 자명한 공리가 아니겠는가? 그럼에도 불구하고 두려움 없이 이 진리를 인정하고 긍정하는 사람들이 과연 있을 것인가? 이 세상에 한 사람의 인간을 낳아 놓은 이상은, 그로 하여금 다른 사람들이나 그 자신에 대한 인생상의 역할을 잘 수행할 수 있는 인물이 되게 교육을 시킨다는 것은 양친의(혹은 오늘의 법률과 관용어가 일컫는 바에 의하면 부친의) 가장 신성한 의무의 하나라는 것을 그 누구도 결코 부정하지는 못할 것이다.

그런데 한편에서 이 일이 부친의 의무라고 이구동성으로 선언되고 있음에도 불구하고, 우리 나라에서는 이러한 의무의 수행을 부친에게 강요하자는 주장을 듣게 되면 거의 모두가 참지 못할 것이다. 부친은 자기 자녀의 교육을 확보하기 위해서 어떤 노력이나 희생이 요구되기는커녕, 도리어 교육이 무료로 제공되고 있음에도 불구하고, 그것을 받아들이느냐 않느냐 하는 것을 부친의 선택에 맡기고 있는 것이다. 육체를 위해서 먹을 것을 줄 뿐 아니라, 정신을 위해 교육과 훈련을 시킬 만한 충분한 자신이 없는데도 어린이를 낳는 것은, 불행한 어린이와 사회 양쪽에 대한 도덕적인 범죄라는 것을 아직 일반이 인정하지 못하고 있다. 만일 양친이 이 의무를 수행하지 않는다면 국가는 될 수 있는 한 그 양친에게 교육비를 부담시켜서, 그 의무가 잘 수행될 수 있도록 감시하지 않으면 안 된다는 것도 아직까지 인정되고 있지 않은 것이다.

만일 보통 교육(general education)을 실시해야 한다는 의무가, 즉 모든 국민에 대해서 교육을 실시해야 한다는 의무가 일단 인정되기만 한다면 국가는 대체 무엇을 가르쳐야 하며, 또한 어떤 방법으로 가르쳐야 할 것인가에 대한 여러 가지 어려움도 자연히 사라지게 될 것이다.

그런데 이런 어려움이 있기 때문에 오늘날 교육이라는 문제는 여러 종파나 당파들이 싸우는 단순한 전장으로 만들고 있으며, 마땅히 교육하는 데 소비되어야 할 시간과 노력을 공연히 교육에 대한 논쟁으로 낭비하고 있는 것이다. 정부가 모든 어린이에게 더 좋은 교육을 요구할 것을 결의만 한다면, 정부는 정부 스스로 그러한 교육을 제공하는 수고를 면할 수가 있을는지도 모른다. 정부는 자녀들이 교육을 받는 장소와 방법을 양친이 좋아하는 대로 맡기고, 가난한 집 자녀들의 교육비 지출을 도와주는 한편, 아무도 교육비를 대 주는 사람이 없는 어린이들에게 그 전액을 지불해 주는 일로 만족할 수 있을 것이다.

국가 교육(state education)에 대해서 제시되는 반대론으로서 아무리 정당한 이유가 있는 것이라 하더라도, 국가에 의한 의무 교육의 실시에 대해서는 적용되지 않는다. 그것이 적용되는 것은 국가가 교육을 장려하고 행하는 일에 대해서가 아니라, 국가가 그 교육의 지도 임무를 혼자서 전담하는 일에 대해서이다. 이것은 전혀 별개의 문제이다. 민중의 교육의 전부 내지 대부분이 국가의 수중에 있어야 마땅하다는 일에 대해서는 나도 다른 사람 못지않게 반대한다.

사람의 개성과 의견이나 행동양식의 다양성이 얼마나 중요한가에 관해서는 지금까지 기술해 온 것과 같지만, 이러한 사실은 교육의 다양성도 역시 그것과 마찬가지로 이루다 표현하지 못할 정도로 중요성을 가지고 있기 때문이다.

일률적인 국가 교육은 국민을 일정한 틀에 넣어서 서로 비슷한 형태로 만들기 위한 단순한 수단에 지나지 않는다. 국가가 국민을 판에 박은 듯한 똑같은 사람으로 만들려고 던져 넣는 주형(鑄型)은 정부가 가지는 지배적인 세력 — 가령 그것이 군주이든, 승려 계급이든, 귀족 계급이든, 또는 현세대의 다수파이든 간에 — 의 마음에 드는 것이기 때문이다. 그와 같은 교육이 성공을 거두면 거둘수록 더한층 국민의 정신을 전제적으로 압박할 것이며, 신체상에도 압박을 가하게 될 것이다. 국가에 의해서 수립되고 통제되는 교육은 — 적어도 그것이 존재한다고 하면 — 서로 경쟁을 하는 다수의 실험, 즉 교육의 여러 실험 가운데 하나로서만 존재해야 할 것이며, 다른 여러 가지 실험(교육의 실험)을 어떤 일정한 수준의 우수성으로 끌어올리기 위한 모범과 자극을 부여할 목적으로 실시되지 않으면 안 된다.

어쩔 수 없이 사회 전체의 진보가 늦어져서 정부가 그 일에 나서지 않으면 자력으로는 아무런 적당한 교육 설비를 마련할 수도 없고, 또한 마련하려고도 하지 않을 경우에는 문제가 달라진다. 이런 경우에는 정부가 교육상의 두 가지 해악(국민에게 전혀 교육을 시키지 않는 것과 국가가 교육을 행하는 것) 가운데서 그 해가 적은 것으로서 — 정부 스스로 교육 사업을 맡아주는 편이 국민에게 전혀 교육을 실시하지 않는 것보다는 해가 적은 것이므로 — 여러 학교나 대학의 교육 사업을 스스로 인수해도 좋을 것이다. 마치 대규모적인 생산 사업을 맡아서 경영할 적당한 형태의 사기업이 국내에 존재하지 않을 경우에 정부가 주식회사의 경영을 맡아도 좋은 것과 같은 일이다.

그러나 일반적으로 말하면, 정부의 후원 아래 교육을 시킬 만한 자격을 갖춘 사람들이 충분히 있다면, 그러한 사람들도 역시 국가의 교육과 마찬가지로 훌륭한 교육을 실시할 수 있을 것이며, 또한 즐거운 마음으로 실시하려고 할 것이다. 다만 이런 경우에는 교육을 의무화하고 있는 법률에 의해서 교사들에 대한 보수가 보장되는 한편, 교육비를 지불할 수 없는 사람들에 대한 정부의 보조가 실시될 필요가 있다.

이러한 법률을 실시하기 위한 수단은, 유년 시절부터 모든 어린이들을 대상으로 하여 실시되는 공개적인 국가 시험 이외에는 없을 것이다. 모든 남녀 어린이들이 글을 읽고 쓸 수 있는지 어떤지를 확인하기 위해서 모든 어린이가 시험을 보아야 할 어떤 연령을 정해 두는 것도 좋을 것이다. 만일 어떤 아이가 읽지 못하는 것을 알게 되면 그 부친에게는—충분한 변명이 될 수 있는 이유를 제시하지 못하는 한—적당한 벌금이 부과되어도 좋을 것이다. 부득이한 경우에는 일정한 노동으로 그 벌금을 대신 물도록 해도 좋을 것이다. 그리고 그 어린이는 부친의 학비 부담으로 학교에 다니는 것이 좋을 것이다. 이러한 시험은 해마다 한 번씩 실시하고, 그때마다 점점 학과의 범위를 넓혀서 어느 최소 한도의 일반적 지식을 모든 사람들에게 습득하게 하여 그것을 오랫동안 기억하게 하는 것이 사실상 의무화되어야 할 것이다.

이러한 최소한도의 일반 지식 이상의 것에 대해서는 모든 학과에 관해 임의적인 시험이 실시되어야 하며, 그 시험으로 일정한 학력의 수준에 이른 사람들은 모두 소정의 증명서를 청구할 수 있도록 해야 한다. 국가가 이와 같은 제도를 통해서 여론에 부당한 영향을 미치는 것을 방지하기 위해서 그 시험에 통과하는 데 필요한 지식은(언어와 그 사용법과 같은 지식과 같은 단순히 수단적인 지식 이상의 것에 관해서 말하면), 심지어 고급 시험에 있어서까지도 사실과 실증 과학에 한정하지 않으면 안 된다. 종교나 정치, 기타 논쟁의 대상이 되고 있는 문제에 관한 시험은, 여러 가지 의견의 진실 여부를, 즉 그 의견이 진리냐 아니냐를 문제로 삼을 것이 아니라, 이러이러한 의견은 이러이러한 근거에 의하여 이와 같은 저자들이나 여러 학파, 여러 교회에 의해서 지지되어 있다는 사실만을 문제로 삼아야 한다.

이와 같은 제도 아래에서는 앞으로 다가올 세대(청년)들은 논의의 여지가 있는 모든 진리에 관해서 현재보다도 더욱 뒤떨어진 상태에 있게 되지는 않을 것이다. 그들은 오늘날과 마찬가지로 영국 국교도나 비국교도로서 키워질 것이다. 국가는 다만 그들이 교육받은 국교도 혹은 교육 없는 비국교도가 되게끔 배려할 따름인 것이다. 만일 양친들이 바란다면, 그들이 종교 이외의 다른 학과 과목들을 배운 동일한 학교에서 자녀들이 아무런 방해없이 종교를 배우는 것이다.

또한 논의의 여지가 있는 문제에 관해서 국가가 국민의 의견을 어느 한쪽으로만 치중하게 하려는 것은 모두 나쁘다. 그러나 어떤 사람이 주어진 문제에 대하여 경청할 만한 결론을 내리는 데 필요한 지식을 가지고 있다는 것을 국가가 확인하고 증명하려는 것은 지극히 정당한 일일 것이다.

철학의 연구자는 칸트(Kant)와 로크(Lock)의 학설 중 어느 쪽을 찬성하거나, 그 양쪽을 모두 찬성하지 않더라도 이 두 철학자에 대한 시험에 둘 다 합격할 수가 있는 것이라면 그만큼 유익할 것이다. 또한 무신론자에게 그리스도교의 증험론(the evidences of Christianity)에 관한 시험을 보게 하는 경우에도, 만일 그가 그 이론에 대한 신앙 고백을 강요당하지 않는다면 조금도 비난할 이유는 없는 것이다.

그렇지만 고도의 지식 분야에 관한 시험은 완전히 자발적인 것이 아니면 안 된다고 나는 생각한다. 정부가 어떤 사람의 자격이 없다고 해서 그 사람의 직업이나, 심지어 교직에 종사하는 것까지도 배척할 수가 있다면, 그것은 정부에게 너무나도 위험한 권력을 주는 셈이 될 것이다.

그리고 나는 빌헬름 폰 훔볼트와 더불어 다음과 같이 생각할 것이다. '학위라거나 기타의 과학적인 혹은 직업적 지식(소양)에 대한 공적인 증명서는 스스로 그 시험에 응시하여 합격한 모든 사람에게 주어져야 마땅하다. 그러나 그와 같은 증명서는 경쟁을 할 경우(취직 시험 등) 다른 경쟁자를 물리칠 수 있는 이익을 주는 것이 되어서는 안 되며, 다만 일반 여론이 그 증거에 대해서 부여하게 되는 존경만을 받아야 하는 것뿐으로 해야 한다.' 라고.

자유에 대한 빗나간 생각 때문에 양친 쪽의 도덕적 의무(moral obligation)가 인정되어야 할 가장 유력한 근거가 언제나 존재하는데도 인정되지 않는가 하면, 그 법률적 의무도 많은 경우에 마땅히 부과되어야 할 가장 유력한 근거가 있는데도 부과되지 않고 있는데, 이것은 비단 교육의 문제에만 한정된 것은 아니다. 한 생명을, 즉 하나의 인간을 이 세상에 태어나게 한다는 것 자체가 인간생활의 영역 안에서 가장 책임 있는 행위 중 하나이다. 바로 이러한 책임을 부담하는 일 — 저주받을 존재가 될는지, 아니면 축복받을 존재가 될지 좀처럼 알 길이 없는 한 생명을 이 세상에 태어나게 하는 일 — 은, 만일 이러한 생명을 부여받으려는 존재(어린이)가 적어도 바람직한 생활을 위한 보통 정도의 기회라도 가지지 못하게 된다면, 그 존재에 대한 하나의 범죄라고 해야 할 것이다.

인구가 과잉이거나 과잉이 될 위험성이 있는 나라에서는 제한된 극소수의 한계(출산의 한계)를 넘어서 아이들을 낳는 것은, 그들의 경쟁 때문에 노동의 임금을 떨어뜨리는 결과를 가져오게 할 것이며, 따라서 노동의 임금으로 생활해 가는 모든 사람들에 대한 중대한 범죄가 된다. 유럽 대륙의 많은 나라에서는 결혼하는 당사자들이 한 가족을 유지해 갈 만한 자격(재력)이 있다는 것을 제시할 수 없는 한 법으로써 결혼을 금하고 있는데, 이것은 국가의 정당한 권력의 한계를 넘어서는 것은 아니다. 이와 같은 법률이 합당한 것인지 아닌지는 몰라도(이것은 주로 그 지방의 여러 사정과 감정에 의해서 정해지는 문제이니까) 그것들은 자유의 침해로서 비난받아야 할 성질의 것은 아니다. 그와 같은 법률은 유해한 행위 — 비록 법적 형벌을 구태여 가할 필요가 있다고 생각되지 않는다 하더라도, 충분히 세상 사람들의 비난과 사회적 오명의 대상이 될 만한, 다른 사람을 해치는 행위 — 를 금하기 위한 국가의 간섭이라고 볼 수가 있다.

그런데 오늘날 널리 유포되어 있는 자유에 대한 생각은 다음과 같다. 오직 개인 자신에게만 관계되는 사항에 있어서 개인의 자유가 실제로 침범될 때는 너무나 쉽게 굴복하는 데 반하여, 사람들이 제멋대로 놀아난 결과, 즉 방탕한 생활에 빠진 결과 한 사람 또는 여러 사람의 자손에게 비참하고 타락한 생애를 보내게 하고, 또한 이러한 자손들이 하는 행위의 영향이 어떤 형태로라도 충분히 미치는 범위 안에 있는 다른 사람들에게 여러 가지 해악을 끼칠 때, 그러한 사람의 방탕한 생활에 어떤 제한을 가하려는 기도에 저항하려고 하는 것이 그것이다. 자유에 대한 인류의 불가사의할 정도의 존경과, 그것에 대한 불가사의할 정도의 경시를 서로 비교해 볼 때, 인간이라고 하는 것은 다른 사람에게 해를 끼칠 불가결한 권리를 가지고 있지만, 누구에게도 아무런 고통을 주지 않고 스스로를 기쁘게 할 수 있는 권리는 무엇 하나도 가지고 있지 않은 존재라고 상상할 수도 있을 것이다.

나는 정부가 어느 정도까지 간섭할 수 있는지 그 한계에 대한 많은 문제들을 맨 뒤에서 살펴보기 위해 남겨 두었다. 이것은 이 논문의 주제와 밀접하게 관계가 있는 것이기는 하지만, 엄밀히 말하자면 이것에는 속하지 않는 문제이다.

이것들은 정부의 간섭에 반대하는 이유가 자유의 원리에 의거하지 않는 경우이다. 바꾸어 말하면 그것은 개인의 자유로운 행위를 억제하는 문제가 아니라, 도리어 그러한 행동을 조장시키는 것에 관한 문제이다. 즉 개인 자신이 개별적으로 또는 자발적인 결합체를 이루어서 자기의 이익을 추구하도록 내버려 두지 아니하고 정부 스스로가 그 일을 하거나 정부의 감독하에 그 일을 하게 한다는 것이 과연 정당한가 정당하지 않은가 하는 문제이다.

정부의 간섭이 자유에 대한 침범을 포함하지 않는 경우, 이것에 대한 반대론은 세 종류로 나뉘어진다고 할 수 있을 것이다.

첫째는 행해져야 할 일이 정부보다도 개인에 의해서 더 훌륭하게 행해질 것 같은 때이다. 일반적으로 말하면, 어떤 일을 처리하는 데 있어서, 또는 그 일이 어떻게 누구에 의해서 처리되어야만 할 것인가를 결정하는 데 있어서, 가장 적당한 사람은 그 일에 이해 관계가 있는 사람만큼 적임자는 없다. 이 원리에 따르면 한때 그처럼 빈번히 단행되었던 간섭, 즉 민간의 일반 산업 과정에 대한 입법부나 정부 관리들의 간섭은 부당한 것으로 된다. 그러나 문제의 이러한 부분은 이미 경제학자들에 의해서 충분할 정도로 상세히 설명되어 왔으며, 또한 이 논문에서 주장하는 여러 원리와 특별한 관련을 갖는 것도 아니다.

둘째의 반대론은 우리들의 주제와 아주 밀접한 관련을 갖고 있다. 많은 경우, 개개인은 어떤 특정한 일을 평균적으로 정부의 관리만큼 잘할 수 없을는지 모르지만, 그럼에도 불구하고 그들 자신의 정신 교육의 한 수단으로서―그들의 활동력을 강화시키며, 그들의 판단력을 연마시키며, 그들에게 그 처리가 일임된 문제에 그들을 정통하게 만드는 하나의 수단으로서―개인이 하는 편이 정부가 하는 것보다 오히려 바람직한 것이다. 이것이 배심 재판―정치적 사건이 아닌 경우―이나, 자유로운 민중에 의한 지방자치제도나 자발적인 협력단체에 의한 생산 산업 및 자선 산업의 경영을 장려하는 주된 ― 유일한 이유는 아니지만 ― 이유이다.

　이와 같은 문제들은 이 논문에서 말하는 자유의 문제는 아니며, 서로 먼 관계에 의해서만 자유와 연관되어 있다. 오히려 이것들은 발전의 문제이다. 이와 같은 일들을 국민 교육의 일부분으로서 상세하게 설명하고 있는 것은 다른 기회로 미루어져야 할 것이며, 현재는 그 기회가 아니다. 왜냐하면 사실 이것들은 시민의 특수한 훈련이며, 자유로운 민중의 정치 교육의 실천적인 부분을 이루는 것이고, 사람들을 개인적 내지는 가족적 이기심이라는 좁은 틀에서 끌어내어 그들을 공동의 이익에 대한 이해(利害)와 공동의 사무를 처리하는 데 익숙하게 하는 것이다. 즉 그들로 하여금 공공적 내지는 반 공적 동기로서 행동을 하는 습관을 갖게 하며, 서로를 고립시키는 대신에 결합하게 하는 그런 목적으로서 자기의 행동을 이끌어 가는 습관을 붙이게 하는 일이기 때문이다.

　이와 같은 습관과 능력이 없다면 자유로운 형태의 국가조직의 운영이나 유지는 불가능하다. 비록 정치적 자유가 있다 할지라도 그것이 굳건한 지방적 자유의 충분한 기초 위에 서 있지 않는 국가들에 있어서는, 정치적 자유가 영속되지 못하고 너무나도 빈번하게 단명한 성질밖에 가지지 못한다는 것으로 예증되는 일이다. 순전히 지방적인 사업은 지방 사람들이 운영해야 하며, 그리고 대규모의 생산 사업은 자발적으로 투자한 사람들의 단체가 운영해야 한다는 것은, 이 논문에서 주장해 온 '발전하는 개성과 행동 양식의 다양성'이라는 이익을 낳게 하는 것이므로, 더한층 권장할 만한 이야기라고 생각한다.

　정부의 사업은 어디에서나 획일화(劃一化)되기 쉽다. 이에 비해서 개인이나 자발적인 협력 단체의 경우에는 여러 가지 실험과 무수하게 다양한 경험이 있다. 국가가 유익하게 할 수 있는 일은, 국가 자신을 수많은 시행의 결과로 얻어진 경험의 중앙 저장소로 만드는 동시에, 그런 정보의 적극적인 전달자 및 보급자로 만드는 일이다.

국가의 직분은 국가 자신의 실험 이외의 어떤 실험도 인정하지 않는 것이 아니라, 개개의 모든 실험자에게 다른 사람들의 실험에서 얻은 이익을 나누어 줄 수 있도록 해 주는 일이다.

정부의 간섭을 제한하는 가장 유력한 셋째 이유는 정부의 권력을 불필요하게 증대시키는 데 따르는 커다란 해악이다. 정부에 의해서 이미 행사되고 있는 기능(직권)에 또 하나의 새로운 기능이 첨가해질 때마다 국민의 희망과 불안에 대한 정부의 영향력은(국민에게 희망과 두려움을 안겨 줄 수도 있고 빼앗을 수도 있는 정부의 영향력은) 한층 더 넓게 퍼져 나가게 되고, 일반 국민 가운데 활동적이며 야심적인 사람들은 더욱더 정부의, 또는 정권을 장악하려는 어떤 당파의 추종자로 변화하고 만다.

만일 도로나 철도, 은행·보험 회사·대주식회사·대학·공공 자선 단체 등 모두가 하나같이 정부의 출장소, 즉 지점으로 되어 버린다면, 그 위에 만일 도시나 지방의 자치단체들이 오늘날 그들에게 귀속되어 있는 모든 사업과 함께 중앙 정부의 하나의 부처가 되어 버린다면, 또한 만일 이같은 여러 가지 모든 사업의 종업원이 직접 정부에 의해서 임명되고 봉급을 받는 한편, 그들의 입신출세를 정부에 의지하게 된다면, 아무리 출판의 자유가 인정되어 있고, 입법부가 아무리 민중 본위의 체제를 갖추고 있다 하더라도 우리 나라는 물론 다른 어떤 나라도 명목뿐인 자유의 나라밖에 되지 못할 것이다. 그리고 행정 기구가 능률적 과학적으로 만들어져 있으면 있을수록, 그리고 그 행정 기구를 관리·운영해 갈 유능한 노동력과 두뇌를 획득하기 위한 수단이 교묘하면 교묘할수록 그 해악은 더욱 커질 것이다.

영국에서는 최근에 다음과 같은 안이 제출되었다. 직무의 담당자로서 가장 총명하고 학식 있는 인재를 얻기 위해서는 정부의 공무원 전원을 경쟁 시험으로 선발해야 한다는 내용이다. 이 제안에 대해서 여론이 비등하고, 찬반 양론이 백출하여 많은 의견이 이야기되고 글로 쓰여지기도 했다. 이 제안에 대하여 반대자들이 가장 강하게 주장한 논의의 하나는, 국가의 종신적인 공복(公僕)이라는 직업은 가장 고급한 능력을 가진 사람들을 끌어들이기에 충분한 보수와 유망한 지위를 제공해 주지 못할 것이며, 따라서 이러한 사람들은 다른 여러 가지 전문적인 직업이나 회사나 기타 공공 단체의 직무를 수행하는 속에서 언제나 더 매력 있는 성공의 길을 발견할 수가 있을 것이라는 것이다.

　만일 이 논의가 그 제안의 지지자들에 의해서 그 제안의 주요한 난점(최고의 재능을 가진 사람들이 쉽게 경쟁 시험에 응하지 않을지도 모른다는 어려움)에 대한 해명으로서 사용되었다면 아무도 놀라지 않았을 것이다. 그런데 이러한 논의가 반대자 쪽에서 나왔다는 것은 아주 기이한 일이라 아니할 수 없다. 반대 의견으로서 역설되고 있는 것이 실은 제안된 제도의 안전판이 되고 있는 것이다. 만일 실제로 한 나라의 탁월한 재능을 가진 사람들을 모조리 정부의 공직에 끌어들일 수 있다면, 그러한 결과를 초래할 두려움이 있는 이 제안은 당연히 불안감을 불러일으킬 것이다.

　조직된 협력과 폭넓고 포괄적인 견해를 필요로 하는 사회 사업의 모든 부분이 정부의 수중에 있다면, 그리고 정부의 어느 기관이나 모두 가장 유능한 사람들로 가득 차 있다면, 순전히 사색적인 분야에 종사하는 사람들을 제외한 국내의 폭넓은 교양과 훈련된 지성의 일체가 무수한 사람들로 구성되는 관료제 속으로 집중될 것이며, 나머지 사람들은 모든 것을 오직 이 관료제에만 기대하게 될 것이다. 일반 민중은 그들이 하지 않으면 안 될 모든 일조차도 관료들의 지도와 명령을 받고자 할 것이며, 유능하고 야심적인 사람들은 자기네들의 입신출세를 관료제 속에서 찾으려 할 것이다. 이러한 관료 계급의 대열에 참여가 허용되면, 그리고 허용되었을 때는 그 속에서 출세하는 일이 야심의 유일한 대상이 될 것이다.

이와 같은 제도 아래에서는 민간에 있는 일반 민중은 실제적 경험이 없기 때문에 관료집단의 직무 집행의 방법을 비판하거나 제지할 만한 능력을 가지지 못할 뿐만 아니라, 전제 제도 아래에서의 우연한 사건에 의해서, 혹은 민중적인 제도 아래에서의 자연적인 작용에 의해서 개혁적인 기질을 구비한 한 사람의 지배자나, 또는 다수의 지배자들이 최고의 지위에 오를 수 있는 일이 가끔 있다 해도, 관료제의 이익에 위배되는 어떠한 개혁도 실현될 수가 없는 것이다.

러시아 제국의 우울한 현상이 바로 이와 같은 것인데, 러시아 제국을 충분히 관찰할 기회를 가진 사람들의 이야기 속에 나타나 있는 바와 같을 것이다. 황제(Czar) 자신도 관료 계급(관료 집단)에 대해서는 무력하다. 그는 관료 계급의 누구라도 시베리아로 추방할 수가 있지만, 관료 계급 없이는, 혹은 관료 계급의 의사를 거슬러서는 나라를 통치할 수가 없는 것이다. 그들은 황제가 내리는 모든 포고에 대해서 그것을 실행에 옮기는 것을 피함으로써 무언의 거부권을 행사할 수가 있는 것이다.

러시아보다도 한층 더 진보된 문명을 가졌거나 좀더 반항 정신이 강한 나라들에서는, 일반 민중은 자기네들의 모든 일을 정부가 대신해 줄 것을 기대하는 습관을 가지고 있다. 적어도 정부의 허가를 얻지 않고서는, 즉 정부로부터 허가를 얻을 뿐만 아니라, 심지어 방식까지 지도받지 않고는 아무 일도 하지 않는 습관을 가지고 있으므로, 그들은 자연히 자기들에게 닥치는 해악이 모두 정부에게 책임이 있다고 생각하게 된다. 그리고 그 해악이 그들의 인내의 한계를 넘어섰을 때는 그들은 정부에 반항하여 봉기했고, 소위 혁명을 일으킨다. 이때 누군가 어떤 인물이, 국민에게서 위임받은 정당한 권위를 갖거나 갖지 않거나 간에, 일약 권력의 자리에 앉아 관료들을 향하여 명령을 내리게 되는데, 이렇게 되면 모든 일이 이전과 거의 마찬가지로 진행되는 것이다. 관료제는 조금도 변치 않으며, 또한 그 누구도 그들을 몰아낼 수는 없는 것이다.

자기 자신의 일을 스스로 처리하는 데 익숙한 민중 사이에서는 이것과 매우 다른 광경을 볼 수 있다. 프랑스에서는 민중의 대부분이 군(軍) 복무의 경험이 있고, 적어도 하사관 정도의 지위를 가지고 있었기 때문에 민중적 반란이라도 일어날 때는 언제나 그 반란의 지휘를 하며, 상당한 정도의 작전 계획을 즉시 세울 만한 사람이 많다. 군사(軍事)에 있어서 프랑스 인이 보여 주고 있는 장점은, 모든 종류의 민간 업무에서 미국인이 보여 주는 장점과 같다고 할 것이다. 미국인이 정부가 없는 상태로 방치되었다고 치자. 그러면 미국인의 모든 집단은 즉시 정부를 조직해서 정치나 그밖의 어떠한 공무도 충분한 지성과 질서와 결단력을 가지고 수행할 수가 있다.

이것이야말로 자유로운 모든 민중이 모범으로 삼아야 할 자세이다. 또한 이러한 일을 능히 할 수 있는 민중은 틀림없이 자유로울 수 있다. 이와 같은 민중은 어떠한 사람이나 단체가 중앙 행정의 지배권을 장악한다 해도 그것을 제어할 수가 있어서, 스스로 그들의 노예가 되는 것을 허용하지 않을 것이다. 이와 같은 국민에 대해서는 어떠한 관료제라도 그들이 바라지 않는 한, 억지로 시키거나 감수하게 할 수는 없는 것이다.

그러나 모든 일이 관료를 통해서 이루어지고 있는 곳에서는 관료가 진심으로 반대하는 일은 무엇 하나 행해질 수가 없다. 이와 같은 나라들의 정체(政體)

는 민중의 경험 있는 사람들과 실제로 능력 있는 사람들을 조직해서 나머지 사람들을 통치하기 위한 하나의 훈련된 한 단체로서 조직화한 것에 불과하다. 그리고 이와 같은 조직 그 자체가 완벽하면 할수록, 또한 이와 같은 조직이 사회의 온갖 계층에서 가장 우수한 재능을 가진 사람들을 이 조직에 끌어들여서 조직에 적합하도록 교육시키는 데 성공하면 할수록, 관료제의 구성원들을 포함한 모든 사람들의 속박은 그만큼 완전한 것이 된다.

왜냐하면 이런 경우에는 통치자인 관료들도, 마치 통치를 받는 사람들이 그들의 노예인 것과 마찬가지로 그들의 조직과 규율의 노예이기 때문이다. 중국의 관리가 전제 정치의 앞잡이이며, 주구(走狗)로 되어 있는 것은, 가장 비천한 농민이 그렇게 되어 있는 것과 조금도 다를 바가 없다.

제수이트 교단(Jesuit order)[1] 그 자체는 그 구성원의 집단적 힘과 권위를 위해서 존재하는 것임에도 불구하고 개개의 제수이트 교도는 더 이상 비굴할 수가 없을 정도로 그 교단의 노예가 되어 있다.

한 나라의 유능한 인재를 모조리 통치 단체 속에 흡수한다는 것은, 조만간 통치 단체 그 자체의 정신적 활동과 진보성에 있어서 치명적인 것이 된다는 사실도 또한 잊어서는 안 된다. 통치 단체를 구성하고 있는 사람들은 서로 단결해 있으므로—모든 조직과 마찬가지로 대부분 고정된 규칙에 의해서 필연적으로 진행하는 조직체를 움직이고 있기 때문에—관리들의 단체는 나태한 인습 속에 빠져 버릴 끊임없는 유혹 아래 놓이게 된다. 또한 단조롭게 되풀이되는 기계적 생활과 같은 방아를 찧는 연자방아의 말이 이따금 회전 궤도를 벗어

---

[1] 이그나티우스 로욜라(Ignatius De Loyola)가 신교의 세력에 대항하여 창설하였으며, 1534년 일곱 사람이 단체를 조직, 1540년에 로마 교황청의 정식 인가를 얻었다.

난다 해도, 관료 단체의 어떤 지도적인 인사가 즉흥적으로 떠올린, 아직 그다지 검토되지도 않은 조잡한 계획을 향해서 돌진하려는 끊임없는 유혹 아래 놓이게 된다.

그리고 언뜻 보아 대립하는 것처럼 보이지만, 실은 밀접하게 관련되어 있는 이 두 개의 경향에 대한 유일한 방지책, 즉 통치 단체 자신의 능력을 높은 수준으로 유지할 수 있는 유일한 자극제는 통치 단체에 속해 있는 사람들이 그들과 동등한 능력을 갖고 있는 재야(在野) 사람들의 주의 깊은 비판을 받는 것뿐이다.

따라서 이와 같은 능력을 갖고 있는 사람들을 육성하여 중대한 실제 문제를 정확하게 판단하는 데 필요한 기회와 경험을 그들에게 부여하는 수단이 정부와 독립해서 존재해야 한다는 것이 필수 불가결하다. 우리가 유능하고 능률적인 관리 단체를 보유하려고 한다면, 또한 여러 가지 개량을 즐거이 실행하고자 하는 관리 집단을 보유하려고 한다면, 그리고 우리들의 관료 정치를 공론 정치(空論政治 : pedantocracy)로 타락시키지 않으려 한다면, 인류의 통치에 필요한 여러 가지 능력을 형성하고 육성하는 모든 사업을 이러한 관료 집단이 독점해서는 안 되는 것이다.

인류의 자유와 진보에 있어서 이다지도 무서운 해악이 대체 어느 시점에서, 즉 어디에서 시작된 것인지 확정하는 것, 아니 오히려 사회의 행복을 방해하는 장해물을 제거하기 위해서 사회가 그 승인된 지도자들 아래서 자신의 힘을 집합적으로 사용함으로써 생기는 이익을 이와 같은 해악이 압도하기 시작하는 것은 어떤 시점인지 확정하는 것과, 그리고 사회 전체의 활동력 가운데 너무나도 큰 부분을 정부 기관으로 흘러 들어가게 하는 일 없이 집중화된 권력과 지성으로부터 가능한 한 많은 이익을 확보하는 것은 통치의 기술에 있어서 가장 어렵고도 복잡한 문제의 하나이다.

이러한 문제는 대체로 세부 사항에 관한 문제인데, 이런 문제를 다루는 데 있어서는 여러 가지 모양으로 고려할 사항을 항상 염두에 두어야 하며, 더구나 이런 문제에 대해서는 절대적인 규칙을 세울 수 없다. 그러나 나는 안전한 실제적 원리나, 염두에 두어야 할 이상이나, 앞에서 말한 바와 같은 어려움을 극복하기 위해서 마련된 계획을 검사하는 기준은 다음과 같은 말로써 표현할 수 있을 것으로 믿는다. '능률과 모순되지 않은 한도 내에서 권력을 최대한 분산시킬 것, 하지만 정보는 최대한 집중시키고, 이것을 중앙으로부터 확산시킬 것 등이 바로 그것이다.'

이와 같이 해서 도시 행정은 뉴잉글랜드(New England)의 여러 주에서처럼 직접 이해 관계를 가진 사람들에게 맡기지 않아야 그 지방 사람들에 의해서 선출된 각 부의 관리들에게 아주 세분화되어 배당될 것이다. 그러나 그와 동시에 지방적인 여러 문제를 관장하는 각 부문에는 중앙의 감독이 가해지고, 이것이 중앙 정부의 지부의 역할을 하게 할 필요가 있을 것이다. 이러한 감독 기관은 모든 지방의 공적 업무 부문의 행위나, 여러 외국에서 행해지고 있는 이와 유사한 기관의 행위나, 또는 정치학의 일반 원리에서 끄집어 낼 수 있는 다양한 정보와 경험을 마치 렌즈의 초점처럼 중앙으로 집중시키게 될 것이다.

이러한 중앙 기관은 사회에서 이루어지고 있는 모든 것을 알 권리를 가져야만 하며, 이 기관의 특별한 의무는 어떤 한 지방에서 얻어진 지식을 다른 지방에서도 쓸모 있게 이용할 수 있도록 하는 것이다. 이 기관은 다른 어떤 것보다도 높은 위치를 차지하고 그 관찰 범위도 광범하고 포괄적이기 때문에, 지방 기관에서 보는 것과 같은 사소한 편견이나 편협한 시야에서 사로잡혀 있지 않아서 이 기관의 충고는 당연히 커다란 권위를 가질 것이다. 그러나 영속적인 제도로서의 이 기관의 실제의 권력은, 지방의 관리들을, 오직 그들을 인도하기 위해 만들어진 법률에 따르게 하는 일에만 국한해야 한다고 나는 생각한다.

일반적 규칙으로서 규정되어 있지 않은 모든 사항은, 지방 관리들이 그들의 선거구민에 대해서 책임을 진다는 조건 아래 그들 자신의 판단에 따라 행동하도록 맡겨야 한다. 만일 지방 관리들이 규칙을 어겼을 때는, 그 일에 대해서 법률상 책임을 져야 하며, 그러한 규칙 그 자체는 입법부에 의해서 제정되어야 한다.

중앙의 행정 당국은 이 같은 규칙의 집행을 감시하는 데 그치며, 만일 그러한 규칙들이 제대로 실행되지 않을 때는 그 사건의 성질에 따라서 재판소(법정)에 법의 실시를 호소하거나, 법의 정신에 따라서 그것을 집행하는 의무를 게을리한 관리들을 파면하도록 선거구민에게 요구하지 않으면 안 된다.

구빈법[2] 집행 감독국(Poor Law Board)이 전국 도처의 구빈세(救貧稅 : Poor Rate) 관리자들에 대해서 행사하려는 중앙 감독권은 그 일반적 관념에서는 대체로 이상과 같은 것이다. 비단 일부 지방뿐만 아니라 사회 전체에 중대한 영향을 미치는 사항에 있어서 뿌리 깊은 실정의 악습을 시정할 필요가 있는 특수한 경우에는, 구빈법 집행 감독국이 그 권한의 한계를 넘어 권력을 행사한다 할지라도 그것은 모두 정당하며, 또한 필요한 것으로 간주된다. 왜냐하면 어떤 지방도 실정에 의해서 스스로를 빈곤의 땅으로 만들 도덕적 권리는 가지고 있지 않으며, 그 지방의 빈곤은 필연적으로 다른 지방으로까지 넘쳐서 전국의 노

---

[2] 사회 사업의 근간을 이루는 것으로 하층의 빈곤자들에 대한 국가적 구조를 법제한 법률이다. 영국에서는 일찍이 엘리자베스 여왕 시대 이래로 빈민·실업자·부랑자 등의 구제 문제를 사회적 관심의 대상으로 삼아 왔는데, 마침내 1601년에는 구빈법이 제정되었다. 이 법은 교구 단위로 가족을 가지고 있는 사람들로부터 구빈세를 징수하여 빈민 구제에 충당토록 하는 내용을 담고 있다.

동 사회의 도덕적, 신체적 조건을 손상시키게 되기 때문이다.

구빈법 집행 감독국이 가지는 행정적 강제권 및 그것에 부수하는 입법권은 (이같은 권한은 이 문제에 관한 여론의 현상 때문에 이 감독국에 의해서 사실상 행사되고 있지는 않지만) 제1급에 속하는 국가적 이해에 관한 문제의 경우에는 아주 정당한 것이겠지만, 순전히 지방적 이해에 관한 문제의 감독에는 아주 부적당한 것이 될 것이다. 그러나 모든 지방에 대해서 정보와 지도를 제공하는 중앙 기관은 어떠한 행정 부문에 대해서도 하나같이 가치 있는 것이다.

정부는 개인의 노력과 발전을 방해하지 않고 그들을 돕고, 그들에게 자극을 줄 수 있는 종류의 활동이면, 그것이 아무리 많다 해도 지나치다고 할 수는 없다. 해악이 나타나는 것은 정부가 개인이나 단체의 활동과 능력을 환기시키지 않고 정부 자신의 활동을 그들의 활동과 바꿔치기할 때이며, 또한 정보나 조언을 주는 일도 없이, 필요한 경우에 책망도 하지 않고 그들의 활동을 구속하며, 그들을 한쪽으로 제쳐 놓고 정부 스스로가 그들의 일을 대신할 때인 것이다.

국가의 가치는 궁국적으로 국가를 구성하고 있는 개개인의 가치이다. 이들 개개인의 정신적 확대나 향상에 이익이 되는 것을 뒤로 제쳐놓고, 세부적이고 사소한 사무상의 행정적 수완이나 경험을 통해서 얻어지는 그것과 유사한 것을 조금이라도 더 늘리려고 하는 국가, 또한 국민을 위축시켜서 그들을 자기 수중에서 마음대로 좌지우지할 수 있는 꼭두각시로 만들려고 하는 국가는 (비록 그것이 아무리 국민의 유익한 목적을 위한 것이라 해도) 다음과 같은 사실을 알아야 한다. '소인(小人)에 의해서는 실제로 어떤 위대한 일도 달성될 수 없다. 그리고 국가가 온갖 희생을 다하여 이룩해 놓은 완전한 기구도, 그 기구의 원활한 운영을 기한다며 국가가 스스로 배제해 버린, 그 구성원의 활력을 지니지 못하기 때문에 결국은 아무런 쓸모가 없게 되리라는 사실'이다.

옮긴이의 말

J. S. 밀의 생애

존 스튜어트 밀(John Stuart Mill)은 1806년 5월 20일, 런던에서 태어나 1873년 5월 7일, 67세를 일기로 프랑스 남부 아비뇽(Avignon)에서 생애를 마쳤다. 밀은 영국이 나폴레옹과 전쟁을 개시한 직후부터 그 전쟁으로 말미암아 전 국가가 경제적 곤란을 겪은 격랑의 시대를 거쳐, 번영의 극치를 온 천하에 과시한 빅토리아 여왕의 치세 전반부까지, 가장 변화가 심했던 시대에 살았다.

그러면 그 변화란 과연 무엇이었을까? 그것은 한 마디로 말해서 '공업화' 와 '민주화'의 진전이라고 할 수 있다. 영국이 평화라는 조건하에 공업화와 민주화, 즉 문명의 진보를 이룩할 수 있었던 것은 여러 가지 원인이 있다. 그러나 그 원인 중의 하나로서 자유주의의 원리에 입각하여 그 공업화와 민주화를 호소하고, 또한 지나친 개혁이 가져오는 위험을 경고하며 여론을 지도한 사상가의 존재를 떼어 놓을 수 없다. 그러한 자유주의의 민주주의를 가져온 대표적인 사상가가 바로 존 스튜어트 밀이다.

밀의 유, 소년 시대

밀은 제임스 밀(James Mill, 1773~1836)의 9남매 중 장남으로 태어났다. 아버지는 공리주의자인 벤담(Jeremy Bentham, 1748~1832)의 문하생이었으며, 철학적 급진자이고, 관념 연상(觀念聯想)의 신봉자이기도 했다. 이런 아버지는 어려서부터 엄격한 조기 교육을 아들인 밀에게 시켰다. 그러면 '관념 연상'이란 무엇인가? 그것은 외계의 자극은 어떤 인상을 주어 관념을 갖게 하는 것인데, 두 가지 인상이나 관념이 가끔 연달아 경험이 되면, 그중 하나의 인상이나 관념만이 부여되어도 다른 인상이나 관념을 연상하게 된다는 심리 법칙을 말한다.

아버지는 밀을 자기의 후계자로 키우기 위하여, 어릴 때부터 이와 같은 관념 연상의 심리학을 응용하여, 착한 일을 했을 때는 칭찬하여 기쁘게 해 주고, 나쁜 짓을 하였을 때는 비난하여 고통을 되풀이해서 주는 방법으로 교육시켰다. 아버지는 열성적이고 부지런하며, 또한 양심을 소중히 여기는 사람이기도 했다. "여러 해 동안 순전히 글 쓰는 것만으로 한 번도 빚을 지지 않고, 또 재정상 아무런 어려움 없이 자기 자신과 가족을 부양했다는 것은 그것만으로도 작은 일이 아니다. 그런데 그는 이 모든 무거운 짐을 지고서도 《영령 인도사(英領印度史)》를 계획하고 시작하여 집필을 완성하였다."(《자서전》)

아버지는 바쁜 가운데서도 어린 밀에게 어학을 비롯하여 기타 많은 과목을 가르쳤다. 밀의 《자서전》에 의하면, 그는 3살 때부터 그리스 어를 배웠으며, 소크라테스나 크세노폰의 책을 읽어야 했다. 수학이나 역사책도 읽었으며, 8세 때부터 라틴 어를 배웠고, 13세 때는 벌써 리카도의 《경제학 및 과세의 원리》를 읽을 수 있게 되었다. 매일 아침 산책할 때는, 아버지를 따라다니면서 전날 읽은 책의 내용을 보고하고, 질문에 대답하지 않으면 안 되었다. 제대로 대답을 하지 못하면 아버지는 벌컥 화를 냈다. 밀은 아버지를 기쁘게 해 드리기 위하여 많은 독서를 했지만, 정규 학교 교육을 한 번도 받지 못했다. 그러나 그의 독서량은 엄청나게 많고 폭넓어, 유년기에 이미 그리스와 로마의 주요 고전을 거의 독파할 정도였다.

1820년 14세 때, 밀은 벤담의 동생 새뮤얼 벤담의 초대를 받아 1년간 프랑스에 머물렀다. 처음으로 아버지의 곁을 떠나서 이국 생활을 한 것은 그의 일생에 큰 영향을 주었다. 그중 하나가 피레네 산맥 지방을 여행하면서 자연의 아름다움을 접한 것이었지만, 경제학자 세이(Jean Baptiste Say, 1767~1832)와 사회주의자 생 시몽(Saint Simon, 1760~1825)을 만나고, 프랑스 사교계에도 진출하여 프랑스 인이 가지고 있는 사고방식도 배웠다. 특히 프랑스 자유주의에 대하여 관심을 갖게 된 것은 세계적인 문제를 단순히 영국인만의 좁은 시각으로 관찰하는 잘못에 빠지지 않게 하는 데 큰 도움이 되었다.

　1821년 7월, 프랑스에서 돌아온 후에도 아버지의 교육은 계속되었으나, 그제야 겨우 자기 자신이 선택한 책을 읽을 수 있게 되었다. 프랑스 혁명에 감격하여 많은 책을 읽었으며, 특히 듀몽(Dumont)이 해설한 벤담의 《입법론(立法論)》은 그에게 비로소 자신의 의견을 확립시켜 주었다. "그것은 나의 사고방식에 통일을 주었다. 나도 이제는 의견이라는 것을 가질 수 있게 되었다. 신조·학설·철학, 그리고 가장 훌륭한 의미의 하나로서 종교를 가질 수 있었다."고 밀은 《자서전》에서 밝히고 있다. 그리고 아버지로부터 받은 벤담의 주저(主著) 《도덕과 입법의 원리 서론》을 직접 읽게 되자, 그의 공리주의자로서 입장은 확고한 것이 되었다. 그 뒤 밀은 이 벤담주의를 연구, 보급하기 위하여 신문과 잡지에 투고하는 한편, 1822년에는 몇몇 친구들과 함께 '공리주의자 협회(Utilitarian Society)'를 만들어 약 2년 반 동안 활동했다.

직업인으로서의 밀

　1823년, 아버지는 아들의 생활 안정을 위하여 자기가 근무하고 있던 동인도회사에 서기로 취직시켰다. 밀은 동인도 회사에 근무하면서도 매일 아침 출근

전에 동료들과 모여 독서회를 갖는 한편, 당시 철학적 급진파의 기관지로 발행되었던 《웨스트민스터 리뷰(Wester-minster Review)》에 기고하거나, 로버트 오엔(Robert Owen, 1771~1858)파의 협동조합 사람들의 연설회에서 토론도 하면서 공리주의의 보급을 위하여 노력했다. 이 무렵 밀은 산아 제한을 홍보하는 전단을 빈민가에 돌렸다는 이유로 체포된 일도 있다. 이처럼 밀은 직장 생활과 병행하여 사색에 몰두하는 한편, 학술적인 연구와 사회 개량을 위해서도 심혈을 기울였다.

정신적 위기

벤담주의자로서 활발한 활동을 하던 밀에게, 갑작스럽게 생각지도 않던 위기가 찾아왔다. 그것은 1826년 가을 아침의 일이었다. 《자서전》에는 다음과 같이 기록되어 있다. "그것은 1826년 가을이었다. 나는 온 신경에 맥이 빠진 상태에 있었다. 이것은 누구나 다 경험하는 것이었다. 즉 재미있는 일이나 신나는 일에 무감각한 상태, 다른 때는 재미있던 것이 시시하고 싱거워 보이는 기분이다. 그것은 마치 감리교로 개종한 사람들이 처음으로 '죄의 자각'이 엄습했을 때, 흔히 휩싸이는 상태와 같다. 이런 정신 상태 속에서, 나는 나 자신에게 한번은 다음과 같은 질문을 던졌다. '네 인생의 목적이 모두 실현되었다고 가정해 보라. 네가 추구하고 있는 제도와 사상의 변화가 지금 이 순간에 모두 이루어졌다고 가정해 보라. 이것이 네게 큰 기쁨이요, 행복이 되겠는가?' 그리고 억누를 수 없는 자아 의식(自我意識)은 이에 대하여 분명히 '아니다!'라고 대답했다. 이렇게 되자 내 마음은 깊은 수렁에 빠졌다. 내 생명을 뒷받침해 주고 있던 기초 전체가 무너졌다. 내 모든 행복은 이 목적을 계속해서 추구하는 데서만 찾을 수 있는 것인데, 이 목적이 이제는 그만 매력을 잃은 것이다.

어찌 다시 새삼스럽게 그 수단에 흥미를 가질 수 있겠는가? 이제 나에게는 살아갈 명분이 하나도 남아 있지 않은 것 같았다."

밀이 '정신적 위기'라고 부른 이 좌절감이 생긴 최대의 원인은 지금까지 밀이 받아 왔던 지나친 주지주의적(主知主義的) 교육에 대한 반발이라고 생각된다. 밀은 공리주의의 개혁자가 되었지만, 그것은 인류에 대한 뜨거운 사랑이나 가난한 사람들에 대한 동정에서 우러나온 진실한 개혁 의지가 아니라 아버지의 엄격한 지적 훈련의 결과였다. 아버지는 천재 교육의 방침에 따라 밀을 합리주의의 인조 인간으로 만들어 왔던 것이다. 감정을 무시한 교육은 언젠가는 파탄하지 않을 수 없다. 그것이 마침 청년의 반항기와 일치하여 지금까지의 교육에 대한 회의를 느낀 것이 아닐까?

약 반 년간의 우울기가 지난 다음 밀에게 한 줄기 광명의 빛줄기가 찾아 들었다. 그것은 우연한 기회에 마르몽테르(Marmontel, 1723~1799)의 《회상록》을 읽게 된 때부터였다. 밀은 그 책을 읽으면서 감격의 눈물을 흘렸다. 그리고 그는 자신에게도 감정이 남아 있다는 것을 발견하고 이 위기를 탈출할 수 있었다. "이제 나는 다시는 소망 없는 자가 아니었다. 그저 나무뿌리나 돌 같은 존재가 아니었다. 아직도 모든 인격의 가치와 행복하게 될 수 있는 모든 능력을 만들어 내는 재료를 얼마간 가지고 있는 것 같이 생각되었다. 나는 햇볕과 하늘, 책, 담론, 공공의 일에서 강렬하지는 못하나마 그래도 유쾌한 마음을 품게 되었다. 그리고 내 사상을 위해서, 사회의 복리를 위해서 전력함으로써 온건한 것이기는 하나, 그래도 마음이 약동하는 것을 다시 맛보게 되었다."(《자서전》)

그 뒤 밀은 이전의 밀과 완전히 다른 사람이 되어 있었다. 그것은 급진적 개혁 사상을 버린 것은 아니지만, 인간관 및 방법론으로서의 벤담주의에 수정을 가하게 만들었다. 이러한 변화는 교우(交友) 및 독서의 변화로 나타났다. 이를

테면 그때까지 맹우(盟友)였던 벤담주의자들과의 친밀도가 줄어들고, 그 대신 논쟁의 상대였던 콜리지(Coleridge)파 사람들과 교우가 깊어졌으며, 또 독일 이상주의 철학의 영향을 받은 토머스 칼라일의 사상에도 공감하게 되었다. 1835년 《프랑스 혁명사》를 탈고한 칼라일이 밀의 의견을 들으려고 원고를 그에게 맡겼다. 그런데 밀이 그만 부주의로 원고를 휴지통에 넣어 난로에 태워 버리는 바람에 칼라일에게 사과했다는 에피소드도 있었다.

1832년에 벤담이 죽고, 1836년에는 아버지가 결핵으로 죽었다. 밀은 이제는 새로운 생각에 입각한 개혁 사상을 거리낌없이 발표하고, 실천 운동도 마음대로 할 수 있게 되었다. 《런던 앤드 웨스트민스터 리뷰(London and Westminster Review)》에 벤담을 비판한 '벤담론'과 반대파인 콜리지를 높이 평가한 '콜리지론'을 발표하는 동시에, 나중에는 그 편집을 맡아서 새로운 급진파의 기관지로 만들기 위해 노력했다. 급진주의는 밀의 노력에 의하여 중간 계급의 좁은 철학으로부터 분리되었으며, 전국민적 규모의 개혁 운동으로 발전하여 영국 사회의 민주화를 수행하게 되었다.

해리엇 테일러와(Harriet Taylor)의 연애

1830년 여름, 밀은 런던의 부유한 실업가 존 테일러(John Taylor)의 초대를 받았다. 정신적 위기에서 겨우 탈출한 직후라서 불안정한 때였다. 그때 소개를 받은 테일러 부인과 밀은 그 뒤 얼마 안 가서 연애 관계에 빠졌으며, 이것이 그 후의 밀의 사상에 커다란 영향을 주었다.

해리엇 테일러는 밀보다도 두 살 아래인 존 테일러와 1826년에 결혼했다. 존 테일러는 유니테어리언(Unitarian) 교회의 열렬한 신자인 동시에 대륙에서 건너오는 정치적 망명자에게 피난처를 제공해 주기도 하는 자유 사상가였으며, 일반적인 의미에서는 나무랄 데 없는 남성이었다. 그러나 학문이나 회화나 음악에 대해서는 거의 이해가 없었다. 이와 반대로 해리엇은 그 방면에 우수한 재능을 가진 재원이었다. 따라서 그녀는 남편을 한편으로는 신뢰하면서도, 다른 한편으로는 충족되지 못하는 부족함을 느끼고 있었다. 바로 이때, 소개받은 것이 밀이었다.

두 사람은 서로 상대방에게 자기가 갈망하는 이성적인 모델을 발견하고 깊은 사랑에 빠졌다. 해리엇은 테일러에게 모든 것을 고백하고 몇 번인가 밀을 단념하려고 했으나 불가능했다. 테일러는 아내에게 단념할 것을 설득했으나, 강제적으로 두 사람 사이를 갈라놓지는 않았다. 나중에는 밀이 찾아오면 집을 비우고 클럽에서 시간을 보내곤 했다. 밀은 가족이나 친구들의 비난을 받고, 그 역시 몇 번이나 해리엇을 단념하려고 노력했으나 헛수고였다. 충분히 추문(醜聞)이 될 수 있는 사건이었으나, 그렇게 심하게 비난을 받지 않았던 것은 세 사람의 관계가 이성적으로 잘 억제된 것 같다. 밀이 1836년에 건강을 해쳐서 파리로 요양을 갔을 때, 해리엇도 남편의 허락을 얻어 두 자녀들과 함께 파리로 가서 그를 간호했다. 그 후 둘은 스위스로 여행했으며, 그 뒤에도 여러 차례 프랑스나 이탈리아로 여행을 했다. 그러나 두 사람의 관계는 어디까지나 정신적인 것으로 그쳤다고 한다. 그리고 이 관계는 1849년에 테일러가 암으로 죽을 때까지 계속되었다.

해리엇과의 연애가 교우 관계에 불리한 영향을 미치고 가족 관계도 소원하게 만들었으나, 이러한 손실을 보상하고도 남음이 있을 만한 이익을 밀에게 주었다. 그것은 밀이 사상을 논할 좋은 상대를 얻었다는 것이었다. 밀은《자서전》속에서 "향상을 바라는 열의로 말하더라도 어떤 감명이나 경험을 얻으면 그것을 그냥 내버려 두지 않고 반드시 예지를 터득하는 원천으로 삼거나 활용하지 않고는 배기지 못하는 천성을" 가진 사람이며, "그때까지 내가 알고 있던 모든 사람에게 한 가지씩이라도 찾아낼 수 있으면 참으로 기쁘게 생각되는 여러 가지 아름다운 점을 무더기로 갖추고 있는" 사람이라는 최고의 찬사를 그녀에게 보냈으며, 지적인 면에서 그녀에게 힘입은 바가 많다고 밝혔다. 어쨌든 소수의 지적 엘리트의 필요성에 대한 생각이나, 부인 참정권의 주장, 사회주의 운동, 노동자 계급에 대한 호의적 견해 등 밀의 사상은 원래 밀에게 있었던 것이라고 하더라도 해리엇에 의하여 강화되었다는 것은 틀림없다.

원숙기의 밀

정신적인 위기에 빠졌던 1826년 이후를 밀의 사상의 제2기라고 한다면, 1850년 이후에 발표한 저작에 나타난 밀의 사상은 제2기 때의 것과 약간의 차이가 있다.

밀 자신이 《자서전》 속에서 "내가 벤담의 주장이나 18세기 철학의 지지할 수 없는 부분에 대하여 맹렬하게 반기를 들었기 때문에, 실제로는 그렇지도 않지만 지나치게 반대 방향으로 흘러 버렸다고 할 수 있을지도 모른다."고 나중에 반성하고 있기 때문에, 이 시대의 사상을 제3기라고 부르는 사람이 많다. 그것은 제2기에 흡수한 여러 가지 사상을 그 자신의 것으로서 소화하여 새로운 급진주의적 정치 이념으로까지 높여 갔다고 할 수 있다.

1840년대에 밀은 후세에도 커다란 영향을 미친, 주목할 만한 두 가지의 저작을 발표했다. 하나는 1843년에 발표한 《논리학 체계(A System of Logic)》로서, 밀의 학문 방법론을 아는 데 중요한 책이며, 밀을 사상가로서 완전한 지위를 확립해 주기도 했다. 또 하나는 1848년에 발표한 《경제학 원리(Principles of Political Economy)》로서, 오랫동안 영국 대학의 경제학 교과서로 사용되었으며,

마르크스(Karl Heinrich Marx, 1818~1883)의 《자본론(Das Kapital)》이 독일의 노동운동에서 했던 것과 같은 역할을 영국에서도 했다.

이 시대에 밀은 사생활 면에서 겨우 안정을 되찾았다. 왜냐하면 해리엇과 결혼하게 되었기 때문이다. 1849년에 테일러는 해리엇의 융숭한 간호에 감사하면서 죽었다. 그로부터 2년 후에 밀은 해리엇과 비로소 결혼식을 올렸으나 아무도 초대하지 않았다. 가끔 '경제학 클럽'의 회합에 출석하는 이외에는 가족들만의 조용한 생활을 했다. 그러나 결혼 후 1년이 되었을 즈음, 두 사람은 함께 결핵에 걸려 있다는 것을 깨달았다. 밀은 해리엇을 남프랑스로 요양을 보내고, 자신은 동인도 회사의 일을 하면서도 여가를 이용하여 계획한 저술에 전력을 기울였다. 1858년 겨울에 두 사람은 피한 여행(避寒旅行)을 프랑스의 아비뇽으로 갔는데, 여기서 해리엇은 감기가 악화되어 급사했다.

해리엇의 죽음은 밀을 슬프게 만들었으나, 밀 자신은 자기에게 남겨진 사명을 자각한 정신 때문인지, 그 후 기적적으로 건강을 회복했다. 해리엇이 죽은 후, 1856년까지 수년 사이에 《자유론》과 《공리주의론》, 《의회 개혁 소감》, 《부인의 예속》, 《윌리엄 해밀턴 철학의 검토》, 《오거스트 콩트와 실증주의》 등 중요한 책을 계속해서 출판했다.

1857년에 인도에서는 세포이의 반란이 일어났으며, 이에 자극을 받은 영국 정부는 동인도 회사를 폐지하고, 정부의 직접 책임 아래 통치하기 위하여 인도 통치 개선 법안을 의회에 제출했다. 밀은 인도를 본국 정부의 직접 통치하에 두고, 사정을 모르는 의회의 간섭을 받는 것이 인도인을 위하여 좋지 않다고 주장하여 반대의 서간과 청원을 냈으나, 마침내 그 법안은 가결되고 동인도 회사는 폐지되었다. 의회는 밀의 건의 일부를 받아들여서 경험자들로 구성된 인도 심의회를 만들었으나, 초대 인도 장관인 스탠리 경은 밀에게도 그 일원이 되도록 간청했다. 그러나 밀은 그것을 거절하고 인도와의 인연을 끊었다.

만년의 밀

해리엇이 죽은 후, 고독해진 밀을 돌본 것은 해리엇의 장녀인 헬렌 테일러(Helen Taylor)였다. 그녀는 연극에 재능이 있어서 한때 무대에 선 일도 있었으나, 해리엇이 죽은 후에는 어머니를 대신하여 밀의 비서 역할을 담당했다. 이 헬렌에 대해서도 밀은 "아내의 예지를 많이 이어받았으며, 고귀한 성격은 완전히 아내의 모든 것을 이어받았다."라고 칭찬하고 있다. 밀이 죽은 뒤에는 하인드만(Henry Mayers Hyndman, 1842~1921) 등과 함께 '사회 연맹'이라는 사회주의 단체의 창설에도 관계한 재녀(才女)였다.

밀은 만년에는 집필에 전념했으나, 실제 정치에 무관심할 수는 없었다. 1861년에 미국에서 남북 전쟁의 위험이 깊어지자 영국에서는 압도적으로 많은 사람들이 남부에 동조했다. 그러나 노예 제도의 폐지를 주장하고 있던 밀은 《프레이저스 매거진》에 영국인의 자기 억제를 호소하는 동시에, 전쟁이 일어났을 경우 북부에 동조해야 한다고 주장했다.

1865년에 웨스트민스터 선거구의 유지들은 총선거에 밀이 입후보할 것을 부탁했다. 밀은 숙고한 끝에 네 가지 조건을 내걸었다. 즉 당선되어도 지방적 이익을 위하여 일하지 않을 것, 당선 후에도 지금까지 발표한 의견을 주장하여 당론에 구속되지 않을 것, 자신은 선거 운동을 하지 않을 것, 선거 비용은 한 푼도 내지 않을 것 등이었다. 선거구민들은 그 조건을 받아들여 선거 비용을 모금하기 시작했으며, 밀은 선거 공약으로 선거법 개정 지지, 프랑스와의 우호, 예산 절약 찬성, 단 군비 철폐 반대, 직접세와 간접세의 병용, 종교적 차별 반대, 부동산 상속세의 지지, 스트라이크 및 녹아웃에 대한 정부의 간섭 반대

등이었다.

  7월 12일, 개표 결과 밀은 7백 표 차로 당선되었다. 의회에서는 제출된 선거법 개정에 대하여 부인과 노동자에게 참정권을 주어야 한다는 밀의 연설로 많은 감명을 주었다. 그밖에 의회에서의 밀의 활동으로는 자메이카에서 백인의 도발로 일어난 흑인 폭동에 대하여 군대가 잔학 행위를 한 데 분개하며 자메이카 위원회의 위원장이 되어 정부의 불법 행위를 규탄함과 동시에, 그 책임자로서 총독 에이어를 처벌하라고 요구했다. 또 아일랜드에서 일어난 폭동으로 그 주모자가 사형 판결을 받았을 때도 분투하여 그 주모자를 은사(恩赦)시킬 것을 의회에서 가결시켰다. 또 외국의 정치 망명자에 대해 외국의 요구가 있을 때는 인도할 것을 목적으로 하는 도망 범인 인도 법안이 제출되었을 때, 그 통과를 저지하는 데 노력했다. 그러나 이런 활동을 했음에도 불구하고, 1868년 총선거에서 낙선했으며, 그 후 정계에서 은퇴했다.

  은퇴 후, 그는 사회주의에 관한 집필을 시작했으나, 아비뇽을 여행하던 중 그곳에서 병을 얻어 마침내 재기 불능에 빠졌다. 임종 때 곁에서 간호하고 있는 헬렌에게 "나는 나의 일을 다 하였다."는 말을 남기고 불귀의 객이 되었다. 1873년 5월 7일이었다. 밀의 유해는 아비뇽에 있는 해리엇의 무덤과 나란히 묻혔다.

J. S. 밀의 사상

사회 과학 방법론

올바른 지식을 얻으려면 어떤 방법을 취하느냐 하는 논리학의 문제에 밀은 젊을 때부터 관심을 가지고 있었으나, 그것은 쉬운 문제가 아니었다. 그러나 정신적 위기를 벗어난 직후에 점점 그 필요성을 절감하게 하는 사건이 일어났다. 그것은 아버지와 마콜레이(Macaulay)의 정치 철학에 관한 논쟁이었다. 밀은 이 논쟁으로 사회 과학의 올바른 방법은 연역법이냐 귀납법이냐를 밝힐 필요가 있다는 것을 새삼스럽게 절감하고 논리학의 연구에 몰두했다.

그러나 밀이 해결하지 않으면 안 되는 문제는 그저 연역법이냐 아니냐 하는 단순한 것은 아니었다. 순수한 학문의 방법론이라고 보이는 것이 사실은 정치적 입장과 뒤섞여 있었기 때문이다. 즉 콜리지나 칼라일은 직관에 의한 인식을 주장하면서도 구체적이고 역사적인 것을 중시한다. 한편 마콜레이나 에드먼드 버크(Edmund Burke)는 직관적 인식을 부정하고 경험을 중시하면서도 구체적이고 역사적인 것을 중시한다. 또 벤담이나 제임스 밀 등 급진파는, 지식은 경험에서 얻어진다고 하면서도 인간성에 대해서는 영구 불변의 원리를 내세우고, 그 일반 원리에 입각하여 사회를 재구성하려는 점에서는 추상적이고 비역사적이다. 이러한 논쟁을 듣고 그 어느 것에도 불만이었던 젊은 존 밀이 새로운 급진주의의 기초가 될 독자적인 논리학을 전개한 것이 《논리학 체계(A System of Logic)》이다.

콜리지 등의 생각은 감각을 초월한 관념의 직관적 인식을 주장하는 직각학파(直覺學派)의 전통에 입각한 것이지만, 그것은 "자기 마음에 든 원리를 직관적 진실로서 높이 내세우는 데 전념하고, 직관을 자연의 소리, 또는 신의 소리라고 생각하여 인간의 이성보다도 더 높은 권위의 힘을 빌려서 말을 하는(《자서전》)" 현상 유지의 보수주의에 빠진다. 밀은 이러한 직각주의적 연역법에 반대했다.

그러면 마콜레이 등의 경험주의적 귀납법은 옳은가 하면, 밀은 이것에도 찬성할 수 없었다. 그것은 단순한 경험으로부터 귀납된 지식의 나열로 끝나고 보편적 법칙에 근거를 둔 확실한 지식을 제공하지 못했기 때문이다. 그리고 제임스 밀의 방법 역시 완전하게 옳은 것은 아니었다. 귀납법에 입각한 연역법을 사회 현상에 적용하여 확실한 지식을 얻으려고 한 것까지는 옳지만, 복잡한 사회 현상을 실명하는 데 단순한 인간성의 심리 법칙이 그대로 타당하다고 생각한 점이 잘못이었다.

밀이 강조한 것은 추론(推論)과 함께 사실의 증명이었다. '구체적인 연역적 과학에서의 확신의 근거는 선험적(先驗的)인 추론에만 있는 것이 아니라, 추론의 결과와 사후적(事後的)인 관찰의 결과가 일치되는 데 있다.' 그런데 사회 현상이 복잡성을 나타낼 경우에는 인간성의 일반적 원칙에 근거를 둔 선험적 추론이 매우 곤란하게 될 때가 있다. 그런 경우 어떻게 할 것인가?

이 경우의 방법으로서 밀은 콩트(Auguste Comte, 1798~1857)의 실증주의 철학(實證主義哲學)의 방법을 '역사적 방법' 또는 '역연역법(逆演繹法)'이라는 이름으로 도입했다. 즉 구체적 연역법이 적용될 수 없을 만큼 복잡한 현상일 때는 그 순서를 반대로 하여 우선 역사적, 경험적 사실의 관찰에 의한 귀납으로 경험적 법칙을 밝혀내고, 그 다음에 인간성의 심리학적 법칙에 근거를 둔 연역에 의하여 검증(檢證)하는 방법이다. 그리고 양자가 합치되면 그 경험 법칙은 인과 법칙(因果法則)이 된다. 경제학 및 사회 형태학 이외의 영역은 일반 사회의 부문으로서 역연역법을 적용하지 않으면 안 된다. 사회 과학의 확실한 지식을 얻는다는 것은 인간을 인과 법칙으로 지배하는 것이라고 보는 것을 의미한다. 그러나 이것은 자유 의지(自由意志)를 전제로 한 도덕과 모순되는 것이 아닐까?

그러면 행동의 원리가 되는 것은 무엇일까? 목수가 집을 세우는 것, 의사가 건강을 유지하는 것 등 각 기술에는 제1 원리가 있지만, 그것들을 통합하는 일반적인 기술의 궁극적 원리는 무엇일까? 그것을 제공하는 것이 목적론의 원리, 또는 실천 이성의 원리라고 부르는 것으로서, 이 목적론의 원리와 과학이 제공하는 자연 법칙과의 종합 결과가 인생의 각종 기술이 된다. 그리고 이 실천 이성의 원리가 최대 다수의 최대 행복이라는 밀의 도덕 철학의 원리이다. 밀은 정신 발전의 제2기에 쓴《벤담론》에서 공리주의에 대하여 상당히 비판적이었다. 그러나 결혼 생활 후에 착수되어 1861년《프레이저스 매거진》에 발표한 '공리주의론(Utilitarianism)'에서는 다시 공리주의를 옹호하고 있다. 아니면 옹호하려고 했다는 편이 좋을지도 모른다. 그것은 상당히 혼란을 일으키고 있기 때문이다.

첫째로, 행복을 증진시킬 수 있는 행위는 옳고, 반대의 경우는 잘못이라고 말하고 있다. 이 점은 벤담과 같다. 그러나 밀은 쾌락의 질의 우열(優劣)을 인정하고, 그와 반대로 벤담은 쾌락의 만족도를 인정했다. 이것은 모든 쾌락을 양적 크기로 환산할 수 있다고 주장하는 벤담주의의 쾌락 계산론(快樂計算論)의 부정이다.

벤담의 공리주의와의 차이는 그의 의무론(義務論)에서도 찾아볼 수 있다. 벤담은 사람들을 도덕의 원리에 따르게 하는 유인으로서 물리적·도덕적·정치적·종교적 제재(制裁) 등 외부적 제재를 들고 있으나, 밀은 오히려 내부적 제재로서의 양심의 소리를 강조하고 있다. 그리고 양심의 유력한 '자연적 감정'의 기초는 인간이 갖고 있는 동포로서의 감정이라고도 말하고 있다. 이것도 공리주의에 대한 커다란 수정이라고 하지 않을 수 없다.

뿐만 아니라, 행위자의 성질을 문제로 삼지 않고 행위의 선악만을 문제로 삼는다고 비난하는 공리주의에 대하여, 밀은 행위에 대한 평가는 그것을 누가 했는가를 문제삼지 않는다면서도 행위의 옳고 그름과는 별도로 인간의 성격에 관심을 가져야 한다고 한다. 즉 옳은 행위가 반드시 유덕(有德)한 성격을 지닌 사람의 행위라고 할 수 없으며, 비난해야 할 행위가 반드시 칭찬할 만한 성질을 지닌 사람의 행위가 아니므로, 그런 경우 "행위자의 평가에 수정을 가하지 않으면 안 된다."고 양보하고 있다. 이것도 벤담의 공리주의에 대한 커다란 수정이다.

이러한 혼란이 왜 일어났을까? 그것은 밀이 역시 벤담의 전통적인 직각학파의 선험적 원리를 충실하게 인정한다는 것이 공연히 현상 유지의 보수주의에 빠지는 것을 경계한 나머지, 도덕을 경험 가능한 심리적 사실에서 추론할 필요가 있다는 생각에 사로잡혔기 때문이 아닐까?

1855년 1월 밀은 로마를 여행하던 중 카피토르의 돌층계를 올라가다가 엄청난 생각을 떠올렸다. 그것이 밀이 쓴 불후의 명작 《자유론(On Liberty)》의 태동이었다. 밀은 그 내용과 표현 하나하나에 이르기까지 해리엇과 상의하면서, 문자 그대로 합작으로서 《논리학 체계》를 빼놓으면 "내가 쓴 어느 것보다도 오랜 생명을 가질 것 같다.(《자서전》)"고 자신을 가지고 발표한 책이 바로 자유론이다. 이것은 본래 자유의 중요성과 그 한계를 논한 자유주의의 고전이다. 그러나 그는 민주주의를 무조건 찬미한 것은 아니다. 민주주의의 확대에서 경계해야 할 것은 교육이 없는 다수자가 수를 이용하여 소수자의 의견을 억압하는 것이다. 《자유론》 속에서도 소수자의 의견을 존중할 것을 강조하고 있다. 피통치자의 의지와 통치자의 의지를 일치시키면 최대 다수의 최대 행복이 실현된다고 생각했던 벤담이나 아버지 제임스 밀의 낙천론과는 크게 다르다.

그리고 그는 언론의 자유가 진리의 발견에 필요하며, 진리의 발견은 당연히 사회의 진보에 유익하다고 말하고 있다. 밀은 국가 권력의 증대는 항상 자유에 해롭다는 선입관에 사로잡혀 자유를 소극적으로 생각하고 있다. 그렇지만 아무런 강제도 없을 경우 사람들은 인격이 발전한 사람이 될 수 있을까? 전통이나 사회 제도가 가지고 있는 교육적 효과를 경시하고 있는 것이 아닐까? 국가의 간섭, 이를테면 경제적 통제에 의하여 오히려 개인의 능력을 살릴 수 있는 사회가 만들어질 수 있다고 하는 적극적 자유의 관념을 빠뜨리고 있는 것이 아닐까 하는 비판도 있다. 그럼에도 불구하고 이 《자유론》이 자유를 애호하는 사람들에게 가르치는 바가 크다는 것을 부정할 수 없다. 《대의 정치론(Consideration on Representative Government)》은 민주주의의 옹호론이다. 그러나 여자에게도 참정권을 주어야 한다고 주장하는 점에서는 아버지보다 진보적이지만, 아버지처럼 무조건적으로 민주주의를 지지하고 있는 것은 아니다.

그는 일정한 조건이 갖추어지지 않으면, 민주주의는 행하여질 수 없다는 것을 인정하고 있다. 그리고 그러한 조건이라면 다른 어떤 정체(政體)보다도 민주주의가 뛰어나다고 말하고 있으나, 그 우열의 판단의 기준으로서 들고 있는 것은, 어떤 정치 제도가 개개인에게 자기 에너지를 발휘하도록 자극을 주고, 적극적으로 자조적인 성격을 형성하며, 자신의 이익을 떠나서 생각하도록 만드느냐의 여부에 있으며, 공리주의의 기준은 아니다.

밀은 다시 민주주의에 따르기 쉬운 결점을 들고 있다. 부분적 이익에 좌우되기 쉽다는 것이라든지, 다수자가 반드시 자신의 이익을 정당하게 판단하는 힘을 가지고 있는 것은 아니라고 하는 것 등은 오늘날의 우리들에게도 커다란 참고가 되는 점들이다. 또한 전문가의 지식을 이용하는 관료제와 민주주의를 조화시켜 나가는 것이 필요하다는 생각도 자칫하면 경시되기 쉬운 일이지만, 중요한 점이라고 할 수 있다.

경제 사상

밀은 1830년대 초기에 '경제학의 정의에 대하여'라는 논문을 발표했다. 그 속에서 밀은 경제학을 부(富)의 획득과 소비에 전념하는 인간이 노동을 피하고 현재의 방종에 열중하고 싶다는 욕구 이외의 다른 동기, 이를테면 허영심이라든가 지배욕에 지배되지 않는다고 가정하였을 경우에 일어나는 현상만을 연구하는 것이라고 보고, 따라서 그 경제학을 한정된 영역에만 통용되는 추상적인 것이라고 말하고 있다. 《논리학 체계》속에서 발표한 《경제학 원리(Principles of Political Economy)》는 '사회 철학에 약간의 적용을 생각하면서'라는 부제가 나타내듯이, 부의 추구라는 인간성으로부터 연역되는 추상적 이론 이외에 경쟁을 제한하는 습관 등을 끌어들여서 논하기도 하고, 임금 인상 정책의 효과 여부, 은행의 발권 제도(發券制度) 등을 논하기도 하고, 구체적인 정책론까지도 전개하고 있다. 생산론·분배론·교환론 등 이른바 정태론적(靜態論的)인 경제학 이외에 사회의 진보가 생산 및 분배에 미치는 영향 같은 사회 동태론(社會動態論), 더 나아가서 정부가 경제에 미치는 영향 등도 논하고 있어서 일반 경제학 교과서가 빠지기 쉬운 무미건조함에서 벗어나고 있다.

경제 사회의 동태에서는 복잡한 요인, 이를테면 인구 증가, 자본 증가, 생산 기술의 개선 등이 어떠한 영향을 미치는가를 별도로 고찰하고, 종합적 결론으로서 문명의 진보에 따라 수확 체감(收穫遞減)의 법칙이 작용하는 한 이윤율은 내려가는 경향이 있다고 밝히고 있다. 그 결과로 일어나는 생산 기술의 개선이나 자본의 이동이 이루어지지 않는 한, 더 이상의 자본 축적이 생기지 않는, 풍요한, 그러나 정체적인 사회가 될 것이라고 예측하고 있다.

이러한 정체적 사회가 오는 것을 많은 사람들은 싫어하고 있지만, 그것은 반드시 싫어할 것까지는 없다고 믿는 독특한 생각을 주장하고 있다. 즉 만약 자발적인 인구 억제가 이루어진다면 노동자의 생활 수준도 상승할 것이다. '아무도 가난하지 않고, 부자가 되려고 생각지도 않고, 앞으로 나아가려는 다른 사람의 노력으로 밀려날 걱정도 없는 사회는 인간성으로 보아서는 최선의 상태이다.' '급료가 많은 풍부한 노동자, 스스로 일하여 얻는 것 이외에는 엄청난 부가 생길 수 없는 상태, 현재보다도 훨씬 많은 사람이 괴로운 노동으로부터 해방되어 정신적으로나 육체적으로 여유를 즐기고 자유로이 인생의 혜택을 개척하는 상태', 다시 말해서 정신적 명상에 잠기고, 자연의 아름다움을 즐기고, 창조적 활동을 가능하게 하는 정체적 사회는 결코 싫어해야 할 사회는 아니라고 말하고 있다. 《경제학 원리》는 판을 거듭할 때마다 개정되었으나, 가장 많이 개정된 것은 사회주의를 논한 부분이다. 제1판에서는 사회주의에 공감하지 않은 것은 아니지만, 실현 불가능하다고 생각하고 있었다. 무조건적인 자유방임은 안 되고, 소비자의 교육, 노동 시간의 제한, 구빈 활동, 이민 사업 등에 국가 사업 또는 국가 간섭을 인정하고 있으나, 국가의 세력이 증대하는 것은 자유를 위협하는 것이라고 생각하여 오히려 도덕적 근거에서 사회주의의 증대를 반대하고 있었다. 그러나 1848년의 혁명 이후에 낸 제2판과 특히 제3판 이후에서는 사회주의에 호의적이지 않는 것 같은 인상을 준다. 밀의 《경제학 원리》의 최종판에 나타난 사회주의에 관한 생각은 다음과 같다.

밀이 보고 있는 것은 아직 실현되지 않은 이상인 공상주의(空想主義) 내지 사회주의와 현실의 사회를 비교하면, 이상(理想) 쪽이 나을 것이라는 것은 정해진 이치라는 것이다. 현존 사회에서 교육의 보급에 의한 품성의 개량과 인구의 억제가 이루어진다면 분배의 불평등은 어느 정도 개선된다. 공산주의는 생활이 획일화되기 때문에 개성의 진전이라는 점에서 볼 때 바람직하지 못하다. 이에 반하여 협의의 사회주의는 그 결점을 벗어나 있다. 특히 사유 재산과 그 상속권을 인정하고 있는 페리주의는 각 성원의 최저 생활을 보장하고, 나머지 생산물들, 노동의 양, 출자액 및 재능의 정도에 따라 분배하는 점에서 뛰어나 있다. 다만 문제는 실천 가능성이다. 사회주의를 실천하기 위해서는 사회 구성원의 높은 도덕적 자질을 필요로 한다. 밀은 우선 사회주의를 작은 사회에서 실험해 보고, 성공한다면 큰 사회로 확대하는 것이 안전하다고 주장하고 있다.

유고(遺稿)인 사회주의 논문은 미완성이기 때문에 단정적으로 말할 수는 없지만, 발표된 부분만 국한해서 생각해 본다면 사회주의자가 보는 현존 사회에 대한 비판점을 소개하면서 그 비판에 검토를 시도하고 있다. 그리고 실현 수단으로서 폭력 혁명을 주장하는 유럽 대륙에 존재하는 많은 혁명적인 사회주의자에 대해서는 자기가 옳다고 생각하는 것을 남에게 강제하는 것이므로 반대하고 있으나, 작은 사회에서 우선 실행해 보고 다른 곳으로 확대하려고 하는 페리나 오웬의 실험적인 생각은 그 방법에 관한 한 문제가 없다고 한다. 그러나 그들이 대안으로서 제시하고 있는 계획화는 큰 사회에서 실현했을 경우에, 근로의 자극이나 자유의 억압이라는 점에서 문제가 많다고 비판하고 있다.

밀이 사회주의에 찬성하는지 않는지는 간단히 단정할 수 없으나,《자서전》에서 말한 바와 같이 자유를 유지하면서 평등화와 협업화를 진행시키자는 것이 그의 목표일 것이다. 그는 기존 사회를 파괴하면 저절로 모순 없는 사회가 온다고 믿을 만큼 공상가도 아니었으며, 자유를 희생으로 한 완전한 계획화를 주장할 만큼 자유의 가치에 무관심하지도 않았다. 그가 무엇보다도 바란 것은 경험주의적인 사회주의에로의 접근이며, 제도 그 자체가 아니라 인간 능력의 함양이었다. 만약 밀이 다시 소생한다면, 영국 노동당이나 서구의 사회당이 오늘날 주장하고 있는 민주적 사회주의의 사고방식을 지지하지 않을까 하고 생각해 본다.

고전으로 미래를 읽는다 008
자유론

초판 발행_2000년 5월 25일
중판 발행_2017년 11월 20일

옮긴이_최요한
펴낸이_지윤환
펴낸곳_홍신문화사

출판 등록_1972년 12월 5일(제6-0620호)
주소_서울시 동대문구 안암로50-1(용두동) 730-4(4층)
대표 전화_(02) 953-0476
팩스_(02) 953-0605

ISBN 978-89-7055-677-X 03160

ⓒ Hong Shin Publishing Co. Printed in Korea
*값은 뒤표지에 있습니다.
*잘못 만들어진 책은 바꾸어 드립니다.